汽车自动变速器结构与检修

主编：胡波勇

電子工業出版社
Publishing House of Electronics Industry
北京 • BEIJING

内 容 简 介

本书根据职业院校汽车类专业教学标准及从事汽车相关职业的在岗人员对基础知识、基本技能和基本素质的需求，结合汽车专业人才培养的目的编写，内容主要包括自动变速器概述、液力耦合器和液力变矩器、行星齿轮自动变速器、液压控制自动变速器、电子控制自动变速器及自动变速器综合故障诊断。

本书讲解清晰简练，直观明了，适合作为职业院校汽车类专业的教材，也可作为汽车售后服务站专业技术人员的培训教材。

图书在版编目（CIP）数据

汽车自动变速器结构与检修 / 胡波勇主编 . -- 北京 : 电子工业出版社 , 2021.10

ISBN 978-7-121-26693-5

Ⅰ . ①汽… Ⅱ . ①胡… Ⅲ . ①汽车 – 自动变速装置 – 构造 – 高等职业教育 – 教材②汽车 – 自动变速装置 – 车辆检修 – 高等职业教育 – 教材 Ⅳ . ① U472.41

中国版本图书馆 CIP 数据核字（2021）第 225356 号

责任编辑：张 凌

印　　刷：北京富诚彩色印刷有限公司

装　　订：北京富诚彩色印刷有限公司

出版发行：电子工业出版社

　　　　　北京市海淀区万寿路 173 信箱　邮编 100036

开　　本：787 × 1 092　1/16　印张：12.75　字数：326.4 千字

版　　次：2021 年 10 月第 1 版

印　　次：2021 年 10 月第 1 次印刷

定　　价：46.00 元

凡所购买电子工业出版社图书有缺损问题，请向购买书店调换。若书店售缺，请与本社发行部联系，联系及邮购电话：（010）88254888，88258888。

质量投诉请发邮件至 zlts@phei.com.cn，盗版侵权举报请发邮件至 dbqq@phei.com.cn。

本书咨询联系方式：（010）88254583，zling@phei.com.cn。

前言 Preface

随着我国科学技术和汽车工业的发展，汽车技术日新月异，特别是大量新技术的应用促使汽车的结构和性能发生了很大变化，新的结构原理和电子控制装置不断出现。它们在大幅度提高汽车综合性能的同时，也使得汽车的故障诊断与维修问题日益突出。为提高职业院校汽车类专业学生及本行业技术人员的维修及故障诊断水平，以及提高汽车维修行业的整体工作效率，特编写本书。

为了适应新形势的发展需要，为汽车服务企业培养可用人才，本书力求贴近企业实际作业情况，融合编者多年教学与实践经验，力图体现学习与工作的完美结合。编者本着突出实践技能、理论知识够用的原则，在内容的编排上突出重点，力求构建具有职业教育特色的精品教材。

“汽车自动变速器结构与检修”在汽车运用与维修专业教学中是一门理论性与实践性都很强的专业课程。本书分为 6 个项目共 13 个任务，系统介绍了自动变速器概述、液力耦合器和液力变矩器、行星齿轮自动变速器、液压控制自动变速器、电子控制自动变速器及自动变速器综合故障诊断。通过本课程的学习，学生应具备从事汽车自动变速器检修的技能，并具有一定的分析问题和解决问题的能力。同时，为了打造“互联网 +”新型教材，本书在传统纸质教材的基础上，加入数字化教学资源，顺应了新形态一体化教材的建设趋势，为使用本书的师生、读者提供更多的便利。

另外，本书在内容阐述上，力求简明扼要、层次清楚、图文并茂；在内容安排上，力求深入浅出、循序渐进；在内容设计上，强调典型性、实用性和可操作性。

由于编者水平有限，书中难免存在不妥与疏漏之处，恳请读者批评指正。

编 者

目录 Contents

项目一

自动变速器概述

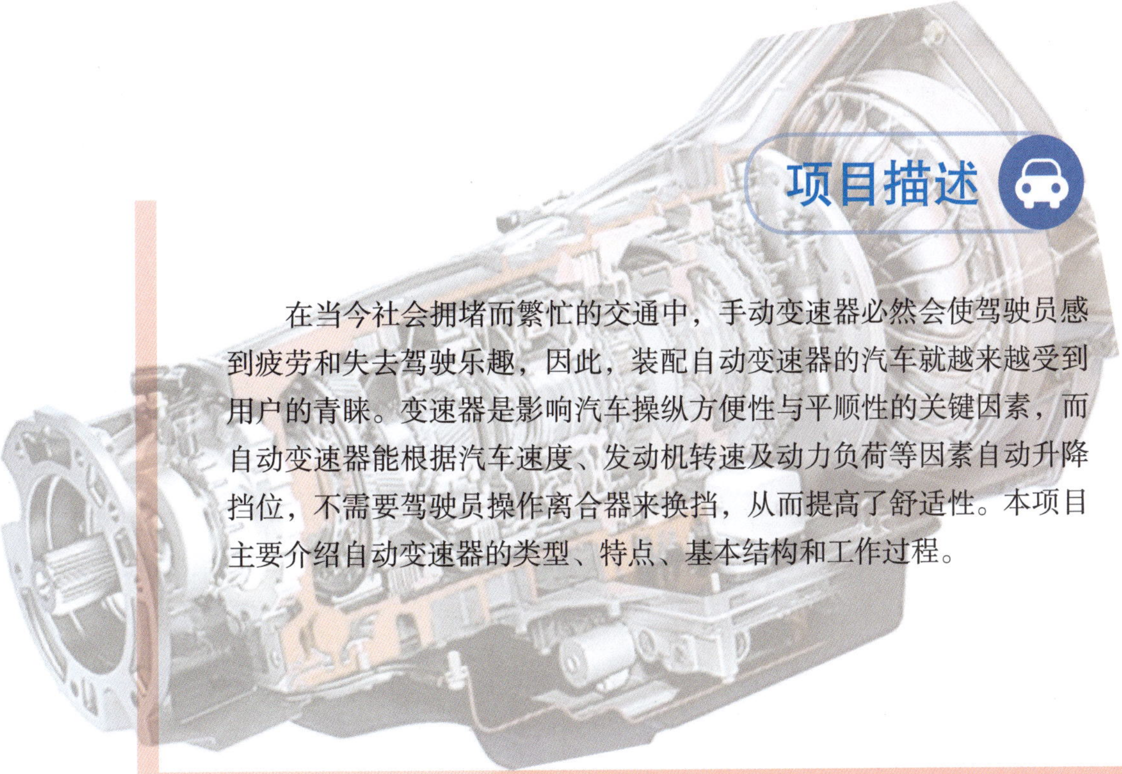

项目描述

在当今社会拥堵而繁忙的交通中，手动变速器必然会使驾驶员感到疲劳和失去驾驶乐趣，因此，装配自动变速器的汽车就越来越受到用户的青睐。变速器是影响汽车操纵方便性与平顺性的关键因素，而自动变速器能根据汽车速度、发动机转速及动力负荷等因素自动升降挡位，不需要驾驶员操作离合器来换挡，从而提高了舒适性。本项目主要介绍自动变速器的类型、特点、基本结构和工作过程。

任务一 自动变速器的分类及特点

任务目标

完成本学习任务后，你应当达到以下目标。

1. 知识目标

（1）了解自动变速器的类型。

（2）熟悉自动变速器的特点。

2. 能力目标

（1）能理解自动变速器的分类方法。

（2）会阐述自动变速器的特点。

任务引入

自动变速器可使汽车驾驶中离合器和变速器的操纵都实现自动换挡。自动变速器相对于手动变速器而言，提高了驾驶的舒适性，降低了驾驶员的疲劳程度。下面就来讲解自动变速器的分类及特点。

相关知识

一、自动变速器的分类

1. 按自动变速器前进挡的挡位数分类

按照自动变速器前进挡的挡位数可分为四挡、五挡、六挡等，目前比较常见的是四挡和五挡自动变速器，某些高级轿车（如宝马 7 系、奥迪 A8 等）采用六挡自动变速器。

2. 按车辆的驱动方式分类

按车辆的驱动方式不同可以分为自动变速器和自动变速驱动桥。

自动变速器用于发动机前置、后轮驱动的布置形式，变速器与主减速器、差速器分开；而自动变速驱动桥用于发动机前置、前轮驱动的布置形式，变速器与主减速器、差速器制成一个总成。

3. 按结构和控制方式分类

按结构和控制方式不同可分为液力式自动变速器（AT）、无级式自动变速器（CVT）和机械式自动变速器（AMT）。

1）机械式自动变速器

机械式自动变速器是在传统固定轴式变速器和干式离合器的基础上，应用电子技术和自动变速理论来实现机电一体化协调控制的。车辆起步、换挡的自动操纵是以电控单元（ECU）为核心，通过液压或气压执行机构来控制离合器的分离与接合、选换挡及发动机节气门的调节。ECU根据车辆的运行状况（发动机转速、变速器输入轴转速、车速）、驾驶员意图（油门开度、制动踏板行程）和路面状况（坡道、弯道）等因素，按预先设定的模拟熟练驾驶员的驾驶规律（换挡规律、离合器接合规律），借助相应的执行机构（发动机油门控制执行机构、离合器执行机构、变速器换挡执行机构），对发动机、离合器、变速器的协调动作进行自动操纵。

2）无级式自动变速器

无级式自动变速器种类很多，有实用价值的仅有 V 形金属带式。 V 形金属带式无级变速器属于摩擦式无级变速器，其传动与变速的关键件是具有 V 形槽的主动锥轮、从动锥轮和金属带，金属带安装在主动锥轮和从动锥轮的 V 形槽内。每个锥轮由一个固定锥盘和一个能沿轴向移动的可动锥盘组成，来自液压系统的压力分别作用在主、从动锥轮的可动锥盘上，通过改变作用在主、从动锥轮可动锥盘上液压力的大小，便可使主、从动锥轮传递转矩的节圆半径连续发生变化，从而达到无级改变传动比的目的。机械式无级自动变速器传动比连续，传递动力平稳，操纵方便，同时因加速时无须切断动力，因此汽车乘坐舒适，超车加速性能及燃油经济性好。

3）液力式自动变速器

液力式自动变速器主要由液力变矩器与动力换挡辅助变速装置组成。液力变矩器安装在发动机和变速器之间，以液压油为工作介质，起传递转矩、变矩、变速及离合的作用。

液力变矩器可在一定范围内自动无级地改变转矩比和传动比，以适应行驶阻力的变化。但是由于液力变矩器变矩系数小，不能完全满足汽车使用的要求，所以，它必须与齿轮变速器组合使用，扩大传动比的变化范围。目前，绝大多数液力式自动变速器都采用行星齿轮系统作为辅助变速器。行星齿轮系统主要由行星齿轮机构和执行机构组成，通过改变动力传递路线得到不同的传动比。由此可见，液力式自动变速器实际上是能实现局部无级变速的有级变速器。本书主要以液力式自动变速器为例来讲解自动变速器的结构与检修。

二、自动变速器的特点

自动变速器相对于手动变速器而言具有以下优缺点。

1. 优点

（1）性能好：能够自动适应汽车行驶中的阻力变化，自动选择合适的传动比，这样有利于提高汽车的动力性和平均车速。

（2）动力强：在车辆低速行驶时，也能稳定输出动力，提高了车辆在路面环境差时的通过性和稳定性。

（3）稳定性：液力传动机构采用液体工作介质，减少了传动系统的冲击和振动，延长了设备的使用寿命。

（4）安全性：驾驶员操作简单，提高了驾驶的安全性。

2. 缺点

（1）结构复杂：相比于手动变速器，自动变速器增加了控制模块、液力传动器等很多部件，复杂程度远远超过手动变速器。

（2）成本高：相比于手动变速器，自动变速器成本高。

任务二
自动变速器的基本组成和工作过程

任务目标

完成本学习任务后，你应当达到以下目标。

1. 知识目标

（1）掌握自动变速器的基本组成。

（2）熟悉自动变速器的工作过程。

2. 能力目标

（1）能说出自动变速器的基本组成。

（2）会阐述液力式自动变速器的工作过程。

任务引入

自动变速器与手动变速器在结构上存在一定差异，自动变速器主要由液力变矩器、变速齿轮机构、供油系统、自动换挡控制系统及换挡操纵机构等组成。本任务将介绍自动变速器的基本结构和工作过程。

相关知识

一、自动变速器的基本组成

1. 液力变矩器

液力变矩器利用油液循环流动过程中动能的变化，将发动机的动力传递到自动变速器的输入轴，并根据汽车行驶阻力的变化，在一定范围内自动、无级地改变传动比和转矩比，具有一定的减速增矩功能。

2. 变速齿轮机构

自动变速器中的变速齿轮机构所采用的形式有普通齿轮式和行星齿轮式两种。变速齿轮机构主要包括行星齿轮机构和换挡执行机构两部分。

3. 供油系统

自动变速器的供油系统主要由燃油泵、燃油箱、滤清器、调压阀及管道组成。

4. 自动换挡控制系统

自动换挡控制系统能根据发动机的负荷（节气门开度）和汽车的行驶速度，按照设定的换挡规律，自动地接通或切断某些换挡离合器和制动器的供油油路，使离合器接合或分开、制动器制动或释放，以改变齿轮变速器的传动比，从而实现自动换挡。

自动变速器的自动换挡控制系统有液压控制和电控液压控制两种。

5. 换挡操纵机构

自动变速器的换挡操纵机构包括手动选择阀的操纵机构和节气门阀的操纵机构等。

二、自动变速器的工作过程

自动变速器之所以能够实现自动换挡，是因为工作中驾驶员踏下油门的位置或发动机进气歧管的真空度和汽车的行驶速度能指挥自动换挡系统工作，自动换挡系统中各控制阀不同的工作状态将控制变速齿轮机构中离合器的分离与接合和制动器的制动与释放，并改变变速齿轮机构的动力传递路线，实现变速器挡位的变换。

传统的液力式自动变速器根据汽车的行驶速度和节气门开度的变化，自动改变挡位。其换挡控制方式是通过机械方式将车速和节气门开度信号转换成控制油压，并将该油压加到换挡阀的两端，以控制换挡阀的位置，从而改变换挡执行元件（离合器和制动器）的油路。这样，工作液压油进入相应的执行元件，使离合器接合或分离、制动器制动或松开，控制行星齿轮变速器的升挡或降挡，从而实现自动变速。其工作过程如图 1–1 所示。

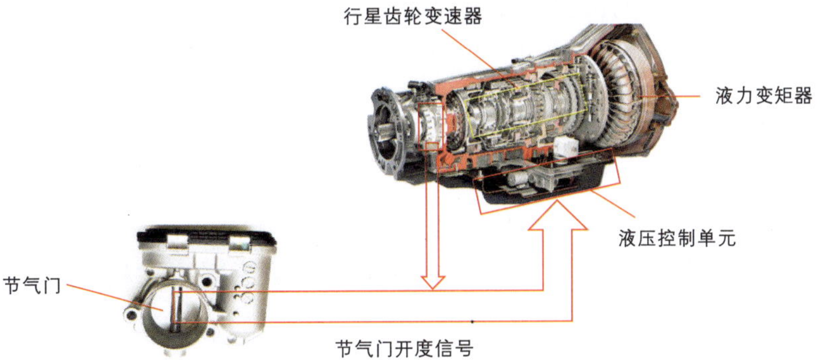

图 1–1　液力式自动变速器的工作过程

电控液力式自动变速器是在传统液力式自动变速器的基础上增设电子控制系统而形成的。它通过传感器和开关监测汽车和发动机的运行状态，接收驾驶员的指令，并将所获得的信息转换成电信号输入电控单元。电控单元根据这些信号，通过电磁阀控制液压控制装置的换挡阀，使其打开或关闭通往换挡离合器和制动器的油路，从而控制换挡时刻和挡位的变换，以实现自动变速。

任务练习

一、填空题

1. 自动变速器按照结构及控制方式的不同可分为__________、__________、__________。

2. 变速齿轮机构主要包括____________和____________两部分。

二、判断题

1. 自动变速器和手动变速器的换挡原理是一样的。 ( )

2. 液力式自动变速器是根据节气门开度信号和车速信号相结合的过程来实现自动换挡的。 ( )

三、选择题

1. 传统的液力式自动变速器是根据（ ）、节气门开度信号来实现自动换挡的。

A. 发动机信号 B. 车速信号

C. 水温信号 D. 进气温度信号

2. 下列字母中在自动变速器上表示行驶挡的是（ ）。

A.P B.N

C.R D.D

四、问答题

1. 简要概括液力式自动变速器的工作过程。

2. 自动变速器有何特点?

项目二

液力耦合器和液力变矩器

项目描述

所谓液力式自动变速器就是靠液力传动来实现自动换挡的变速器，而液力传动分为动液传动和静液传动两大类。动液传动靠液体在循环流动过程中动能的变化而传递动力。静液传动利用液体在密闭工作空间内压能的变化而传递动力（如液压马达）。本项目介绍的液力耦合器和液力变矩器就属于动液传动装置。由于液力耦合器应用于早期的汽车半自动变速器及自动变速器中，弊端较多，现已被液力变矩器所取代，因此本项目将简要介绍液力耦合器，着重讲解液力变矩器的结构与检修。

任务一
液力耦合器的结构与检修

任务目标

完成本学习任务后，你应当达到以下目标。

1. 知识目标

（1）了解液力耦合器的类型。

（2）掌握液力耦合器的组成与工作原理。

（3）熟悉液力耦合器的传动效率。

2. 能力目标

（1）能分析液力耦合器的传动效率。

（2）能检修液力耦合器的常见故障。

任务引入

一台装有液力耦合器的自动变速器在运行时出现漏油的现象。

根据故障现象分析可能原因是：油封失效或油封相对轴面有划痕等缺陷；密封胶失效或检修时密封胶未涂均匀；润滑油压过高，此类缺陷基本是由油泵端面间隙过小造成的，只要重新调整油泵端面间隙使其符合要求就能消除。本任务将学习液力耦合器的构造及故障维修。

相关知识

一、液力耦合器的结构

液力耦合器是以液体为工作介质的一种非刚性联轴器，又称液力联轴器，主要由涡轮（或称转子）、泵轮（或称叶轮）、转动外壳、主动（输入）轴、从动（输出）轴等组成，如图 2–1 所示。

图 2–1　液力耦合器

泵轮与涡轮称为工作轮，两轮均有叶片，两轮分别与输入轴、输出轴连接，它们之间是有间隙的，泵轮和涡轮均有径向尺寸相同的腔形，所以合在一起形成工作油腔室，工作油从泵轮内侧进入，并跟随动力机一起做旋转运动，油在离心力的作用下被甩到泵轮的外侧，形成高速油流冲向对面的涡轮叶片，流向涡轮内侧逐步减速并流回到泵轮的内侧，构成一个循环。

为了避免共振，涡轮的叶片一般比泵轮的叶片少 1~4 片。

二、液力耦合器的分类

液力耦合器按其特性可分为三种基本类型：标准型（普通型）、限矩型（安全型）和调速型。

标准型液力耦合器传递的转矩 M 随着转速比 i 的减小而增大，其制动力矩可达到额定值的 6~20 倍。此类型耦合器结构简单，没有特殊要求，效率较高，η = 0.96~0.98。但它的制动力矩太大，一般用于不需要实现过载保护的场合。

限矩型液力耦合器是用来防止发动机过载及改善起动性能的。

调速型液力耦合器在工作过程中能够调节其输出轴转速。调速通过改变循环的充油量来实现。对于一定的负荷，充油量越少，转速就越低。如果将耦合器中工作的液体完全排空，则耦合器不再传递转矩，故这种耦合器可做离合器用。

三、液力耦合器的特点

1. 液力耦合器的优点

1）具有无级调速功能

调速型液力耦合器可以在输入端转速不变的条件下，通过在运行中调节工作腔的充液量而改变输出力矩和输出转速。

2）隔离振动

耦合器泵轮与涡轮间的转矩是通过液体传递的，属于柔性连接，所以主动轴与从动轴产生的振动不可能相互传递。

3）过载保护

由于耦合器采用柔性传动，工作时有滑差，当从动轴上的阻力转矩突然增加时，滑差增大甚至制动，但此时原动机仍继续运转而不致受损。因此，液力耦合器可保护系统免受动力过载的冲击。

2. 液力耦合器的缺点

（1）始终存在转差率，有转差功率损失。

（2）输出转速始终低于输入转速，且输出转速不能像齿轮传动那样准确不变。

（3）调速型液力耦合器需要附加冷却系统，成本高。

（4）占地面积较大，需要在动力机与工作机之间占有一定空间。

（5）无变矩功能。

（6）传递功率的能力与其输入转速的平方成正比，输入转速过低时，耦合器规格较大。目前，液力耦合器在汽车上已被液力变矩器取代。

四、液力耦合器的工作原理

液力耦合器是以液体为工作介质的一种非刚性联轴器。液力耦合器（见图 2–2）的泵轮和涡轮组成一个可使液体循环流动的密闭工作腔，泵轮装在输入轴上，涡轮装在输出轴上。两轮为沿径向排列着许多叶片的半圆环，它们相向耦合布置，互不接触，中间有 3~4mm 的间隙，并形成一个圆环状的工作轮。驱动轮称为泵轮，被驱动轮称为涡轮，泵轮和涡轮都称为工作轮。泵轮和涡轮装合后，形成环形空腔，其内充有工作油液。

图 2-2　液力耦合器的组成

泵轮通常在内燃机或电机驱动下旋转，叶片带动油液。在离心力作用下，这些油液被甩向泵轮叶片边缘，由于泵轮和涡轮的半径相等，故当泵轮的转速大于涡轮的转速时，泵轮叶片外缘的液压大于涡轮叶片外缘的液压，油液在压差的作用下冲击涡轮叶片，当冲击力足以克服外部阻力时，涡轮开始转动，即将动能传给涡轮，使涡轮与泵轮同方向旋转。油液动能下降后从涡轮的叶片边缘又流回到泵轮，形成循环回路。液力耦合器靠液体与泵轮、涡轮的叶片相互作用产生力矩的变化来传递转矩。在忽略叶轮旋转及其他机械损失时，它的输出（涡轮）转矩等于输入（泵轮）转矩。液力耦合器也可用作转矩限制器。

五、液力耦合器的传动效率

液力耦合器内液体的循环是由于泵轮与涡轮流道间不同的离心力产生压差而形成的，因此泵轮和涡轮必须有转速差，这是由液力耦合器的工作特性所决定的。泵轮与涡轮的转速差称为滑差。在额定工况下，滑差为输入转速的 2%~3%。

1. 滑差率

实际上，耦合器在运转过程中，其泵轮转速（用 n_B 表示）一定要稍大于涡轮的转速（用 n_T 表示），只有这样，泵轮出口油压才能高于涡轮入口油压，从而完成转矩的传递。把泵轮、涡轮的转速差与泵轮转速之比称为液力耦合器的滑差率，用 S 表示，即

$$S=\frac{(n_B-n_T)}{n_B}=1-\frac{n_T}{n_B} \qquad (2\text{-}1)$$

2. 效率

液力耦合器在工作过程中的能量损失主要是液体在工作腔内流动的损失，进入工作轮入口处的冲击损失，工作轮与空气摩擦的损失，以及轴承、密封、齿轮等的机械损失。所以，液力耦合器的输出功率 N_2 总小于输入功率 N_1，二者的比值就是液力耦合器的传动效率 η_0，其表达式为

$$\eta_0 = \frac{N_2}{N_1} = \eta_v \times \eta_m \times \eta_h \tag{2-2}$$

式中，

η_v——容积效率；

η_m——机械效率；

η_h——液力效率。

1）容积效率

液体由工作轮之间的轴向间隙直接流向泵轮入口，另有很少一部分从涡轮与转动外壳间的间隙流出而未流入涡轮，这就有了容积损失。但是，这一损失是相当小的，若忽略这一损失，则 $\eta_v = 1$。

2）机械效率

机械效率 η_m 为工作轮输入转矩与输出转矩之比。其中，泵轮的机械效率为

$$\eta_{Bm} = \frac{M_{B\text{-}Y}}{M_B} \tag{2-3}$$

式中，

$M_{B\text{-}Y}$——泵轮对液体的作用转矩；

M_B——发动机对泵轮的输入转矩 。

涡轮的机械效率为

$$\eta_{Tm} = \frac{M_T}{M_{Y\text{-}T}} \tag{2-4}$$

式中，

M_T——涡轮输出转矩；

$M_{Y\text{-}T}$——液体对涡轮的作用转矩。

3）液力效率

液力损失包括液体流动时的内摩擦损失、液体与工作轮间的摩擦损失及液体流入工作轮时的冲击损失等。可将式（2–2）变为

$$\eta_0 = \frac{N_2}{N_1} = \frac{M_T \times n_T}{M_B \times n_B} = \frac{M_{Y\text{-}T}}{M_{B\text{-}Y}} \times (\eta_{Bm} \times \eta_{Tm}) \times \frac{n_T}{n_B} \tag{2-5}$$

比较式（2–2）和式（2–5）得

$$\eta_v = \frac{M_{Y\text{-}T}}{M_{B\text{-}Y}} \qquad (2\text{–}6)$$

$$\eta_m = \eta_{Bm} \times \eta_{Tm} \qquad (2\text{–}7)$$

$$\eta_h = \frac{n_T}{n_B} \qquad (2\text{–}8)$$

若认为 η_v、η_m 均很小，趋于 1，则式（2–5）变为

$$\eta_0 = \frac{n_T}{n_B} = i \qquad (2\text{–}9)$$

结论：液力耦合器传动效率等于其传动比 i。

如图 2–3 所示是液力耦合器效率特性曲线，它是通过坐标原点的一条直线，在 A 点以后，以虚线表示。在 n_T/n_B=1 时，效率等于 0，这是因为当耦合器在高传动比下工作时，泵轮、涡轮转速相当接近，工作腔内液体的循环流动明显减弱，传递的有效转矩极小，而摩擦损失的转矩所占比重增加，所以效率明显低于传动比。在 n_T/n_B = 0.97~0.99 时 η_0 达到最大值，之后不再随涡轮转速的升高而增加大，而是很快下降为零。这说明，此时 η_0 = n_T/n_B 的关系已不再适用，也说明耦合器的效率永远不可能达到 1。

由以上分析可知，耦合器工作轮应该长期在高传动比下工作，这样才能获得最佳经济效益。

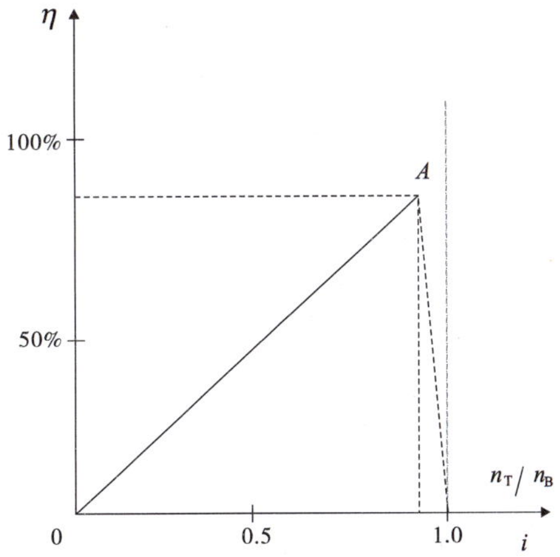

图 2–3　液力耦合器效率特性曲线

六、液力耦合器常见故障维修

液力耦合器常见故障及排除方法见表 2–1。

表 2–1 液力耦合器的常见故障及排除方法

故障类型	故障原因	排除方法
耦合器内油压太高	工作油溢流阀安装不正确或有故障	重新安装，修理或更换
耦合器内油压太低	工作油过滤器堵塞，溢流阀安装不正确或损坏，工作油泵吸入管堵塞，工作油泵内吸入空气	清理过滤器，正确安装溢流阀，检查吸入管
耦合器内油压不够	工作油系统管路断裂，液力耦合器安全塞熔化	检查并更换管路，换装新的安全塞
主油泵不工作	传动轴断裂	检查并更换传动轴
过滤器中的污物过多	油管道脏污（如管中有未除净的焊渣等），油泵磨损（油中有金属屑）	清理滤网，清除泵内杂质并检查、修理油泵
齿轮传动装置振动	齿轮传动装置中心不正；液力耦合器不平衡；基础支撑不牢固，有缝隙；叠片式联轴器不平衡	检查并按要求校正相关部件，消除不平衡

任务练习

一、填空题

1. 液力耦合器是以液体为工作介质的一种___________。
2. 液力耦合器可分为________、________、________三种基本类型。
3. 液力耦合器主要由______、______、______、______、______等组成。

二、判断题

1. 液力耦合器内液体是由泵轮流向涡轮的。 （ ）
2. 液力耦合器是以液体为工作介质的一种刚性联轴器。 （ ）
3. 所谓的驱动轮是指泵轮，而被驱动轮是指涡轮。 （ ）

三、选择题

1. 下列（ ）不属于液力耦合器。

A. 涡轮　　B. 泵轮

C. 主、从动轴　　D. 环形口

2. 下列关于液力耦合器的说法中不正确的是（ ）。

A. 液力耦合器常常被称为非刚性联轴器

B. 在液力耦合器中驱动轮称为泵轮，被驱动轮称为涡轮

C. 液力耦合器的传动效率高于液力变矩器

D. 液力耦合器具有过载保护等功能

四、问答题

1. 简述液力耦合器的工作原理。

2. 概括液力耦合器的特点。

任务二　液力变矩器的结构与检修

任务目标

完成本学习任务后，你应当达到以下目标。

1. 知识目标

（1）了解液力变矩器的定义。

（2）掌握液力变矩器的工作原理。

（3）掌握带锁止离合器的液力变矩器的工作过程。

2. 能力目标

（1）能正确分析液力变矩器的工作原理。

（2）能正确描述带锁止离合器的液力变矩器的分离和接合过程。

（3）会检修液力变矩器的常见故障。

任务引入

一辆装有液力变速器的轿车，在高速行驶中急剧改变车速时，液力变矩器内发出剧烈的金属撞击声，严重时就像紧急制动一样使汽车立即停驶，重新起动后又可以正常行驶。

根据故障现象分析，应对变速器进行失速试验，失速试验时变速器处于静止状态，只有油泵和变矩器的泵轮随发动机同步旋转，发动机内部或油泵内部如发生运动干涉，发出金属撞击声，汽车肯定无法行驶。汽车像紧急制动一样停驶的原因是导轮叶片与泵轮或涡轮的叶片卡到一起，重新起动时在离心力的作用下又分开，所以重新起动后又可正常行驶。维修方法是更换液力变矩器总成。

相关知识

一、液力变矩器的定义

液力变矩器（TC）由带叶片的泵轮、涡轮和导轮组成，形成一个封闭的液力循环系统。为了保证液力变矩器具有适应工作情况的特殊性能，各叶轮均采用了弯曲成一定形状的叶片。液力变矩器是液力传动的基本元件之一，又称液力变扭器。

二、液力变矩器的功用

液力变矩器位于发动机和机械变速器之间，以自动变速器油（ATF）为工作介质，主要以下功用。

1. 传递转矩

发动机的转矩通过液力变矩器的主动元件，再通过 ATF 传给液力变矩器的从动元件，最后传给变速器。

2. 无级变速

根据工况的不同，液力变矩器可以在一定范围内实现转速和转矩的无级变化。

3. 自动离合

液力变矩器由于采用 ATF 传递动力，当踩下制动踏板时，发动机也不会熄火，此时相当于离合器分离；当抬起制动踏板时，汽车可以起步，此时相当于离合器接合。

4. 驱动油泵

ATF 在工作的时候需要油泵提供一定的压力，而油泵一般是由液力变矩器壳体驱动的。同时，由于采用 ATF 传递动力，液力变矩器的动力传递柔和，且能防止传动系统过载。

三、液力变矩器的组成

液力变矩器主要由泵轮、涡轮和导轮三个元件组成，因此也称三元件液力变矩器，如图 2-4 所示。

在液力耦合器的基础上增设导轮，导轮位于泵轮和涡轮之间，通过单向离合器，单向固定在输出轴上，单向离合器使导轮可以顺时针方向转动，而不能逆时针方向转动。泵轮与壳连成一体，为主动元件；涡轮悬浮在变矩器内，与从动轴相连。

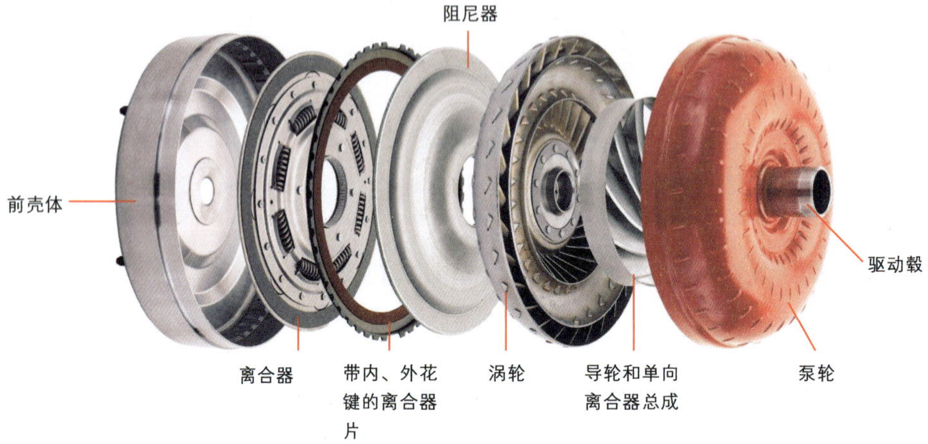

图 2-4　液力变矩器的组成

1. 泵轮

泵轮在变矩器壳体内，许多曲面叶片径向安装在其中。在叶片的内缘上安装有导环，提供一通道使 ATF 流动畅通（见图 2-5）。变矩器通过驱动端盖与曲轴连接。当发动机运转时，将带动泵轮一同旋转，泵轮内的 ATF 依靠离心力向外冲出。发动机转速升高时，泵轮产生的离心力也随之升高，由泵轮向外喷射的 ATF 的速度也随之升高。

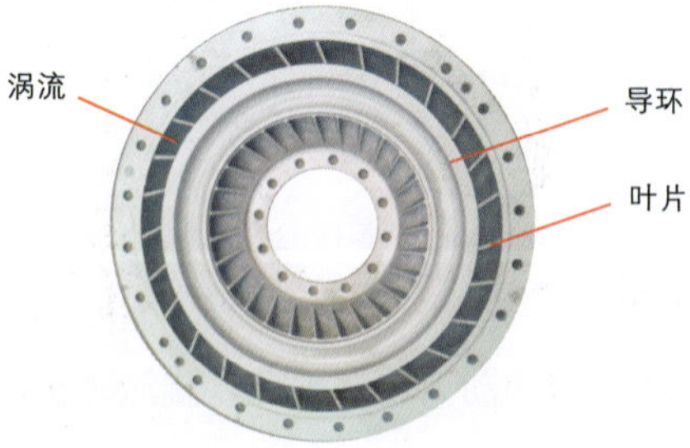

图 2-5　泵轮的结构

2. 涡轮

涡轮也是装有许多曲面叶片的圆盘，其叶片的曲面方向不同于泵轮的叶片（见图 2-6）。涡轮通过花键与变速器的输入轴相啮合，涡轮的叶片与泵轮的叶片相对而设，两者之间保持非常小的间隙。

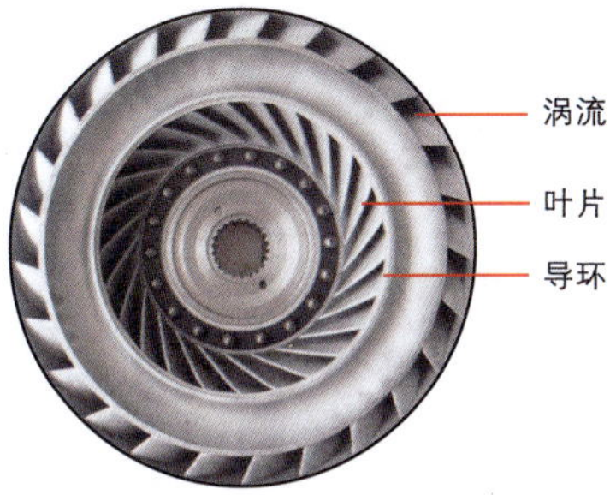

图 2–6　涡轮的结构

3. 导轮

导轮是装有叶片的小圆盘（见图 2–7），位于泵轮和涡轮之间。它安装于导轮轴上，通过单向离合器固定于变速器壳体上。导轮上的单向离合器可以锁住导轮以防止反向转动。这样，导轮根据工作液冲击叶片的方向进行旋转或锁定。

导轮的作用：在汽车起步和低速行驶时，增大变速器输入的转矩。

图 2–7　导轮的结构

4. 单向离合器

单向离合器的外圈与导轮叶片固定连接在一起（见图 2–8），内圈用花键与变速器壳体上的导轮轴连接，而导轮轴与变速器机油泵盖连接。因为机油泵盖固定在变速器壳体上，所以单向离合器内圈不能转动。

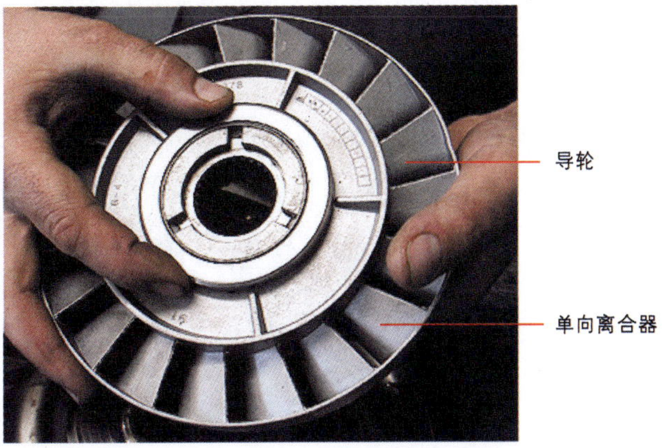

图 2–8　单向离合器

四、液力变矩器的工作原理

液力交矩器转换能量、传递动力的原理与液力耦合器相同，这里不再讲述。液力变矩器与液力耦合器的根本区别就在于液力变矩器增加了一个工作轮——导轮。由于多了一个固定不动的导轮，在液体循环流动的过程中，固定导轮给涡轮一个反作用力矩，从而使涡轮输出转矩不同于泵轮输入转矩，具有“变矩”功能。下面简述其变矩的工作原理。

液力变矩器内的泵轮是一种离心泵。如图 2–9 所示，当泵轮旋转时，油液将被甩到外面，因此中心区域会形成真空，进而吸入更多的油液。

如图 2–10 所示，从泵轮甩出的油液进入涡轮外侧的叶片，而涡轮又与变速器输入轴相连。这样，涡轮会使变速器输入轴旋转，把发动机传递的动力传给变速器内部相应元件。涡轮的叶片是弯曲的，因此，从外部进入涡轮的油液在从涡轮中心出来之前必须改变方向，正是这种方向的改变导致了涡轮旋转。

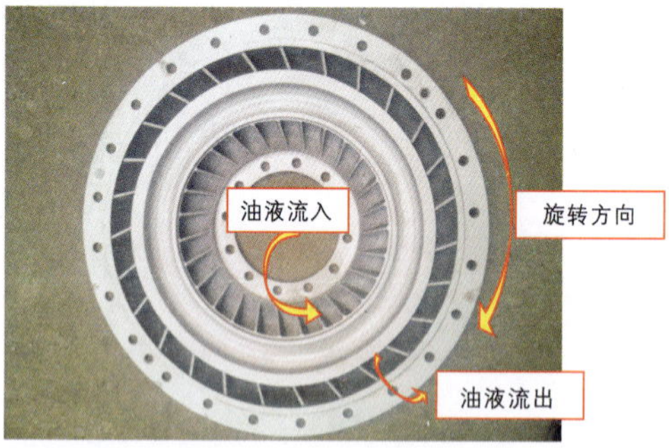

图 2–9　泵轮油液的流向

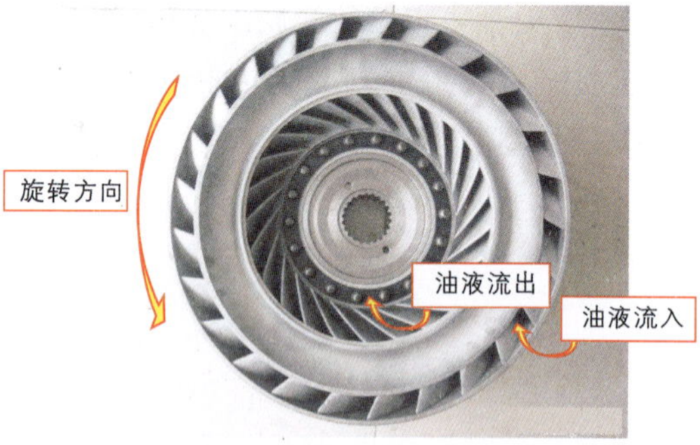

图 2–10　涡轮油液的流向

如图 2–11 所示，从涡轮内侧流出的油液经过导轮，导轮的作用是迫使从涡轮返回的液流再次到达泵轮之前改变方向，这样可极大地提高液力变矩器的效率。

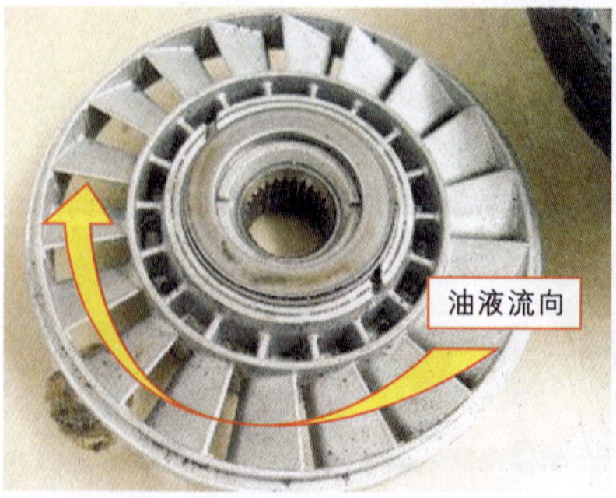

图 2–11　导轮油液的流向

液力变矩器工作时，壳体内充满 ATF，发动机带动壳体旋转，壳体带动泵轮旋转，泵轮的叶片将 ATF 带动起来，并冲击涡轮的叶片；如果作用在涡轮叶片上的冲击力大于作用在涡轮上的阻力，涡轮将开始转动，并使自动变速器的输入轴一起转动。由涡轮叶片流出的 ATF 经过导轮后再流回泵轮，ATF 在液力变矩器中的工作情况如图 2-12 所示。

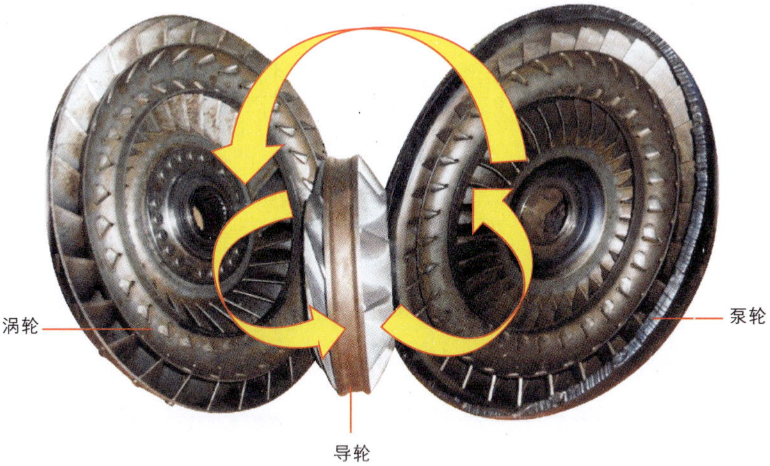

图 2-12 ATF 在液力变矩器中的工作情况

五、液力变矩器的传动效率及特性

1. 液力变矩器的传动效率

1）转矩比 K

液力变矩器的转矩比是涡轮输出转矩 M_W 与泵轮输入转矩 M_B 之比，用 K 表示，即

$$K=\frac{M_W}{M_B}=\frac{M_B \pm M_D}{M_B} \tag{2-10}$$

液力变矩器的转矩比指变矩器输出转矩增大的倍数。当涡轮转速为零时，转矩比达到最大值。随着涡轮转速升高，转矩比逐渐减小，当涡轮与泵轮的转速比达到某一定值时，涡流最小，因而转矩比几乎为 1，这一点称为耦合工作点，此时由于从涡轮流出的油液将冲击导轮叶片背面，导轮转矩方向与泵轮转矩方向相反。为防止这一现象的发生，单向离合器就使导轮与泵轮同向转动。换言之，变矩器在耦合工作点时，开始起一台液力耦合器的作用，防止转矩比降至 1 以下。因此，变矩器的工作可分为两个区域，如图 2-13 所示：一个是变矩区，转矩成倍放大；另一个是耦合区，只传递转矩而无转矩放大。耦合工作点就是这两个区域的分界点。

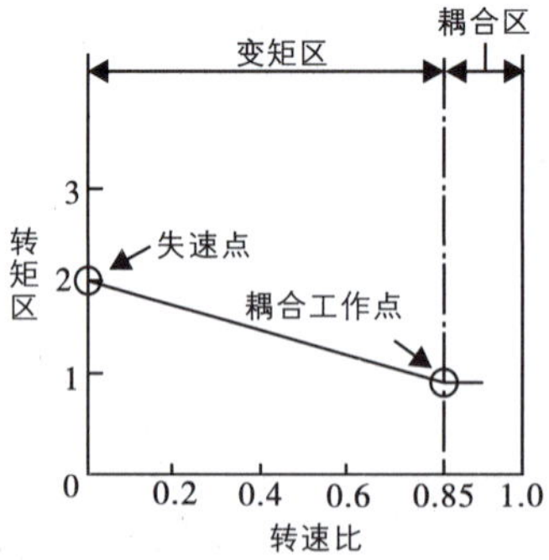

图 2-13 液力变矩器的转矩比

2）转速比 i

液力变矩器的转速比是指涡轮转速 n_W 与泵轮转速 n_B 之比，用 i 表示，即

$$i=\frac{n_W}{n_B}\leqslant 1 \tag{2-11}$$

液力变矩器的转速比表示变矩器输出转速降低的倍数。涡轮转速为零，而发动机处于全负荷（节气门全开，此时泵轮转速达到最大值）时的工况称为失速工况或失速点。在失速点（如当变速杆置于 D 挡位而车辆被阻止前进时），泵轮与涡轮之间的转速差达到最大值。变矩器的最大转矩比就在失速点，通常在 1.7~2.5。

3）传动效率 η

变矩器的传动效率是指泵轮得到的能量传递至涡轮的效率，用 η 表示，即

$$\eta=\frac{M_W n_W}{M_B n_B}=K\cdot i \tag{2-12}$$

上式表明，变矩器的传动效率与转矩比和转速比的乘积成正比，其关系曲线如图 2-14 所示。在失速点，泵轮转动而涡轮静止，这时传到涡轮的转矩最大，但转速比为零，传动效率为零。

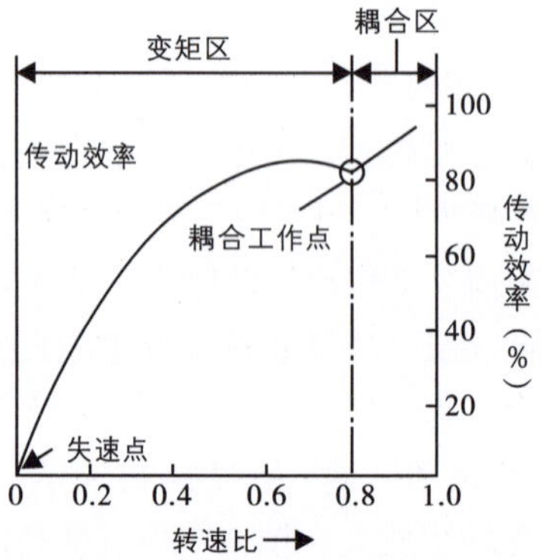

图 2-14 变矩器传动效率与转速比的关系

当涡轮开始转动时，随其转速升高，涡轮输出的转速与转矩成正比，传动效率急剧上升，传动效率在转速比达到耦合工作点前达到最大值，其后又开始下降，这是因为从涡轮流出的部分油液开始冲击导轮叶片的背面，传动效率下降。在耦合工作点，从涡轮流出的大部分油液冲向导轮的背面，为防止传动效率进一步下降，导轮开始转动，液力变矩器变成液力耦合器，其传动效率与转速比成正比并直线上升。

2. 液力变矩器的特性

液力变矩器的特性可用几个与外界负荷有关的特性参数或特性曲线来评价。液力变矩器的特性参数主要有转速比、泵轮转矩系数、转矩比、传动效率和穿透性等。液力变矩器的特性曲线主要有外特性曲线、原始特性曲线和输入特性曲线等。

如图 2-15 所示，i 为转速比，表示涡轮与泵轮转速之比，左边泵轮转速远大于涡轮，右边相等。起步或大脚踩油门时，转速比较小，泵轮比涡轮快很多，此时泵轮输出的转矩要比涡轮输入的转矩大很多，比较有力，但传动效率较低；轻踩油门时，转速比增大，转矩比降低，传动效率也相应提高，转速比为 60% 时，效率最高；当稳定油门，速度较为稳定时，转速比进一步上升，转矩比接近 1，但此时传动效率下降；为避免动力流失，变矩器用离合器锁止，转速比骤增至 1，效率也达到最高。

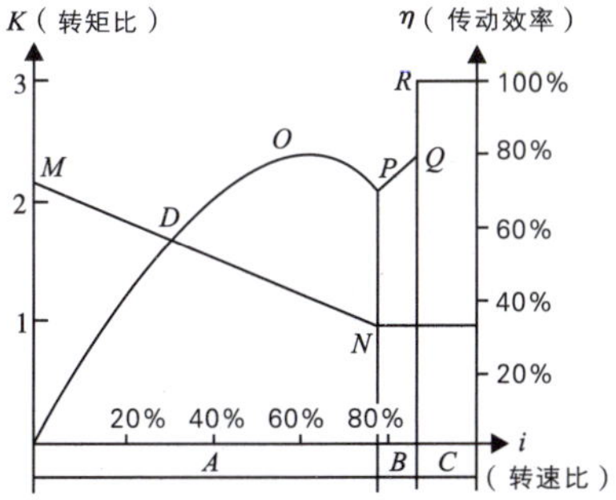

图 2-15 液力变矩器的特性曲线

六、带锁止离合器的液力变矩器

在耦合区（没有转矩成倍放大的情况），变矩器以接近 1:1 的比例将来自发动机的输入转矩传递至变速器。但在泵轮与涡轮之间存在着至少 4%~5% 的转速差，所以，变矩器并没有将发动机的动力全部传递至变速器，有一定的能量损失。

为了防止这种能量损失现象的发生，也为了降低油耗，当车速大于 60km/h 时，锁止离合器会通过机械机构将泵轮与涡轮相连接。这样，使发动机产生的动力几乎全部传递至变速器。

如图 2-16 所示，锁止离合器在涡轮转轴上，位于涡轮前端。在变矩器壳体或变矩器锁止离合器上粘有一种摩擦材料，用以防止离合器接合时打滑。

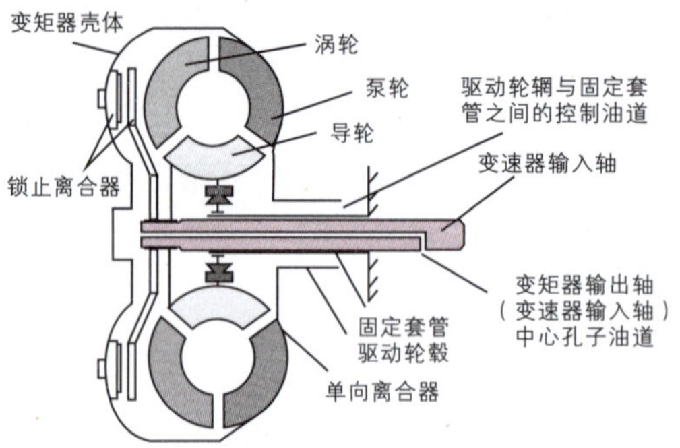

图 2-16 液力变矩器的结构及两条控制油道

锁止离合器的接合和分离由变矩器中液压油的流向变化来决定，其工作过程如下。

1. 锁止离合器分离时

如图 2-17 所示，当没有锁止离合器控制油压作用于锁止控制阀时，变矩器油压通过锁止离合器控制阀进入变速器输入轴中心油道，至锁止离合器片与变矩器壳体之间，目的是控制锁止离合器分离。之后进入涡轮、泵轮和导轮，通过驱动轮毂与固定套管之间的油道进入锁止离合器控制阀，再通过背压阀流向冷却器，对 ATF 进行冷却。

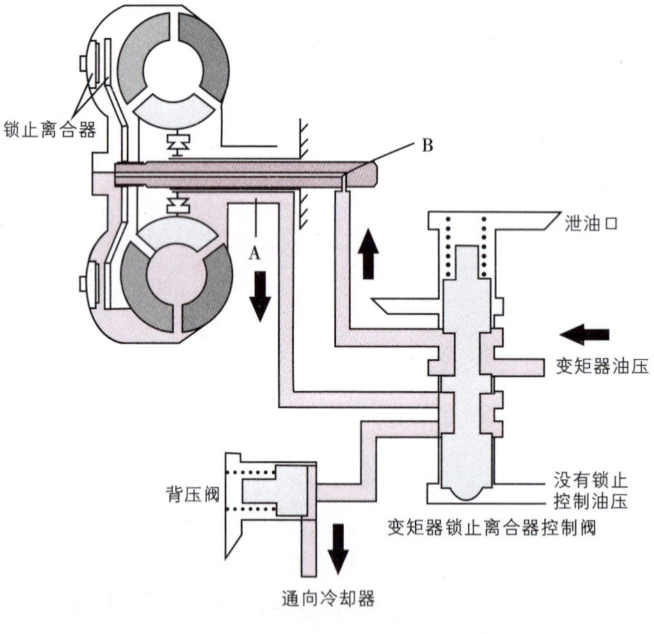

图 2-17 液力变矩器锁止离合器分离时的油路

2. 锁止离合器接合时

当车辆以中高速行驶时，相关油路如图 2-18 所示。

变矩器油压通过锁止离合器控制阀进入驱动轮毂与固定套管之间的控制油道中。这时，变矩器壳体受到锁止离合器内部活塞挤压，从而使锁止离合器和前盖一起转动，即锁止离合器接合。由于这时泵轮与涡轮转速差为零，没有涡流产生，因而油液在变矩器内产生的热量很小，流出变矩器的油液不需要冷却，直接回到变矩器。

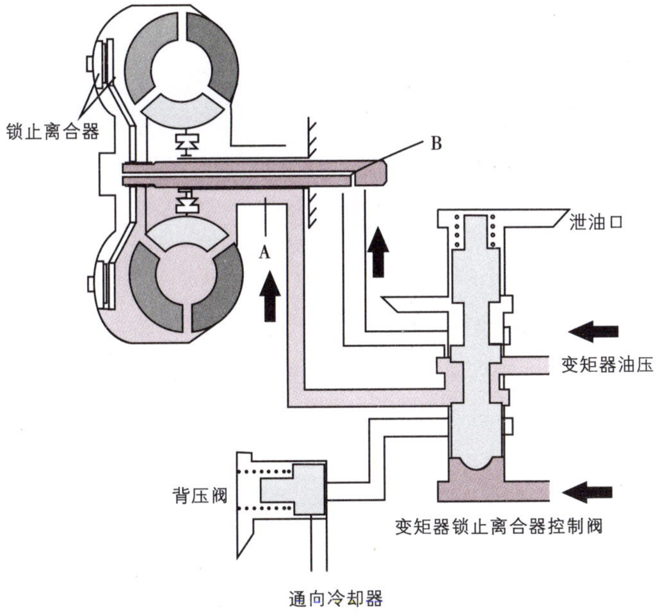

图 2-18　液力变矩器锁止离合器接合时的油路

七、液力变矩器的检修

液力变矩器外壳体作为泵轮并与泵轮叶片焊接在一起，内部装有涡轮、导轮、单向离合器和锁止离合器。

液力变矩器不能拆分，且经过严格的动平衡检测，因此只能通过故障现象分析判断各元件的故障。确认某一元件有故障，只能更换变矩器总成，不建议拆修，否则会因动平衡被破坏引起动力损耗及影响发动机工作的稳定性。

若需要拆修，应使用专用设备，如切割焊接机、高温贴片机、锁止离合器压盘修复机、变矩器测漏仪等。

1. 液力变矩器外部的检查

检查液力变矩器的外部有无操作损伤和裂纹，是否有由于油温高而导致外表发蓝的现象；检查连接螺栓有无松动，如有，则需要更换；检查变矩器轴套是否光滑，如果轴套有磨损，则应仔细检查油泵的驱动部分，并检查轴套缺口有无损伤，必要时应更换液力变矩器，轴套表面轻度的擦痕或损伤可以用细砂布磨光。

2. 液力变矩器的清洗

用专用的清洗机清洗液力变矩器。将液力变矩器安装在清洗机的固定架上，清洗机用加压的清洗剂对液力变矩器进行冲洗，清洗机的驱动装置在冲洗的同时还驱动液力变矩器的涡轮。清洗工作大约需要 15min，可清洗掉绝大多数的金属颗粒，清洗完毕后将洗净的液力变矩器从清洗机上卸下。

3. 液力变矩器内部干涉的检查

液力变矩器内部干涉主要是指导轮和涡轮、导轮和泵轮之间的干涉。如果有干涉，液力变矩器在运转时会有噪声。

1）导轮和涡轮之间干涉的检查

将液力变矩器与飞轮连接侧朝下放在台架上，然后装入油泵总成，确保液力变矩器油泵驱动毂与油泵主动部分接合好。把变速器输入轴（涡轮轴）插入涡轮轮毂，使油泵和液力变矩器保持不动，然后顺时针、逆时针反复转动涡轮轴，如果转动不顺畅或有噪声，则应更换液力变矩器。

2）导轮和泵轮之间干涉的检查

将油泵放在台架上，并把液力变矩器安装在油泵上，旋转液力变矩器，使液力变矩器的油泵驱动毂与油泵主动部分接合好，然后固定住油泵并逆时针转动液力变矩器，如果转动不畅或有噪声，则应更换液力变矩器。

4. 液力变矩器轴套偏摆量的测量

首先将液力变矩器暂时安装在驱动盘上，为保证安装正确，应在所在位置做个标记，并安装百分表，如图 2–19 所示。如果径向圆跳动超过 0.3mm，则应重新调整液力变矩器的安装方位。如果径向圆跳动过大，无法得到修正，应更换液力变矩器。

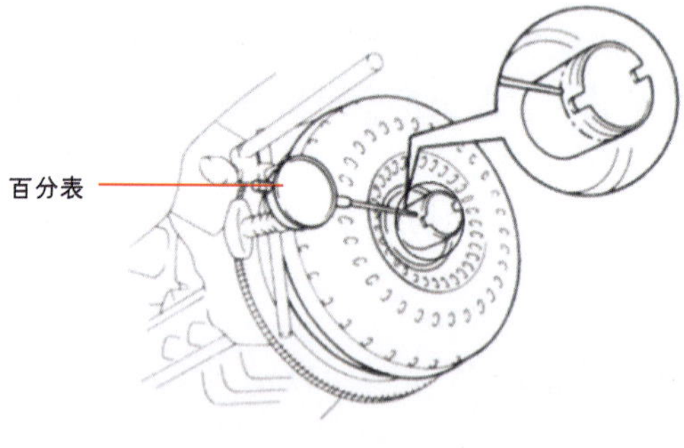

图 2–19　液力变矩器轴套偏摆量的检查

5. 液力变矩器中单向离合器的检查

单向离合器损坏、失效后，液力变矩器就没有了转矩放大的功能，将出现如下故障现象：车辆加速无力，但车辆行驶一段时间之后恢复正常，如果做失速试验，会发现失速转速比正常值低 400~800r/min。

单向离合器的检查如图 2-20 所示，用专用工具插入油泵驱动毂和单向离合器外座圈的槽口，然后用手指压住单向离合器的内座圈并转动它，检查是否顺时针转动平稳而逆时针方向锁止。如果单向离合器损坏，则需要更换液力变矩器总成。

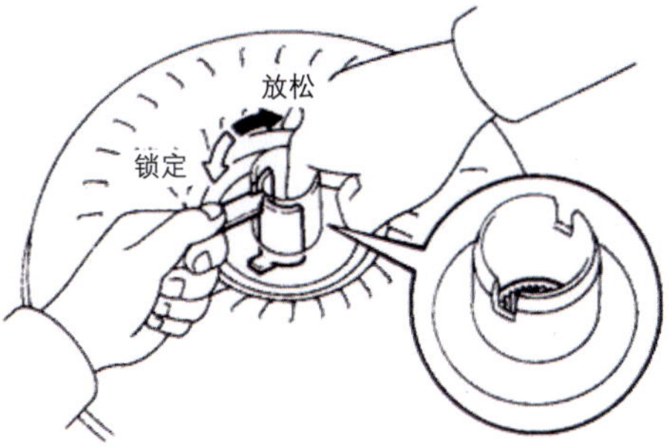

图 2-20　液力变矩器中单向离合器的检查

八、液力变矩器常见故障

液力变矩器常见故障及排除方法见表 2-2。

表 2-2　液力变矩器常见故障及排除方法

故障现象	故障原因及排除方法
锁止离合器不锁止或锁止不开	锁止离合器不锁止的主要原因有压盘打滑、控制阀不动作、锁止电磁阀失效和锁止油压不足等。在锁止工况下，急踏加速踏板，车速没有随之提高为不锁止。紧急制动时发动机熄火为锁止不开，锁止不开的主要原因是锁止控制阀卡滞或电控系统失效。 在电控液压变速器中，电脑可根据发动机和变速器输入轴转速信号，计算出液力变矩器泵轮与涡轮间的滑移率。当滑移率超限时，电控单元会显示故障码
变矩器有噪声	轻踩制动踏板后，噪声立刻消失；抬起制动踏板后，噪声又立刻出现。反复测试，现象依旧，则可断定噪声来自变矩器。造成变矩器有噪声的主要原因有变矩器泄油、锁止压力不足、止推轴承损坏、导轮单向离合器损坏、泵轮或涡轮叶片松动等，应更换变矩器总成
涡轮与变速器输入轴键配合的花键孔严重磨损	涡轮花键孔与花键输入轴严重磨损后，会引起噪声和换挡冲击。花键孔磨光会导致车辆无法行驶。应拆修或更换
变矩器壳体端面摆动	变矩器壳体端面摆动会引起发动机运转不稳并有异响。检查变矩器壳体是否偏摆时，可先将变速器拆下，然后将百分表架固定在发动机上，表的测头压在变矩器壳体外端面上，转动变矩器壳体一周，百分表的摆动量若大于 0.05mm，应首先将变矩器固定螺栓全部松开，再按对角线分三次将螺栓拧紧至规定的力矩，检查故障是否消失
液力变矩器油温过高	造成油温过高的主要原因是锁止离合器打滑或变速器冷却系统不良
液力变矩器壳体轴与油泵接合处因磨损或油封老化而漏油	严重时会影响泵压，应检查或更换油封。若轴头磨损，可更换轴头

任务实践

1. 实践名称

液力变矩器的故障检修。

2. 实践准备

（1）液力变矩器若干。
（2）百分表、磁力表座、专用工具各一套。
（3）工具车、零件车若干。

3. 实践要求与注意事项

1）实践要求

每班分成若干个小组，每次同时进行三个小组的实训，其他小组在教室内复习实训的内容，分几次完成。实训时以教师讲解、演示，学生操作、考核为主，学生完成实训报告及考核，最后填写实训内容。

2）注意事项

（1）听从安排，不要随意走动。
（2）不要随意操作车上的各个系统。
（3）操作所学系统时必须在指导教师的指导下完成。
（4）注意保持教学场地卫生。
（5）不能蛮力操作所学系统。
（6）严格遵守拆装程序及操作规程。

4. 操作步骤及检修

1）液力变矩器外部的检查

目测液力变矩器外部有无损伤和裂纹________，轴承缺口有无损伤________。根据故障现象给出维修方案____________________。

2）导轮和涡轮之间干涉的检查

根据检查结果给出维修方案____________________。

3）导轮和泵轮之间干涉的检查

根据检查结果给出维修方案____________________。

4）液力变矩器轴套偏摆量的测量

测量轴套的径向圆跳动量为__________，极限值为__________。根据测量结果给出维修方案____________________。

5）单向离合器的检查

根据检查结果给出维修方案 ____________________。

5. 实践总结

____

____

____

____

____

____

____

____

任务练习

一、填空题

1. 液力变矩器的工作轮包括________、________和________。

2. 涡轮是液力变矩器的_________，连接在_________上。

3. 导轮改变自动变速器油的流动方向，从而达到________ 的作用。

4. 液力变速器的变矩作用主要是通过________实现的。

二、判断题

1. 液力变矩器属于静液传动装置。（ ）

2. 液力变矩器在一定范围内能自动改变传动比和转矩比。（ ）

3. 液力变速器的变矩作用主要是通过导轮实现的。（ ）

三、选择题

1. 液力变矩器的变矩主要是通过（ ）实现的。

A. 涡轮　　B. 导轮　　C. 泵轮

2. 当发动机转速升高时，（ ）的离心力也随之升高。

A. 泵轮　　B. 导轮　　C. 涡轮

四、问答题

1. 简述液力变矩器的工作原理。

2. 简述液力变矩器的功用。

项目三

行星齿轮自动变速器

项目描述

液力变矩器在自动变速器中的主要作用是使汽车起步平稳，在换挡时降低传动系统的冲击。在变速增扭方面，变矩器虽然能够在一定的范围内实现无级变速，但变矩器只有在输出转速接近输入转速时才能具有较高的传动效率，而且它的增扭作用不大，这样远不能满足汽车的使用需求。因此，在汽车自动变速器中设置了齿轮式变速器与液力变矩器配合使用。目前，齿轮式变速器多采用行星齿轮自动变速器。本项目将讲解行星齿轮自动变速器的结构与检修。

任务一 行星齿轮机构的结构与检修

任务目标

完成本学习任务后，你应当达到以下目标。

1. 知识目标

（1）掌握行星齿轮机构的变速原理。

（2）熟悉行星齿轮机构的基本组成。

2. 能力目标

（1）能正确描述行星齿轮机构的变速原理。

（2）会检修行星齿轮排。

任务引入

行星齿轮式变速器与常啮合式变速器的内部结构是完全不同的。行星齿轮式变速器是用行星齿轮机构实现变速的变速器。它通常装在液力变矩器的后面，共同组成液力自动变速器。下面就来讲解行星齿轮机构的结构与故障维修方法。

相关知识

一、行星齿轮机构的组成

行星齿轮机构有很多类型，其中最简单的行星齿轮机构是由 1 个太阳轮、1 个齿圈、1 个行星架和支承在行星架上的几个行星齿轮组成的，称为 1 个行星排，如图 3–1 所示。

图 3–1　行星齿轮机构

行星齿轮机构中的太阳轮、齿圈及行星架有一个共同的固定轴线，行星齿轮支承在固定于行星架的行星齿轮轴上，并同时与太阳轮和齿圈啮合。当行星齿轮机构运转时，空套在行星架上的行星齿轮轴上的几个行星齿轮一方面可以绕着自己的轴线旋转，另一方面可以随着行星架一起绕着太阳轮回转。在行星排中，具有固定轴线的太阳轮、齿圈和行星架称为行星排的 3 个基本元件。

二、行星齿轮机构的特点

行星齿轮机构在小型轿车中应用广泛，具有以下特点。

（1）行星齿轮机构是一种常啮合传动装置，其不同的传动比和转动方向通过对机构中的不同部件予以固定来获得。

（2）机构中各部件都是同轴的，即各部件围绕同一公共轴线旋转，从而可以取消一般手动变速器中的中间轴和中间齿轮等，因此可以缩小变速器的轴向尺寸。

（3）机构中各齿轮始终处于常啮合状态，不会出现因换挡不到位等而引起的脱挡现象。

（4）机构中因承载齿数较多，齿面载荷低，工作可靠性高，使用寿命长。

（5）通过增减行星排的个数、行星排内齿轮的个数，改变行星排之间的排列和组合及各个构件之间的连接和控制方式等，可获得理想的传动比。

三、行星齿轮机构的类型

1. 按照齿轮的啮合方式分类

按照齿轮的啮合方式不同，行星齿轮机构可以分为外啮合式和内啮合式两种，如图 3–2 所示。外啮合式行星齿轮机构体积大，传动效率低，故在汽车上已被淘汰；内啮合式行星齿轮机构结构紧凑，传动效率高，因而在自动变速器中被广泛使用。

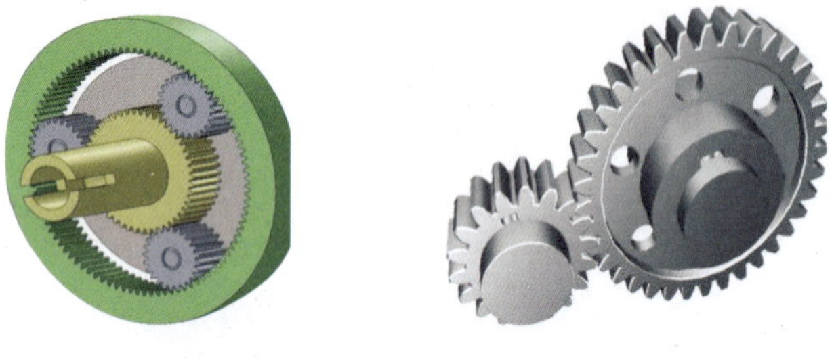

（a）内啮合　　（b）外啮合

图 3–2　齿轮的啮合方式分类

2. 按照齿轮的排数分类

按照齿轮的排数不同，行星齿轮机构可以分为单排和多排两种。多排行星齿轮机构是由几个单排行星齿轮机构组成的。在汽车自动变速器中，行星排的多少因挡位数的多少而有所不同，一般三挡位有两个行星排，四挡位（具有超速挡）有 3 个行星排，通常使用的是由两个或 3 个单排行星齿轮机构组成的多排行星齿轮机构。

3. 按照太阳轮和齿圈之间的行星齿轮组数分类

按照太阳轮和齿圈之间的行星齿轮组数的不同，行星齿轮机构可以分为单行星齿轮式和双行星齿轮式两种（见图 3–3）。

（a）单行星齿轮式　　（b）双行星齿轮式

图 3–3　按照太阳轮和齿圈之间的行星齿轮组数分类

双行星齿轮机构在太阳轮和齿圈之间有两组互相啮合的行星齿轮，外面一组行星齿轮和齿圈啮合，里面一组行星齿轮和太阳轮啮合。它与单行星齿轮机构在其他条件相同的情况下相比，齿圈可以得到反向传动。

用行星齿轮机构作为变速机构，由于有多个行星齿轮同时传递动力，而且常采用内啮合式，充分利用了齿圈中部的空间，故与普通齿轮变速机构相比，在传递同样功率的条件下，可以大大减小变速机构的尺寸和重量，并可实现同向、同轴减速传动；另外，由于采用常啮合传动，具有动力不间断、加速性好、工作可靠等优点。

四、行星齿轮机构的变速原理

由于单排行星齿轮机构有两个自由度，因此它没有固定的传动比，不能直接用于变速传动。为了组成具有一定传动比的传动机构，必须将太阳轮、齿圈和行星架这三个基本元件中的一个加以固定（使其转速为 0，也称制动），或使其运动受到一定的约束（让该构件以某一固定的转速旋转），或将某两个基本元件连接在一起（两者转速相同），使行星排变为只有一个自由度的机构，从而获得确定的传动化。

设太阳轮齿数为Z_1，内齿圈齿数为Z_2，传动比为i，由于行星架上的行星轮既与太阳轮啮合，又与齿圈啮合，固定行星齿轮的行星架的齿数必大于齿圈的齿数，应为Z_1+Z_2，而且齿圈的齿数必大于太阳轮的齿数。自动变速器在不同挡位时，可获得不同的传动比。其中，三个基本元件（齿圈、太阳轮、行星轮）就有 6 种组合方式，如果加上直接挡和空挡就有 8 种组合方式，相应能获得 8 种不同的传动比。

1. 齿圈固定

1）太阳轮主动，行星架从动

齿圈固定，太阳轮顺转，带动行星轮逆转，从而带动行星架顺转，传动比大于 1，主从动同向降速增矩，适用于 1 挡，如图 3-4（a）所示，可表达为

$$i=\frac{Z_1+Z_2}{Z_1}$$

2）行星架主动，太阳轮从动

齿圈固定，行星架顺转，带动行星轮逆转，从而带动太阳轮顺转，传动比小于 1，主从动同向升速减矩，如图 3-4（a）所示，可表达为

$$i=\frac{Z_1}{Z_1+Z_2}<1$$

2. 太阳轮固定

1）内齿圈主动，行星架从动

当内齿圈顺转时，行星轮顺转，因太阳轮被固定，从而带动行星架顺转，主从动同向降速增矩，适用于 2 挡，如图 3-4（b）所示，可表达为

$$i=\frac{Z_2+Z_1}{Z_2}>1$$

2）行星架主动，内齿圈从动

当行星架顺转时，因太阳轮被固定，行星轮会做顺时针转动而与内齿圈内啮合，从而带动内齿圈顺转，主从动同向升速减矩，适用于超速挡，如图 3-4（b）所示，可表达为

$$i=\frac{Z_2}{Z_2+Z_1}<1$$

3. 行星架固定

1）太阳轮主动，齿圈从动

当太阳轮顺转时，行星轮逆转，因行星架被固定，从而带动齿圈逆转，转速下降，转矩增大，主从动异向，适用于倒挡，如图 3-4（c）所示，可表达为

$$i=\frac{Z_2}{Z_1}>1$$

2）齿圈主动，太阳轮从动

当齿圈主动顺转时，带动行星轮顺转，因行星架被固定，使太阳轮逆转，传动比小于 1，转速上升，转矩减小，如图 3-4（d）所示，可表达为

$$i=\frac{Z_1}{Z_2}$$

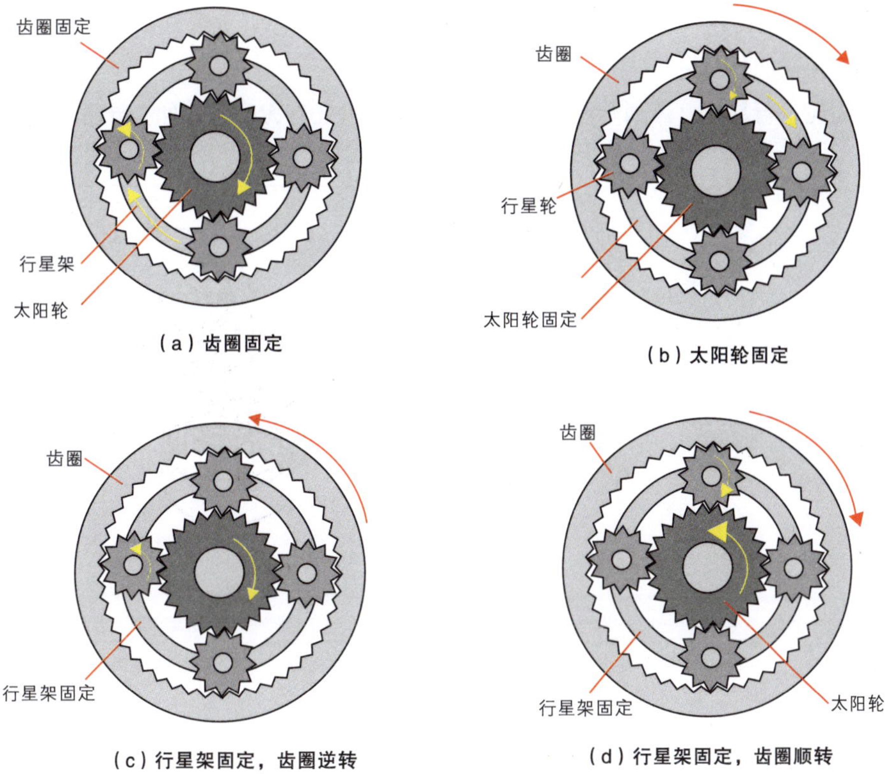

图 3–4　行星齿轮机构的变速原理

4. 将任意两元件连接在一起

若行星齿轮机构的太阳轮、行星架和环形内齿圈三者中，有任意两个被连成一体，则各齿轮间均无相对运动，整个行星机构将成为一个整体而旋转，此时相当于直接挡传动。太阳轮与齿圈连成一体时，太阳轮的轮齿与齿圈的轮齿间便无任何相对运动，夹在太阳轮与齿圈之间的行星轮也不会相对运动，因此太阳轮、齿圈和行星架便成为一体，传动比为 1。

5. 不固定任何元件

若行星齿轮机构的太阳轮、行星架和环形内齿圈三者中，无任何元件被固定，也无任意两个元件被连成一体，则各元件都可做自由运动，不受任何约束。当主动件转动时，从动件可以不动，这样可以不传递动力，从而得到空挡。

五、行星排的检修

检查太阳轮、行星轮、齿圈的齿面，如有磨损或疲劳剥落，应更换整个行星排。

检查行星轮与行星架之间的间隙，如图 3-5 所示，其标准间隙为 0.2~0.6mm，最大不得超过 1.0mm；齿圈衬套直径最大为 24.08mm，检查方法如图 3-6 所示。如尺寸超限，应更换止推垫片或行星架和行星轮组件。

检查太阳轮、行星架、齿圈等零件的轴颈或滑动轴承处有无磨损，如有异常，应更换新件。

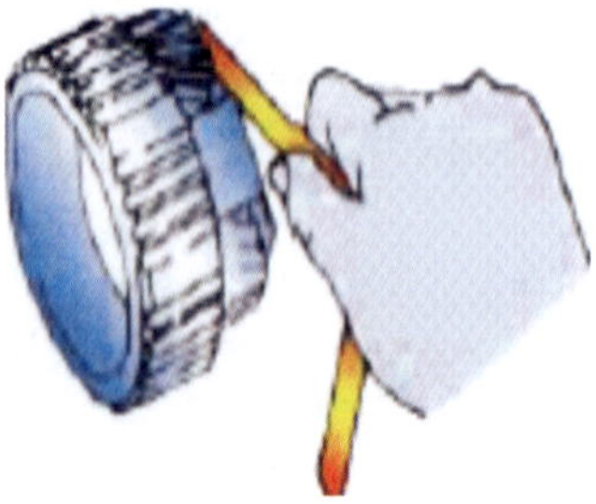

图 3-5 检查行星轮与行星架之间的间隙

图 3-6 齿圈衬套直径的检查

任务实践

1. 实践名称

行星排的检修。

2. 实践准备

（1）行星排若干。
（2）塞尺、内径百分表各一套。
（3）工具车、零件车若干。

3. 实践要求与注意事项

1）实践要求

每班分成若干个小组，每次同时进行三个小组的实训，其他小组在教室内复习实训的内容，分几次完成。实训时以教师讲解、演示，学生操作、考核为主，学生完成实训报告及考核，最后填写实训内容。

2）注意事项

（1）听从安排，不要随意走动。
（2）不要随意操作车上的各个系统。
（3）操作所学系统时必须在指导教师的指导下完成。
（4）注意保持教学场地卫生。
（5）不能蛮力操作所学系统。
（6）严格遵守拆装程序及操作规程。

4. 操作步骤及检修

1）目测行星排的磨损情况

目测太阳轮、行星轮、齿圈的齿面是否有烧蚀、疲劳剥落________，根据检查结果给出维修方案____________________。

2）检查行星轮与行星架之间的间隙

测量值为________，标准值为_______。根据检查结果给出维修方案___________________。

3）齿圈衬套直径的测量

测量值为______，极限值为______。根据检查结果给出维修方案____________。

5. 实践总结

____

____

____

____

____

____

____

____

任务练习

一、填空题

1. 行星齿轮机构一般由________、________、________和________四个基本构件组成。

2. 在行星齿系中，如果以________和以________为主动件，则可以形成减速挡。

二、判断题

1. 若行星齿轮机构的太阳轮、行星架和齿圈三者中，无任何元件被固定，此时可得到空挡。（ ）

2. 如果行星齿轮机构中任意两元件以相同转速和相同方向转动，则第三元件与前两者一起同速转动，形成直接挡。（ ）

三、选择题

1. 单排行星齿轮机构由太阳轮、（ ）、行星架、内齿圈组成。

A. 齿轮　　B. 行星齿

C. 短行星齿　　D. 长行星齿

2. 单排行星齿轮机构中，若一个元件为动力输入，一个元件（ ），将获得不同的传动比。

A. 动力输出　　B. 固定

C. 连接　　D. 自由

四、问答题

1. 简述行星齿轮机构的特点。

2. 概括行星齿轮机构的变速原理。

任务二 组合行星齿轮机构的结构与检修

任务目标

完成本学习任务后，你应当达到以下目标。

1. 知识目标

（1）掌握辛普森式行星齿轮机构的结构及动力传递路线。

（2）掌握拉维娜式行星齿轮机构的结构及动力传递路线。

2. 能力目标

（1）能正确分析辛普森式行星齿轮机构的动力传递路线。

（2）能正确分析拉维娜式行星齿轮机构的动力传递路线。

任务引入

不同车型的自动变速器在结构上往往有较大的差别，如前进挡的挡数不同，离合器、制动器及单向离合器的数目和布置方式也不同，所采用的行星齿轮机构的类型也不同。

目前轿车上常用的行星齿轮变速器主要有辛普森式和拉维娜式行星齿轮机构。本任务主要讲解这两种行星齿轮变速器。

相关知识

一、辛普森式行星齿轮机构

辛普森式行星齿轮机构是双排行星齿轮机构，它由两个内啮合式单排行星齿轮机构组合而成。其结构是前、后两个行星排的太阳轮连接为一整体，形成前后太阳轮组；前行星排的内齿轮和后行星排的行星架连接为另一整体，形成前内齿轮和后行星架组件；输出轴与前内齿轮和后行星架组件连接。早期的辛普森式行星齿轮机构由两排行星齿轮机构组成，提供 3 个前进挡，如图 3–7 所示。其特点是前、后排行星齿轮共用一个太阳轮，且是同轴布置，犹如两套单排行星齿轮机构安装在同一轴上。换挡执行机构的工作情况见表 3–1。

为了更详细地了解辛普森式齿轮机构的动力传递路线，下面以五挡位 A650E 型自动变速器为例来进行讲解。

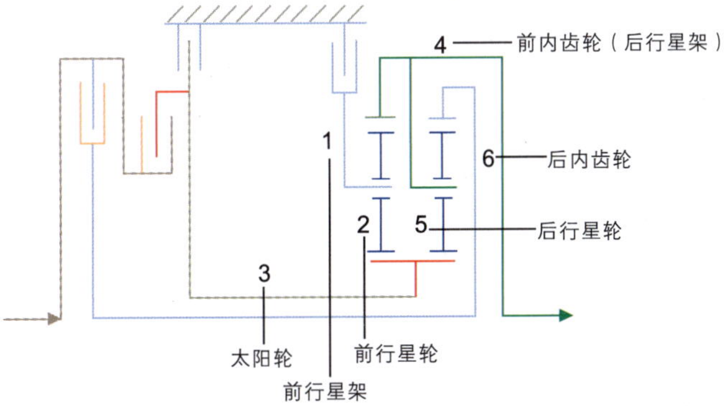

图 3–7　辛普森式行星齿轮机构

表 3–1　换挡执行机构的工作情况

变速挡	元件工作情况			
	C_1	C_2	B_1	B_2
1 挡	○			○
2 挡	○		○	
3 挡	○	○		
R（倒挡）		○		○

注：○表示换挡元件工作

1. 五挡位辛普森式行星齿轮变速器的结构

A650E 型自动变速器中共有 3 个离合器、4 个制动器和 3 个单向离合器，其动力传递路线如图 3-8 所示，换挡执行元件的功能见表 3-2，不同挡位下各元件的工作状态见表 3-3。

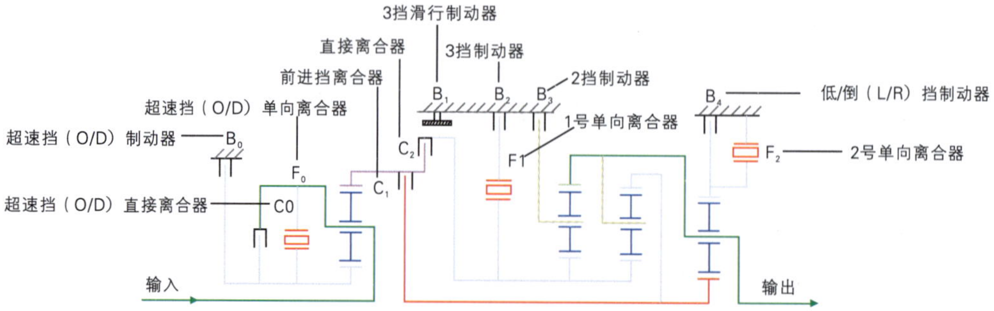

图 3-8 A650E 型自动变速器动力传递路线

表 3-2 换挡执行元件的功能

换挡执行元件		功能
C_0	超速挡（O/D）直接离合器	连接超速挡（O/D）太阳轮和超速挡（O/D）行星架
C_1	前进挡离合器	连接中间轴与前行星排齿圈
C_2	直接离合器	连接输入轴和前排 / 中央共用太阳轮
B_0	超速挡（O/D）制动器	制动超速行星排太阳轮
B_1	3 挡滑行制动器	固定前排 / 中央共用太阳轮
B_2	3 挡制动器	制动 F_1 外座圈，当 F_1 也起作用时，可以防止前后行星排太阳轮逆时针转动
B_3	2 挡制动器	固定前排行星架
B_4	低 / 倒（L/R）挡制动器	固定后排行星架
F_0	超速挡（O/D）单向离合器	单向连接超速挡（O/D）太阳轮和行星架（输入端）
F_1	1 号单向离合器	当 B_2 工作时，防止前后行星排太阳轮逆时针转动
F_2	2 号单向离合器	防止后行星排行星架逆时针转动

表 3–3　不同挡位下各元件的工作状态

选挡杆位置	挡位	换挡执行元件										
		C_0	C_1	C_2	B_0	B_1	B_2	B_3	B_4	F_0	F_1	F_2
P	驻车挡	○										
N	空挡	○										
R	倒挡			○	○				○			
D	1 挡	○	○							○		○
	2 挡	○	○					○		○		
	3 挡	○	○				○			○	○	
	4 挡	○	○	○			●			○		
	5 挡		○	○	○		●					
4	1 挡	○	○							○		○
	2 挡	○	○					○		○		
	3 挡	○	○				○			○	○	
	4 挡 *	○	○	○			●			○		
3	1 挡	○	○							○		○
	2 挡	○	○					○		○		
	3 挡 *	○	○			○	○			○	○	
2	1 挡	○	○							○		○
	2 挡	○	○					○		○		
L	1 挡	○	○						○	○		○

注：＊表示只能降挡，不能升挡；

○表示换挡元件工作；

●表示离合器接合或制动器制动，但不传递动力。

2. 五挡位辛普森式行星齿轮变速器各挡位的动力传递路线

1）N 挡 /P 挡动力传递路线

只有 C_0 接合，无法传递动力，各挡位处于空转状态。

2）R 挡动力传递路线

R 挡动力传递路线如图 3–9 所示。在 R 挡，动力直接传递至超速行星排行星架，使 B_0 接合，固定超速行星排太阳轮，则超速行星排内齿圈同向增速旋转（输出），超速行星排处于超速状态。离合器 C_2 接合，将超速行星排内齿圈输出的动力连接至行星齿轮机构的共用太阳轮，共用太阳轮顺时针旋转，中央（第三）行星排行星齿轮逆时针旋转；因前（第二）行星排内齿圈、中央（第三）行星排行星架和后（第四）行星排行星架连接在一起，是动力输出端，与车体相连，可视为约束转速或固定，则中央行星排内齿圈逆时针旋转，即后排（第四行星排）太阳轮逆时针旋转，后行星排行星齿轮顺时针旋转，低 / 倒（L/R）挡制动器 B_4 接合，固定后行星排内齿圈，故行星轮只能逆时针沿齿圈爬行，即行星架逆时针旋转，但相对于太阳轮的输入端是同向减速旋转。由以上分析可知，挂倒挡时，超速行星排增速运动，中央（第三）行星排反向减速运动，后（第四）行星排同向减速运动，前（第二）行星排没有参与动力传递与速比变化，总的运动方式是反向减速，以实现倒挡。

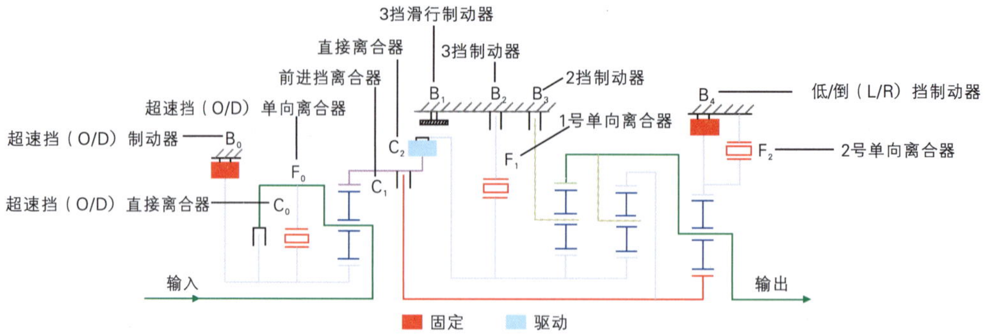

图 3–9 R 挡动力传递路线

3）1 挡动力传递路线

（1）D_1、4_1、3_1、2_1 挡动力传递路线。

1 挡动力传递路线如图 3–10 所示。挂 1 挡时，动力直接传递至超速行星排行星架，单向离合器 F_0 锁止，同时超速挡（O/D）直接离合器 C_0 接合，将超速行星排的行星架和太阳轮连接为一体，则超速行星排以一个整体旋转，内齿圈同向等速旋转（输出）。前进挡离合器 C_1 接合，将超速行星排内齿圈输出的动力连接至后排（第四行星排）太阳轮，太阳轮顺时针旋转，后行星排行星齿轮逆时针旋转，带动后行星排内齿圈产生逆旋转的趋势，单向离合器 F_2 锁止，防止后内齿圈逆时针转动，故行星轮只能顺时针沿齿圈爬行，即行星架顺时针旋转，相对于太阳轮的输入端是同向减速旋转。由以上分析可知，挂 1 挡时，超速行星排等速传动，前（第二）、中央（第三）行星排没有参与动力传递与速比变化，只有后（第四）行星排参与动力传递，总的运动方式是同向减速。在 D_1、4_1、3_1、2_1 挡，单向离合器 F_2 锁止是动力传递不可缺少的条件，当动力反向传递时，它会超越打滑，故没有发动机制动。

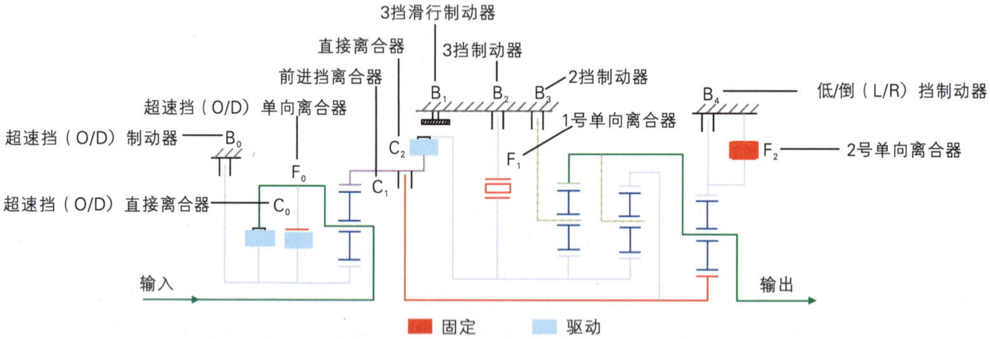

图 3–10 1 挡动力传递路线

（2）L_1 挡动力传递路线。

L_1 挡动力传递路线如图 3–11 所示。在 L_1 挡，为获得发动机制动，低 / 倒（L/R）挡制动器 B_4 接合，它与单向离合器 F_2 并联，将后排内齿圈双向固定，F_2 锁止不再是动力传递的唯一条件，故在 L_1 挡有发动机制动。

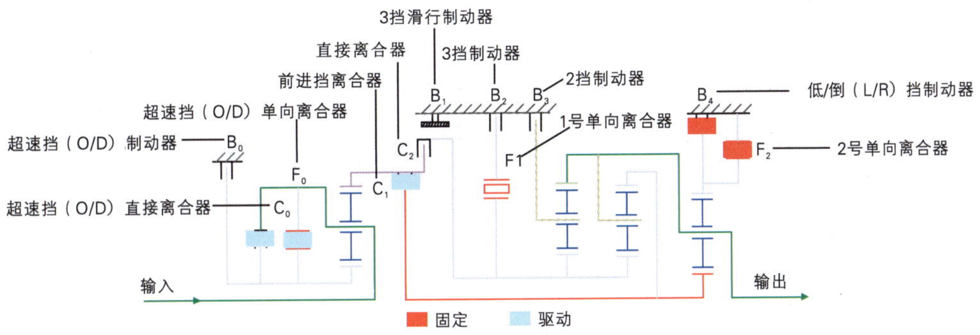

图 3-11　L_1 挡动力传递路线

4）2 挡动力传递路线

2 挡动力传递路线如图 3-12 所示。挂 2 挡时，超速行星排状态同 1 挡，前进挡离合器 C_1 接合，将超速行星排内齿圈输出的动力连接至中央（第三）行星排内齿圈，2 挡制动器 B_3 接合，固定前（第二）排行星架，则前排内齿圈 / 中央 / 后排行星架同向减速旋转（输出），这是辛普森式行星齿轮机构的第一挡。由以上分析可知，挂 2 挡时，超速行星排是等速传动，前（第二）排和中央（第三）排组成行星齿轮机构的第一挡，后排行星齿轮机构没有参与动力传递与速比变化。挂 2 挡时，没有单向离合器单独参与动力传递，故有发动机制动。

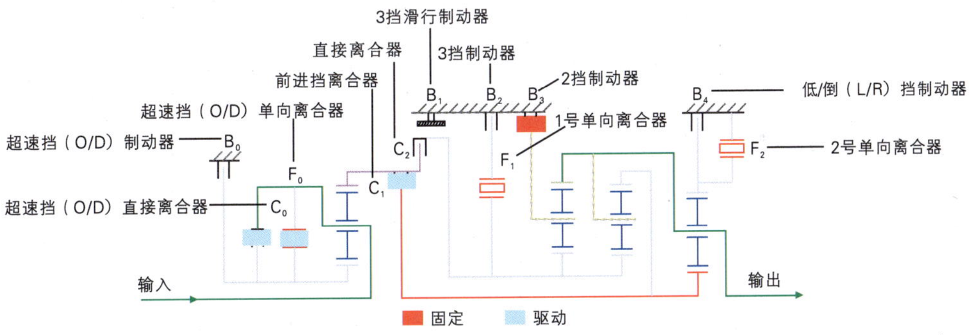

图 3-12　2 挡动力传递路线

5）3 挡动力传递路线

（1）D_3、4_3 挡动力传递路线。

3 挡动力传递路线如图 3-13 所示。挂 3 挡时，超速行星排状态同 1 挡，前进挡离合器 C_1 接合，将超速行星排内齿圈输出的动力连接至中央（第三）行星排内齿圈，中央行星架与车体连接在一起，可视为约束转速或固定，所以太阳轮有逆时针旋转的趋势；3 挡制动器 B_2 接合，单向离合器 F_1 锁止，阻止前排 / 中央共用太阳轮逆时针转动，则前排内齿圈 / 中央 / 后排行星架同向减速旋转（输出），这是辛普森式行星齿轮机构的第二挡。在 D_3、4_3 挡，单向离合器 F_1 锁止是动力传递不可缺少的条件，当动力反向传递时，它会超越打滑，故没有发动机制动。

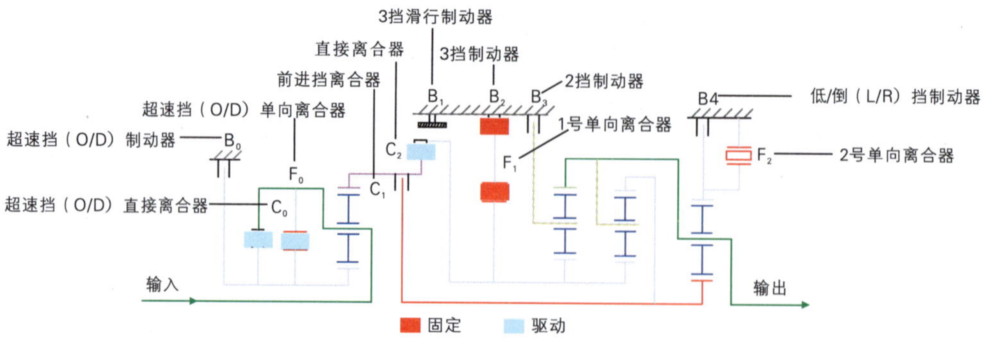

图 3-13 3 挡动力传递路线

（2）3_3 挡动力传递路线。

3_3 挡动力传递路线如图 3-14 所示。在 3_3 挡，为获得发动机制动，3 挡滑行制动器 B_1 接合，它与单向离合器 F_1 并联，双向抱死共用太阳轮，F_1 锁止不再是动力传递的唯一条件，故在 3_3 挡有发动机制动。

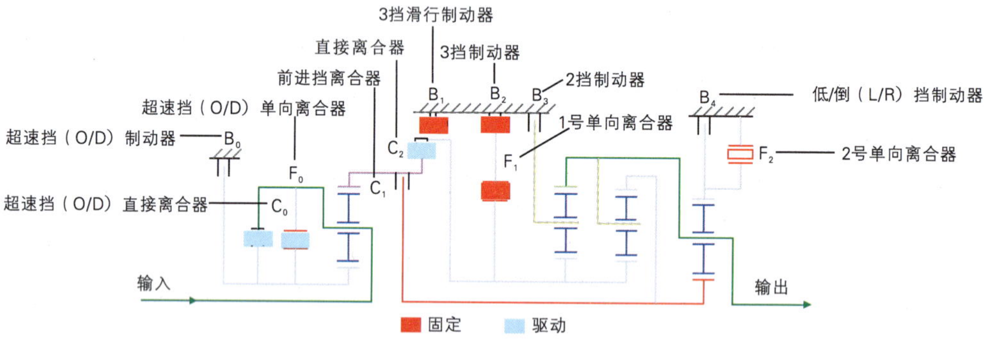

图 3-14 3_3 挡动力传递路线

6）4 挡动力传递路线

4 挡动力传递路线如图 3-15 所示。挂 4 挡时，超速行星排状态同 1 挡。前进挡离合器 C_1 接合，将超速行星排内齿圈输出的动力连接至中央（第三）行星排内齿圈；直接离合器 C_2 接合，将超速行星排内齿圈输出的动力连接至行星齿轮机构的共用太阳轮，中央（第三）排行星齿轮机构中的内齿圈和太阳轮被同时驱动，则整个行星齿轮机构以一个整体旋转，行星架同向等速输出，这是辛普森式行星齿轮机构的第三挡（直接挡）。挂 4 挡时，后行星排没有参与速比变化，超速行星排和辛普森式行星齿轮机构的传动比都是 1，故总的传动比还是 1，即直接挡。在 4 挡，3 挡制动器 B_2 仍接合，但共用太阳轮顺时针旋转，单向离合器 F_1 处于打滑状态，B_2 并不影响动力传递。

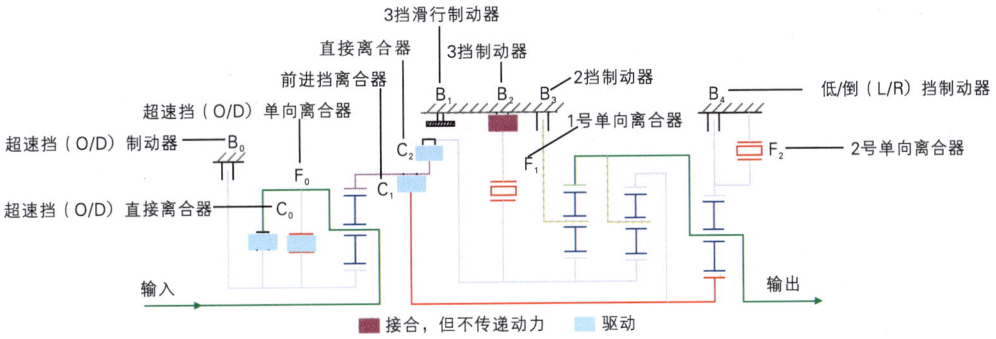

图 3-15　4 挡动力传递路线

7）5 挡位动力传递路线

5 挡动力传递路线如图 3-16 所示。5 挡时，超速行星排的状态同 R 挡，是超速传动。前（第二）行星排、中央（第三）行星排和后（第四）行星排的状态同 4 挡，是直接传动。总的传动状态是同向超速传动。

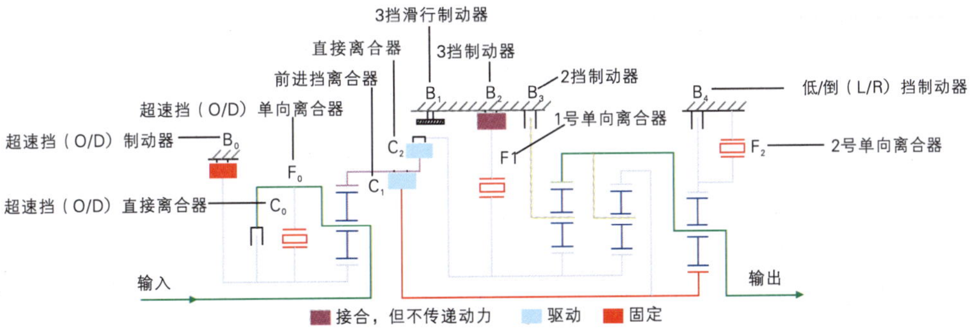

图 3-16　5 挡动力传递路线

3. 五挡位辛普森式行星齿轮变速器的故障维修案例

1）故障现象

一辆配备 A650E 型辛普森式行星齿轮自动变速器的轿车出现无前进挡的故障现象，经检查发现超速排离合器烧蚀，更换后恢复正常，但行驶一段时间后出现同样的故障，说明故障不是超速排离合器引起的。

2）故障分析

由于该车的自动变速器刚进行过大修，进油滤清器和离合器片都是新换的，应该不会出现离合器打滑烧蚀等现象。工作油路不良也会造成烧离合器片的现象。解体自动变速器，仔细检查离合器的工作活塞、密封圈和油泵后端的密封环，均未发现异常。离合器 C_0 在油底壳内装有蓄压器，用于改善换挡品质，减少换挡冲击，如果蓄压器活塞或密封圈密封不良，同样会产生泄漏，造成控制油压过低。于是，拆下油底壳，拆开离合器 C_0 的蓄压器检查，无异常现象。

根据前面对 A650E 型自动变速器动力传递路线的分析可知，其超速排离合器 C_0 和超速排单向离合器 F_0 负责除超速挡和倒挡之外的所有挡位，但二者的工作性质不同，超速排离合器 C_0 是用油元件，负责把超速排的行星架和太阳轮连为一体，实现超速排的直接传动。在换入 5 挡时，必须断开该离合器，接合超速排的制动器 B_0。若断开离合器 C_0 时制动器 B_0 没有接合，则会出现空挡；若离合器 C_0 没有完全断开时制动器 B_0 就接合，则会出现运动干涉。因此，设置了单向离合器 F_0，既可以保护离合器 C_0，又可以减少换挡冲击。

3）故障排除

根据以上分析，即使离合器出现烧蚀，若单向离合器工作正常，依然可以实现各挡传动，因此必然是单向离合器同时出现了打滑故障，才会导致超速排离合器片烧损后无前进挡的故障现象。

单向离合器出现打滑后，它所负责的工作由离合器 C_0 单独负责，仍然可以实现变速器的各挡位工作，但因超速排离合器 C_0 只有两片摩擦片，工作容量较小，在负荷急剧增加时会出现失速现象，从而造成离合器烧蚀。

更换单向离合器后，故障排除。

二、拉维娜式行星齿轮机构

拉维娜式行星齿轮机构也是一种常见的行星齿轮机构，如图 3-17 所示。其特点是在一个行星架上安装有互相啮合的两套行星齿轮，长行星轮同时与大太阳轮、短行星轮、内齿圈相啮合，短行星轮与长行星轮和小太阳轮相啮合，而长、短行星轮装在一个行星架上。这种行星齿轮机构具有结构简单、尺寸小、传动比变化范围大、灵活多变等特点，在前驱轿车的自动变速器中应用较多。

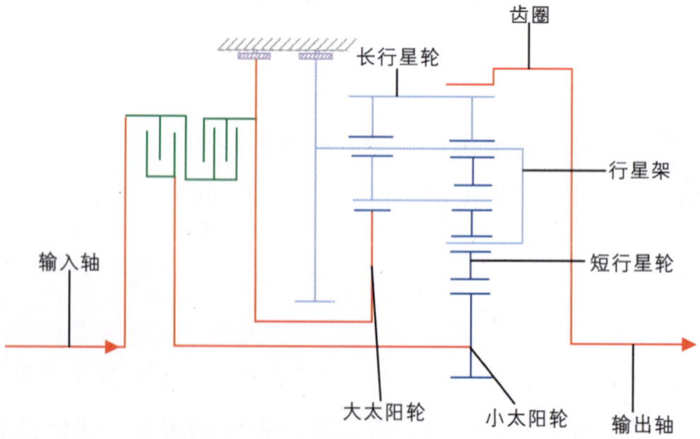

图 3-17 拉维娜式行星齿轮机构

为了更详细地了解拉维娜式行星齿轮机构的动力传递路线，下面以五挡位 5L40E 型自动变速器为例进行讲解。

1. 五挡位拉维娜式行星齿轮变速器的结构

5L40E 型自动变速器采用拉维娜式行星齿轮机构，由两个单排双级行星齿轮机构组成换挡执行元件，包括 9 组机械摩擦式离合器 / 制动器和 4 个单向离合器。其动力传递路线如图 3-18 所示，换挡执行元件的功能见表 3-4，不同挡位下各元件的工作状态见表 3-5。

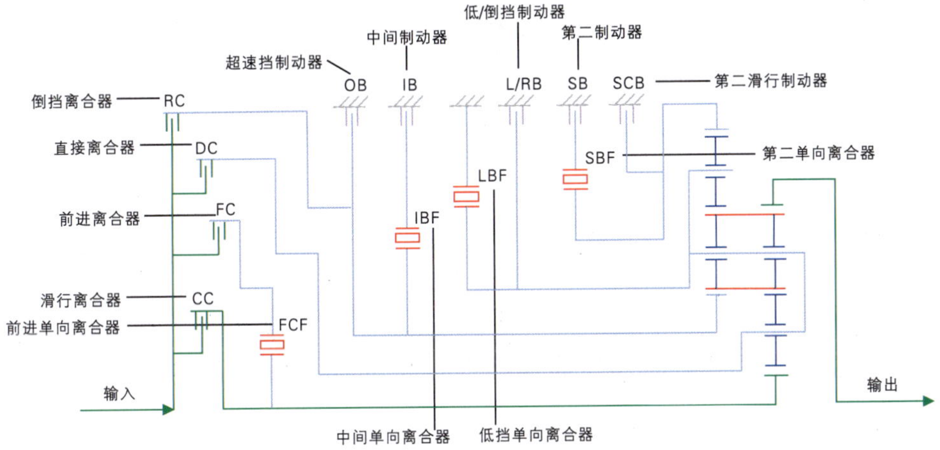

图 3-18 5L40E 型自动变速器动力传递路线

表 3-4 换挡执行元件的功能

换挡执行元件		功能
DC	直接离合器	驱动行星架，在直接离合器上有输入转速信号轮
CC	滑行离合器	驱动后太阳轮
RC	倒挡离合器	驱动前太阳轮
FC	前进离合器	驱动前进单向离合器外圈
FCF	前进单向离合器	锁止时驱动后太阳轮
OB	超速挡制动器	固定前太阳轮
IBF	中间单向离合器	锁止时单向固定前太阳轮
IB	中间制动器	固定中间单向离合器外圈，允许前太阳轮顺时针旋转，阻止前太阳轮逆时针旋转
LBF	低挡单向离合器	锁止时单向固定行星架，允许行星架顺时针旋转，阻止行星架逆时针旋转
L/RB	低 / 倒挡制动器	固定行星架
SB	第二制动器	固定第二单向离合器外圈
SBF	第二单向离合器	锁止时单向固定前排齿圈，允许前排齿圈顺时针旋转，阻止前排齿圈逆时针旋转
SCB	第二滑行制动器	固定前排齿圈

表 3-5 不同挡位下各元件的工作状态

选挡杆位置	挡位	换挡执行元件												
		DC	CC	RC	FC	FCF	OB	IBF	IB	LBF	L/RB	SB	SBF	SCB
P/N	驻车挡 / 空挡													
R	倒挡			○							○			
D	1 挡		○		○	●				●				
	2 挡		○		○	●						○	●	
	3 挡		○		○	●		●	○			🔴		
	4 挡	○	○		○	●			🔴			🔴		
	5 挡	○			🔴	🔴	○		○			🔴		
3	1 挡		○		○	●				●	○			
	2 挡		○		○	●						○	●	●
	3 挡 *		○		○	●	○	●	○			🔴		

注： * 表示只能降挡，不能升挡；

○表示换挡元件接合；

●表示换挡元件锁止；

🔴表示元件接合，但不传递动力。

2. 五挡位拉维娜式行星齿轮变速器各挡位的动力传递路线

1）P 挡 /N 挡动力传递路线

无法传递动力，各挡位处于空转状态。

2）R 挡动力传递路线

在 R 挡，倒挡离合器接合，驱动前排太阳轮；同时低 / 倒挡制动器工作，固定行星架，则后排齿圈反向减速旋转（输出），动力传递路线如图 3-19 所示。

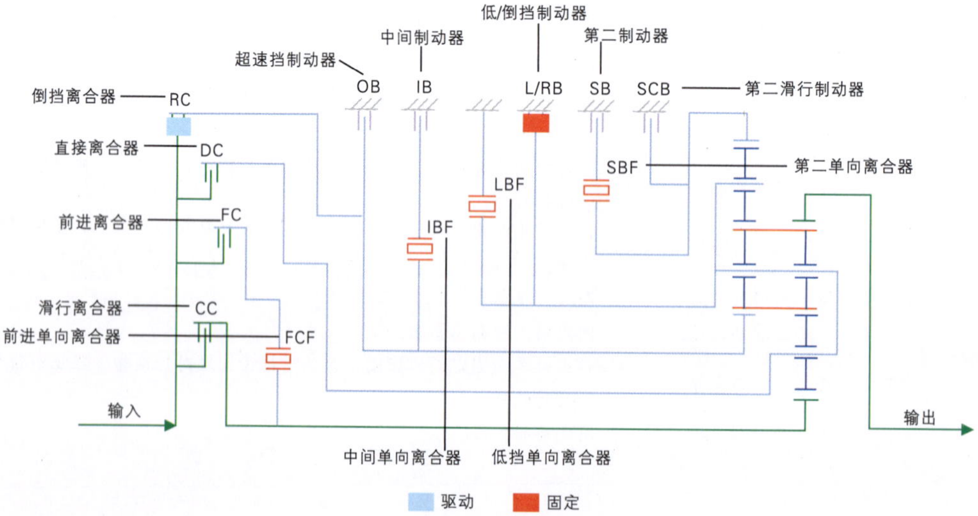

图 3-19 R 挡动力传递路线

3）D_1、3_1 挡动力传递路线

（1）D_1 挡动力传递路线（见图 3-20）。

在 D_1 挡，前进离合器接合，前进单向离合器锁止；滑行离合器接合，前进离合器和滑行离合器同时驱动后太阳轮，后太阳轮顺时针旋转；行星架有逆时针旋转的趋势，低挡单向离合器锁止，单向固定行星架，则后齿圈顺时针减速旋转。因动力传递过程中，低挡单向离合器锁止，单向固定行星架是不可缺少的条件，所以当动力由车轮传至变速器时，低挡单向离合器会超越打滑，没有发动机制动。

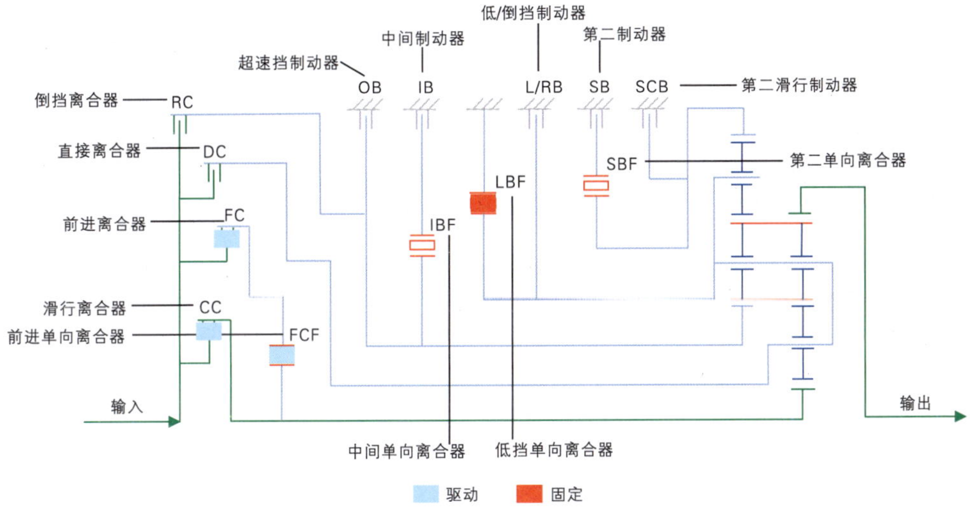

图 3-20 D_1 挡动力传递路线

（2）3_1 挡动力传递路线。

在 3_1 挡，自动变速器控制模块可根据情况控制自动变速器是否有发动机制动。当需要发动机制动时，前进离合器接合，前进单向离合器锁止；滑行离合器接合，前进离合器和滑行离合器同时驱动后太阳轮，后太阳轮顺时针旋转；行星架有逆时针旋转的趋势，低/倒挡制动器工作，双向固定行星架，则后齿圈顺时针减速旋转（输出）。因动力传递过程中，没有单向离合器单独参与动力传递，故有发动机制动，动力传递路线如图 3-21 所示。

4）D_2、3_2 挡动力传递路线

（1）D_2 挡动力传递路线。

在 D_2 挡时，动力输入元件与 1 挡一样，即前进离合器接合，前进单向离合器锁止；滑行离合器接合，前进离合器和滑行离合器同时驱动后太阳轮，后太阳轮顺时针旋转；第二制动器工作，固定第二单向离合器外圈，第二单向离合器锁止，前内齿圈被单向固定，不能逆时针旋转，则后齿圈顺时针减速旋转（输出）。因动力传递过程中，第二单向离合器锁止，单向固定前排齿圈是不可缺少的条件，所以当动力由车轮传至变速器时，第二单向离合器会超越打滑，没有发动机制动，动力传递路线如图 3-22 所示。

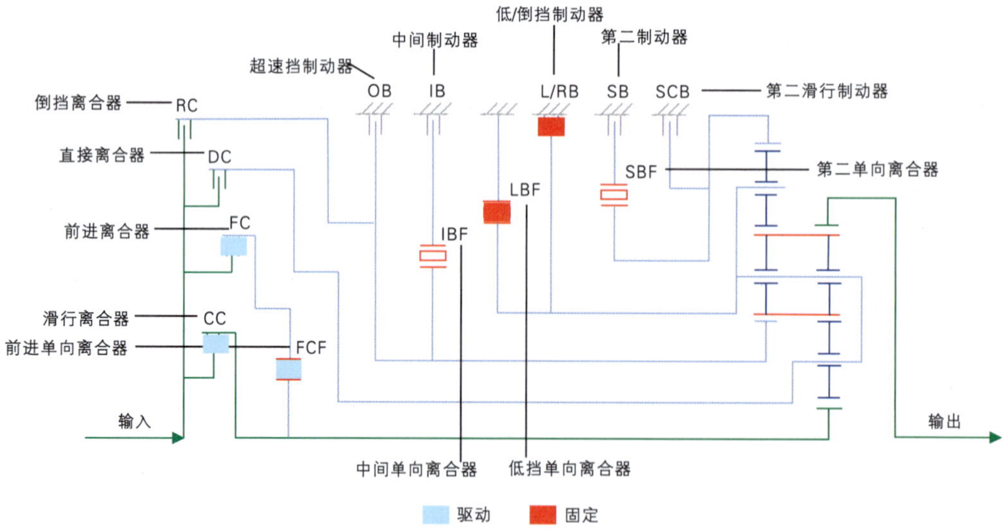

图 3–21 3_1 挡动力传递路线

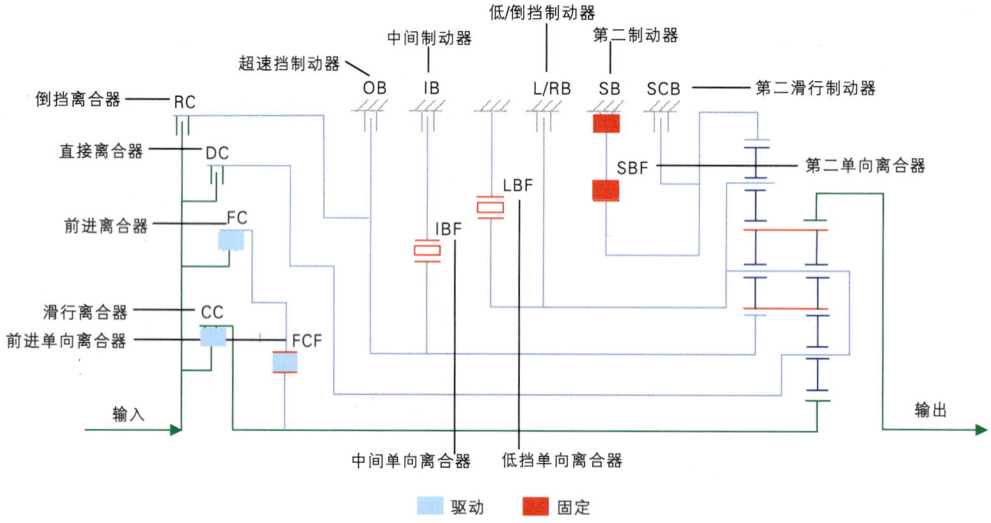

图 3–22 D_2 挡动力传递路线

（2）3_2 挡动力传递路线。

在 3_2 挡，自动变速器控制模块可根据情况控制自动变速器是否有发动机制动。当需要发动机制动时，前进离合器接合，前进单向离合器锁止，滑行离合器接合，前进离合器和滑行离合器同时驱动后太阳轮，后太阳轮顺时针旋转；第二滑行制动器工作，双向固定前内齿圈，则后齿圈顺时针减速旋转（输出）。因动力传递过程中，没有单向离合器单独参与动力传递，故有发动机制动，动力传递路线如图 3–23 所示。

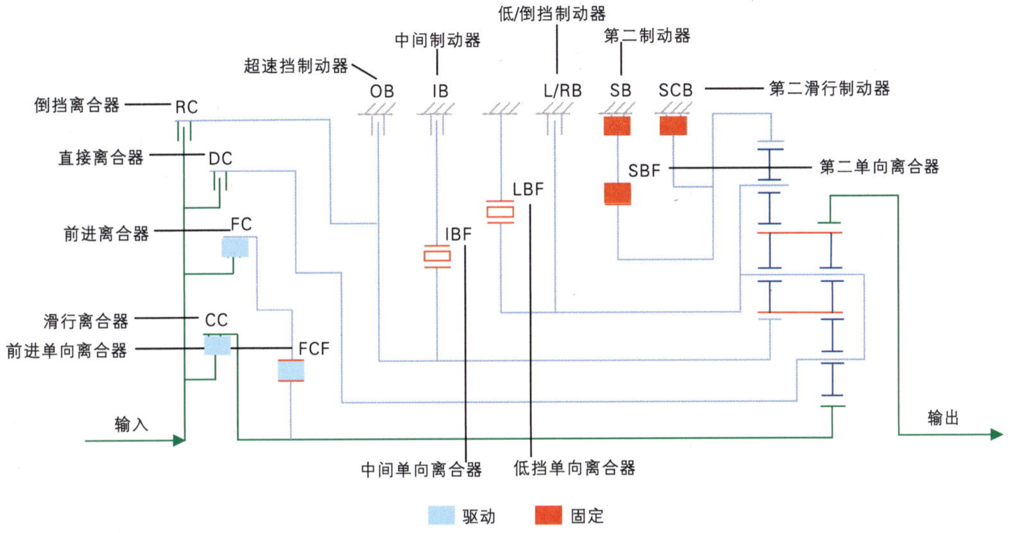

图 3-23　3_2 挡动力传递路线

5）D_3、3_3 挡动力传递路线

（1）D_3 挡动力传递路线。

在 D_3 挡，动力输入元件与 1 挡一样，即前进离合器接合，前进单向离合器锁止，滑行离合器接合，前进离合器和滑行离合器同时驱动后太阳轮，后太阳轮顺时针旋转；中间制动器工作，固定中间单向离合器外圈，中间单向离合器锁止，单向固定前排太阳轮，则后齿圈顺时针减速旋转（输出）。因动力传递过程中，中间单向离合器锁止，单向固定前排太阳轮是不可缺少的条件，所以当动力由车轮传至变速器时，中间单向离合器会超越打滑，没有发动机制动，动力传递路线如图 3-24 所示。

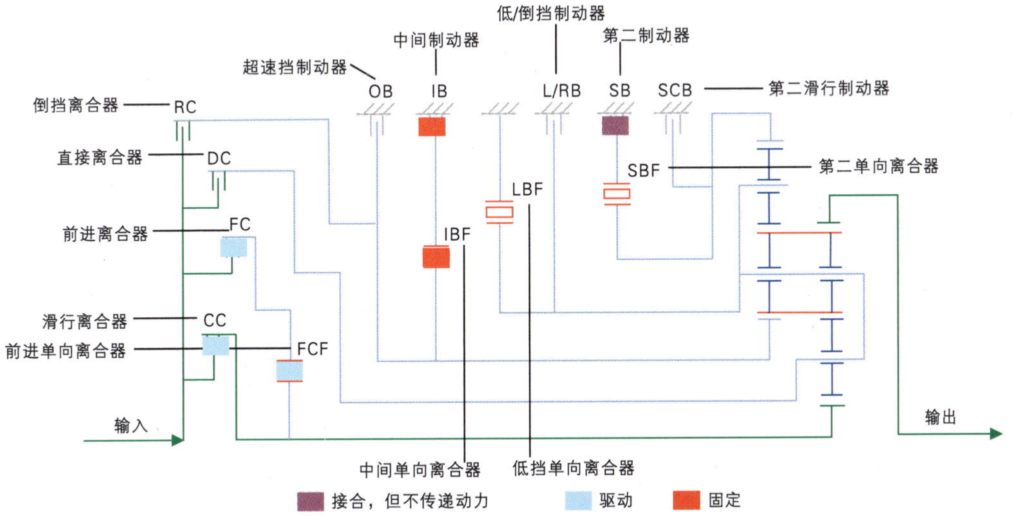

图 3-24　D_3 挡动力传递路线

（2）3_3 挡动力传递路线。

在 3_3 挡，自动变速器控制模块可根据情况控制自动变速器是否有发动机制动。当需要发动机制动时，前进离合器接合，前进单向离合器锁止，滑行离合器接合，前进离合器和滑行离合器同时驱动后太阳轮，后太阳轮顺时针旋转；超速挡制动器工作，双向固定前排太阳轮，则后齿圈顺时针减速旋转（输出）。因动力传递过程中，没有单向离合器单独参与动力传递，故有发动机制动，动力传递路线如图 3-25 所示。

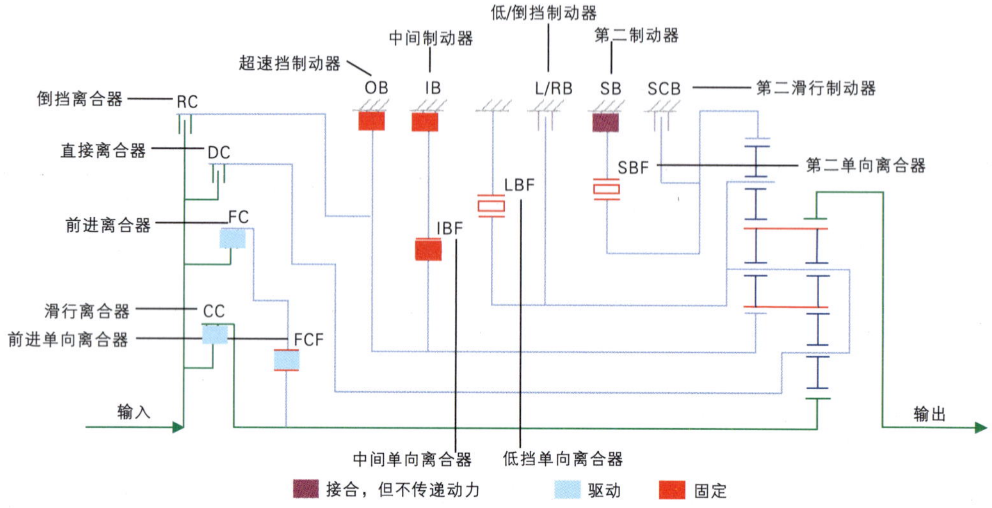

图 3-25 3_3 挡动力传递路线

6）4 挡动力传递路线

在 4 挡，输入元件与 1 挡相同，即前进离合器接合，前进单向离合器锁止，滑行离合器接合，前进离合器和滑行离合器同时驱动后太阳轮；同时直接挡离合器接合，驱动行星架，则整个行星齿轮机构以一个整体同步旋转，为直接挡，传动比为 1。因 4 挡动力传递过程中，没有单向离合器单独参与动力传递，故有发动机制动，动力传递路线如图 3-26 所示。

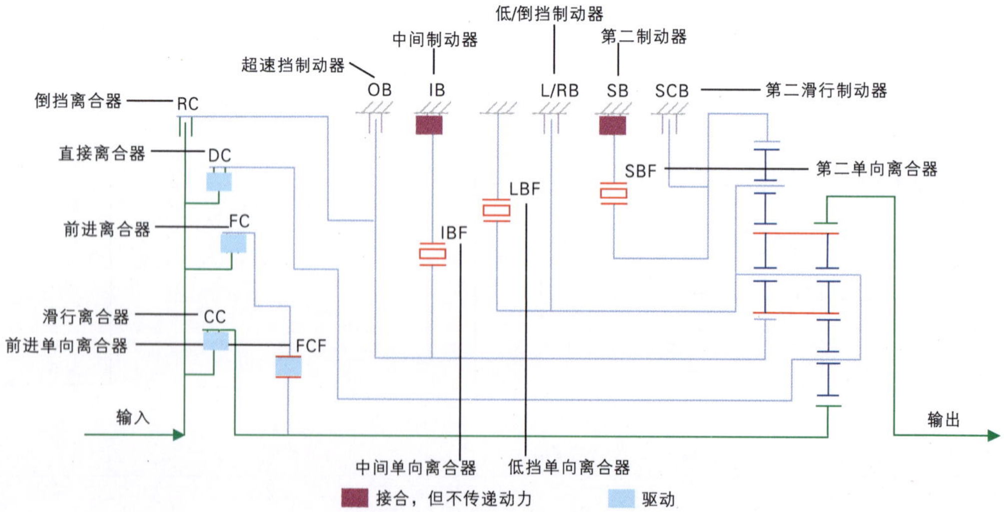

图 3-26 4 挡动力传递路线

7）5 挡动力传递路线

在 5 挡，直接离合器接合，驱动行星架顺时针旋转，超速挡制动器工作，固定前排太阳轮，则后排齿圈同向增速旋转，为超速挡。因 5 挡动力传递过程中，没有单向离合器单独参与动力传递，故有发动机制动，动力传递路线如图 3–27 所示。

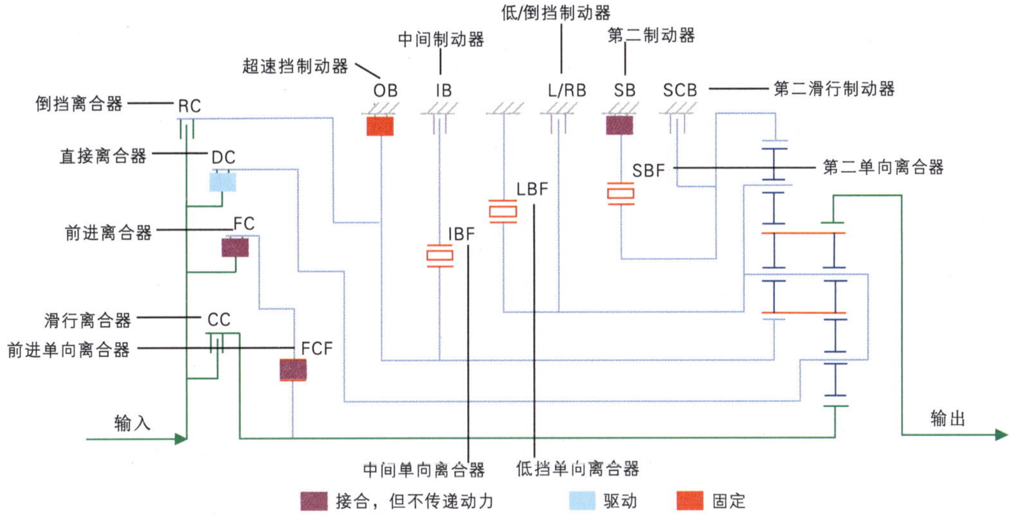

图 3–27　5 挡动力传递路线

3. 五挡位拉维娜式行星齿轮变速器的故障维修案例

1）故障现象

一辆配备了 5L40E 型自动变速器的轿车没有倒挡和空挡，当换挡杆置于空挡或倒挡时，车辆依然前行，也就是说倒挡和空挡都变成了前进挡，经过路试发现没有最高挡 5 挡，利用解码器读取故障码，仅显示液力变矩器锁止离合器（TCC）卡滞接通（故障码为 P0742）。

2）故障分析

根据前面对 5L40E 型自动变速器动力传递路线的分析可知，当换挡杆置于空挡位置时，所有换挡元件均不参与工作，正常情况下输入轴与输出轴之间不会形成动力连接。如果此时的空挡变成了前进挡，只能说明前进挡的某个元件参与了工作。但由实际动力传递路线（前面分析的 R 倒挡动力传递路线、1 挡动力传递路线、5 挡动力传递路线）可知，一个动力挡位至少需要两个换挡执行元件，那么即便油路出现故障，也不会同时有两个元件参与工作。结合实际情况（挂空挡时可实现 1 挡速度）分析，只有前进挡离合器 CC 或 FC 在空挡工作才能使车辆前行实现 1 挡。

没有倒挡的故障分析：挂倒挡后车辆有接合感觉并有倒车趋势，说明倒挡元件已经参与了工作。释放制动踏板后明显感到车辆干涉，变速器内部除倒挡元件参与工作外，前进挡的某个元件也参与了工作。仔细对动力传递路线进行分析可知，只有前进挡离合器 CC 或 FC 工作后能分别与倒挡离合器 RC 形成另外一个前进挡。

没有 5 挡的故障分析：5 挡是超速挡，因此当自动变速器控制单元指令换 5 挡时，离合器

CC 和 FC 应停止工作，取而代之的是制动器 OB。这时出现的运动干涉感觉其实就是 OB 参与工作后带来的，所以车速并没有变化，依然还是 4 挡车速，表明离合器 CC 和 FC 还在工作。

综合以上分析，离合器 CC 和 FC 在不该工作的时候工作（空挡、倒挡、5 挡），其原因有两个：一是液压控制单元（阀体）故障，始终打开离合器 CC 和 FC 的油路；二是离合器存在机械故障，导致它们连接在一起。

3）故障排除

将变速器解体后，发现正如以上分析的那样，共用一个离合器鼓的 CC 和 FC 离合器粘接在一起不能分开，使得输入轴与输出轴内转毂不能分离，强行打开后，发现 FC 离合器烧损严重，摩擦片与钢片粘接在一起。仔细观察发现低/倒挡制动器（L/RB）和超速挡制动器（OB）也已烧损。

更换 CC 和 FC 离合器总成、PC 和 TCC 电磁阀及大修后，试车，故障排除。

任务实践

1. 实践名称

辛普森式行星齿轮变速器动力传递路线分析。

2. 实践准备

辛普森式行星齿轮变速器实训台若干。

3. 实践要求与注意事项

1）实践要求

每班分成若干个小组，每次同时进行三个小组的实训，其他小组在教室内复习实训的内容，分几次完成。实训时以教师讲解、演示，学生操作、考核为主，学生完成实训报告及考核，最后填写实训内容。

2）注意事项

（1）听从安排，不要随意走动。

（2）不要随意操作车上的各个系统。

（3）操作所学系统时必须在指导教师的指导下完成。

（4）注意保持教学场地卫生。

（5）不能蛮力操作所学系统。

（6）严格遵守拆装程序及操作规程。

4. 操作步骤

1）画出倒挡（R 挡）动力传递路线并分析其传递过程

2）画出 5 挡（超速挡）动力传递路线并分析其传递过程

5. 实践总结

任务练习

一、填空题

1. 双排辛普森式行星齿轮变速器通常具有四个独立元件，分别是________、________、________、________ 和 ________ 组件。

2. 拉维娜式行星齿轮机构的主要组成部件有________、________、________、________和________。

3. 采用辛普森式行星齿轮机构的自动变速器，实现 D_1 挡需要________ 工作。

二、判断题

1. 拉维娜式与辛普森式自动变速器同属于行星齿轮式自动变速器。 （ ）

2. 辛普森式行星齿轮机构的特点是共用太阳轮，前后行星架也组成一体。 （ ）

三、选择题

1. 在行星齿轮机构中，只有当（ ）时，才能获得倒挡。

A. 行星架制动，齿圈主动　　B. 行星架主动，太阳轮制动

C. 齿圈制动，太阳轮主动　　D. 太阳轮主动，行星架制动

2. 在辛普森式行星齿轮机构的自动变速器中，要获得一、二、三挡，只有超速行星排的（ ）接合，方可实现。

A. B_0　　B. C_0

C. F_0　　D. B_0 与 C_0

四、问答题

1. 简述辛普森式行星齿轮机构的结构特点。

2. 简述拉维娜式行星齿轮机构的结构特点。

任务三 换挡执行机构的结构与检修

任务目标

完成本学习任务后，你应当达到以下目标。

1. 知识目标

（1）了解离合器、制动器的作用。

（2）掌握离合器、制动器的工作原理。

（3）掌握单向离合器的工作原理。

2. 能力目标

（1）能正确分析离合器、制动器、单向离合器的工作原理。

（2）会检修离合器、制动器及单向离合器。

任务引入

行星齿轮变速器中的所有齿轮都处于常啮合状态，挡位变换必须通过以不同方式对行星齿轮机构的基本元件进行约束（即固定或连接某些基本元件）来实现。能对这些基本元件实施约束的机构，就是行星齿轮变速器的换挡执行机构。换挡执行机构包括离合器、制动器和单向离合器。本任务主要讲解换挡执行机构的结构及故障维修。

相关知识

一、离合器

1. 离合器的作用

离合器负责行星齿轮机构中某部件与输入轴或输出轴的连接，其功能等同于普通机械变速器的离合器。它的另一个作用是连接行星齿轮机构中的两个部件，使行星齿轮机构等速传动。

2. 离合器的结构

离合器主要由离合器毂、花键毂、活塞、摩擦片、钢片、回位弹簧、卡环等组成，如图 3–28 所示。

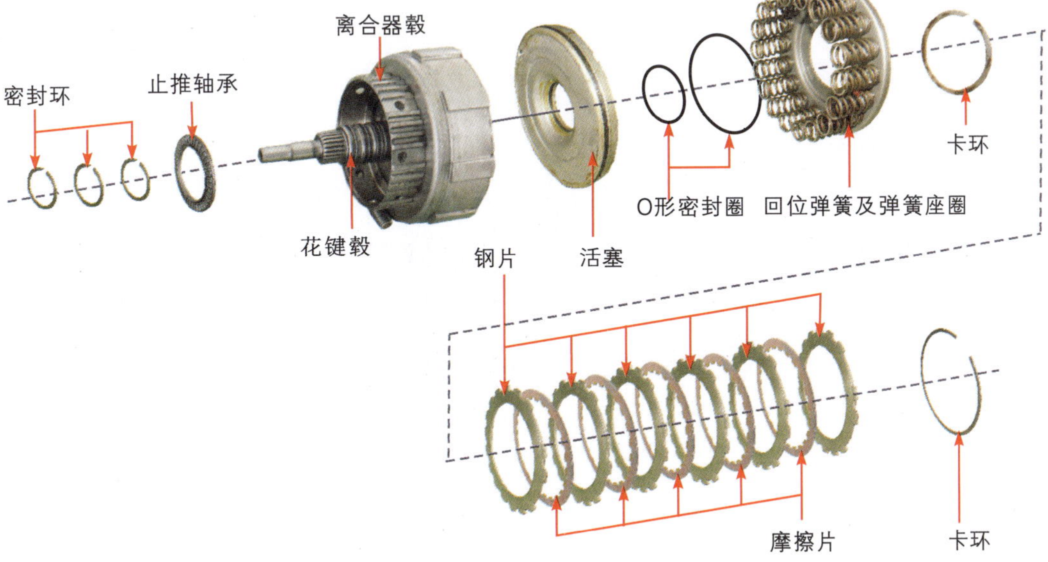

图 3–28　离合器的结构

离合器毂是一个液压缸，毂内有内花键齿圈，内圆轴颈上有进油孔与控制油路相通。离合器活塞为环状，内外圆上有密封圈，安装在离合器毂内。从动钢片和主动摩擦片交错排列，二者统称离合器片，均使用钢料制成。为保证离合器接合柔和及散热，离合器片浸在油液中工作，因而称为湿式离合器。钢片带有外花键齿，与离合器毂的内花键齿圈连接，并可轴向移动。摩擦片则以内花键齿与花键毂的外花键槽配合，也可轴向移动。花键毂和离合器毂分别以一定的方式与变速器输入轴或行星齿轮机构的元件相连接。

3. 离合器的特点

湿式离合器由于其表面积较大，所传递的转矩较大，离合器摩擦片表面单位面积压力分布均匀，摩擦材料磨损均匀，不易产生主动与被动片间运转间隙，能通过增减片数和改变压力的大小来调节传递转矩的能力。工作过程中压力逐渐增加，摩擦生热速度较慢，通过冷却就可以把热量带走。分离时空转摩擦功率较大是其缺点。

4. 离合器的单向阀

离合器处于分离状态时，活塞左端的离合器液压缸内不可避免地残留少量液压油。当液压缸和离合器壳体一起旋转时，残存的油液也会随之旋转。油液受到离心力的作用，被甩到液压缸的边缘，并产生一定的压力。该压力将会使离合器接合，造成离合器分离不彻底，由此给离合器片带来不正常的摩擦，使离合器片过量磨损，缩短它们的使用寿命。为了避免上述不利影响，就需要将残存油液压力泄掉，因此，在离合器壳体上增加一个单向阀，如图 3–29 所示。当离合器接合时，钢球会在油压的作用下密封阀口。当离合器分离时，钢球也受到离心力的作用，钢球的离心力大于残存油液的压力，因此，钢球打开阀口，残存油液经阀口向外排出。

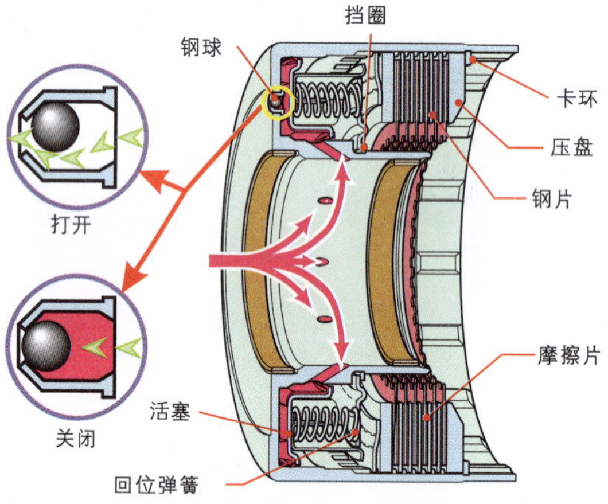

图 3–29　离合器单向阀的结构

5. 离合器的工作原理

1）离合器的分离状态

离合器处于分离状态时，如图 3–30 所示，其液压缸内仍残留有少量液压油。由于离合器外毂是和变速器输入轴或行星排某一基本元件一同旋转的，残留在液压缸内的液压油在离心力的作用下会被甩向液压缸外缘处，并在该处产生一定的油压。若离合器外毂的转速较高，这一压力有可能推动离合器活塞压向离合器片，使离合器处于半接合状态，导致钢片和摩擦片因互相接触摩擦而产生不应有的磨损，影响离合器的使用寿命。为了防止这种情况出现，在离合器活塞或离合器外毂的液压缸壁面上设有一个由钢球组成的单向阀。

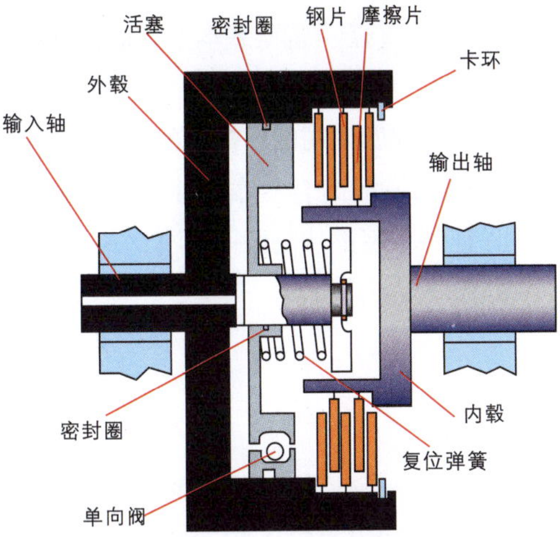

图 3–30　离合器的分离状态

当液压油进入液压缸时，钢球在液压的推动下压紧在阀座上，单向阀处于关闭状态，保证了液压缸密封；当液压缸内的液压被解除后，单向阀钢球在离心力的作用下离开阀座，使单向阀处于开启状态，残留在液压缸内的液压油在离心力的作用下从单向阀的阀孔中流出，保证了离合器的彻底分离。

2）离合器的接合状态

当离合器处于接合状态时，如图 3–31 所示，互相压紧在一起的钢片和摩擦片之间要有足够的摩擦力，以保证传递动力时不产生打滑现象。

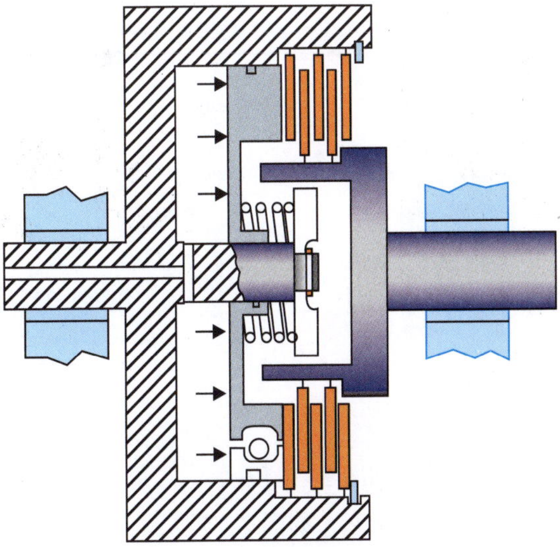

图 3–31　离合器的接合状态

离合器所能传递的动力的大小主要取决于摩擦片的面积、片数及钢片和摩擦片之间的压紧力。钢片和摩擦片之间压紧力的大小由作用在离合器活塞上的液压油的液压及活塞的面积决定。当压紧力一定时，离合器所能传递的动力的大小就取决于摩擦片的面积和片数。在同一个自动变速器中通常有几个离合器，它们的直径、面积基本上相同或相近，但它们所传递动力的大小往往有很大的差异。

为了保证动力的传递，每个离合器所使用的摩擦片的片数也各不相同。离合器所要传递的动力越大，其摩擦片的片数就应越多。一般离合器摩擦片的片数为 2~6 片。离合器钢片的片数应等于或多于摩擦片的片数，以保证每个摩擦片的两面都有钢片。

6. 离合器的检修

1）离合器的分解

（1）使用一字螺丝刀拆下摩擦片和钢片的固定卡环，如图 3–32 所示。

（2）取出前进挡离合器毂内的钢片和摩擦片组，如图 3–33 所示。

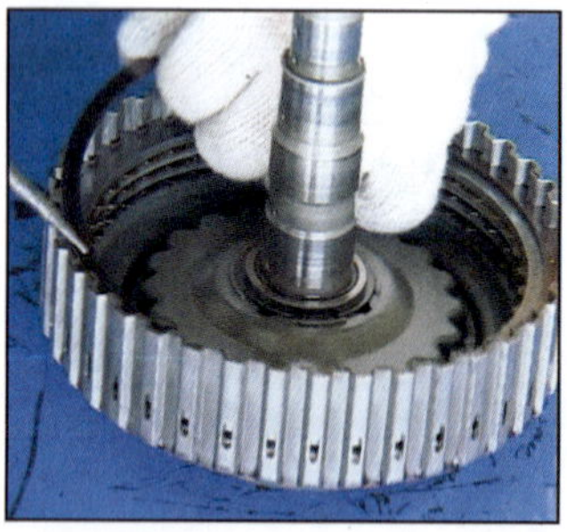

图 3–32　拆下卡环

图 3–33　取出钢片和摩擦片组

（3）用专用工具拆下活塞固定卡环，如图 3–34 所示。

（4）取出弹簧座圈，如图 3–35 所示。

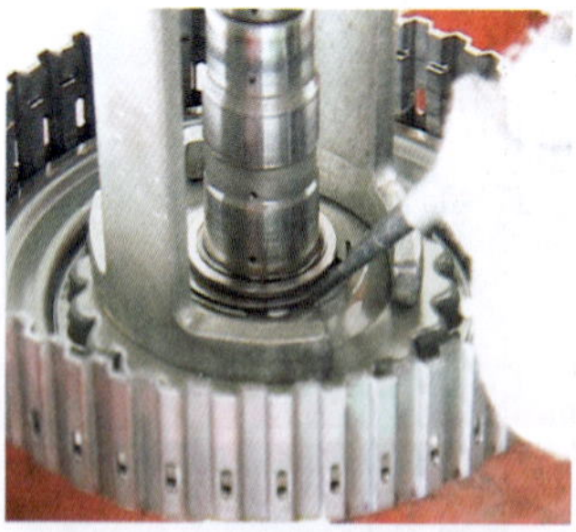

图 3–34　拆下活塞固定卡环

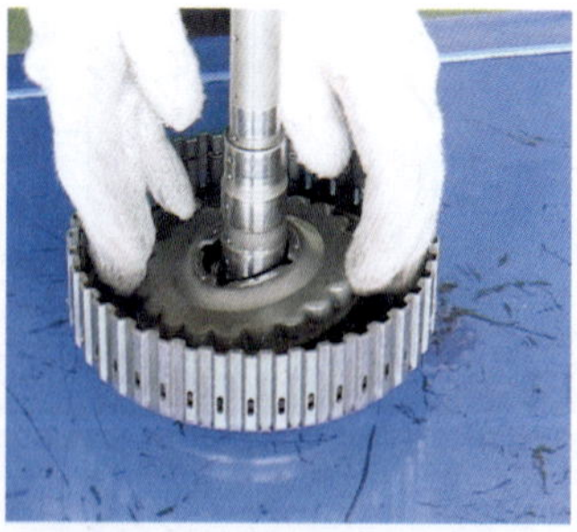

图 3–35　取出弹簧座圈

（5）取出直接挡活塞回位弹簧，如图 3–36 所示。

（6）将压缩空气吹入油孔，取出活塞，如图 3–37 所示。

图 3-36 取出活塞回位弹簧

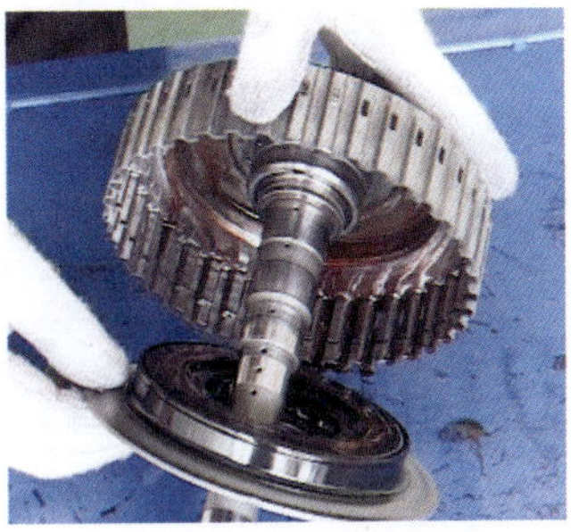

图 3-37 取出活塞

2）离合器活塞、活塞单向阀、回位弹簧及离合器盘的检查

检测离合器活塞和离合器活塞单向阀，如果离合器活塞单向阀松动或损坏，应更换离合器活塞。

使用游标卡尺检测回位弹簧在自由状态下的长度，如图 3-38 所示，测量值应符合技术要求，否则应更换。

图 3-38 检测回位弹簧自由长度

检测离合器盘、离合器片和离合器压板是否磨损、损坏和掉色。如果离合器盘磨损、损坏和掉色，则应成套更换。离合器盘更换后，应检测离合器压板与前端离合器盘的间隙，如图 3-39 所示。检测方法：将离合器安装在油泵上，在充入和释放压缩空气时，用百分表测量前进挡离合器组件间隙，是否符合规定值。

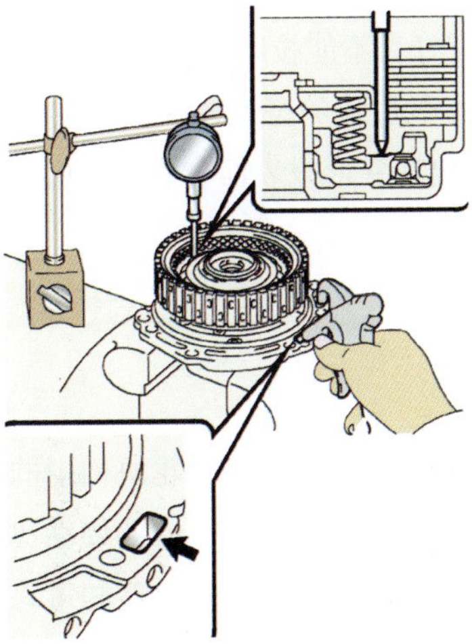

图 3-39 离合器压板与前端离合器盘间隙的检查

3）离合器摩擦片的检修

如图 3-40 所示为摩擦片。摩擦片上的沟槽用来存自动变速器油，沟槽磨平后，自动变速器油就无法进入摩擦片与钢片之间，失去了自动变速器油的保护之后，磨损速度就会急剧加快，因此沟槽磨平后必须更换摩擦片。

图 3–40 摩擦片

摩擦片表面有一层保持自动变速器油的含油层。刚拆下来的摩擦片用无毛布将表面擦干，用手轻按摩擦片表面时应有较多的自动变速器油溢出。轻按时如不出油，说明摩擦片含油层已被抛光，必须更换。

以下情况出现时，也必须更换摩擦片：摩擦片上的数字记号被磨掉；摩擦片出现翘曲变形；摩擦片表面发黑；摩擦片表面出现剥落、裂纹、内花键齿掉齿等现象。

4）离合器活塞损坏形式及原因

（1）活塞密封圈破损。原因是油温过高，使橡胶密封圈硬化；密封圈更换时受损；使用时间过长，橡胶老化。

（2）活塞变形，密封不严。原因是温度过高或装配不当。

（3）活塞回位弹簧弹性不良。原因是弹簧数目少，弹簧弹性不足，弹簧折断。

（4）活塞上的单向阀卡滞或密封不良。原因是油中有杂质或阀球磨损。

5）压盘和从动片的检查

（1）压盘和从动片上的齿要完好，不能拉毛，拉毛易造成卡滞。

（2）压盘和从动片表面如有蓝色过热的斑迹，则应放在平台上用高度尺测量其高度，将两片叠在一起，检查其是否变形。如出现变形或表面有裂纹，必须更换。

二、制动器

制动器是一种起制动约束作用的机构。将行星齿轮机构中的某个元件与变速器壳体相连，使该元件受约束而制动，从而改变齿轮的组合，形成不同的传动比。

目前在液力自动变速器中常用的是湿式多片式制动器和带式制动器。

1. 湿式多片式制动器

1）湿式多片式制动器的结构

湿式多片式制动器由制动器毂、制动器活塞、回位弹簧、钢片、摩擦片及制动器毂密封圈、挡圈等组成，如图 3-41 所示。

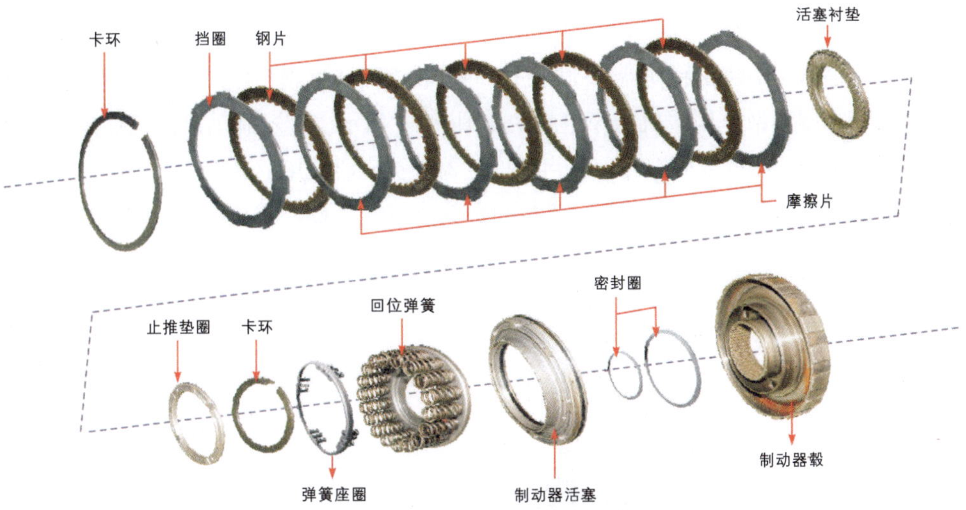

图 3-41 湿式多片式制动器

2）湿式多片式制动器的工作原理

（1）制动器不工作时。

当制动器不工作时，钢片和摩擦片之间没有压力，制动器毂可以自由旋转，如图 3-42（a）所示。

（2）制动器工作时。

当制动器工作，来自控制阀的液压油进入制动器毂内的液压缸中，油压作用在制动器活塞上，推动活塞将制动器摩擦片和钢片紧压在一起，与行星排某一基本元件连接的制动器毂被固定住而不能旋转，如图 3-42（b）所示。由于片式制动器较带式制动器工作平顺，目前在轿车上应用较多。

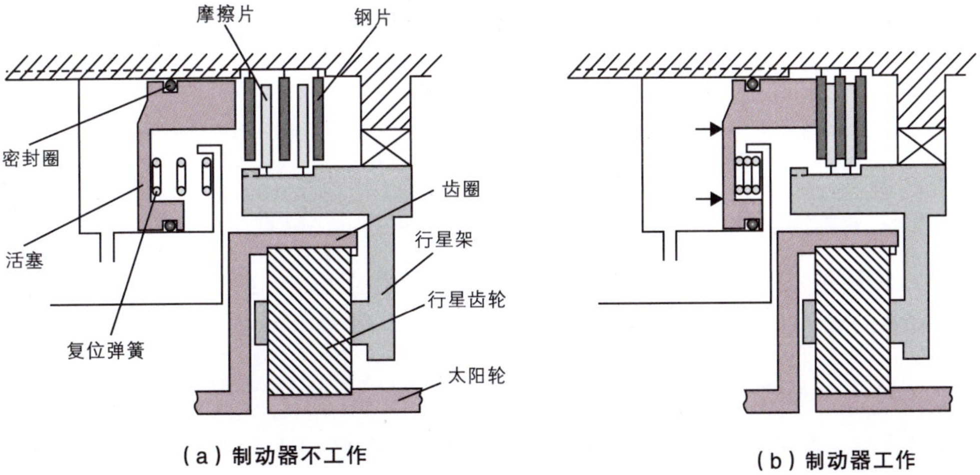

图 3-42 湿式多片式制动器的工作原理

2. 带式制动器

带式制动器是利用围绕在制动器毂周围的制动带收缩而产生制动效果的一种制动器，主要由制动毂、制动带、制动液压伺服机构等组成，如图 3–43 所示。带式制动器的优点是有良好的抱合性能，占用变速器较小的空间，目前在自动变速器中被广泛使用。

带式制动器按制动带制动驱动装置的不同可分为直杆式、杠杆式和钳形杆式三种。

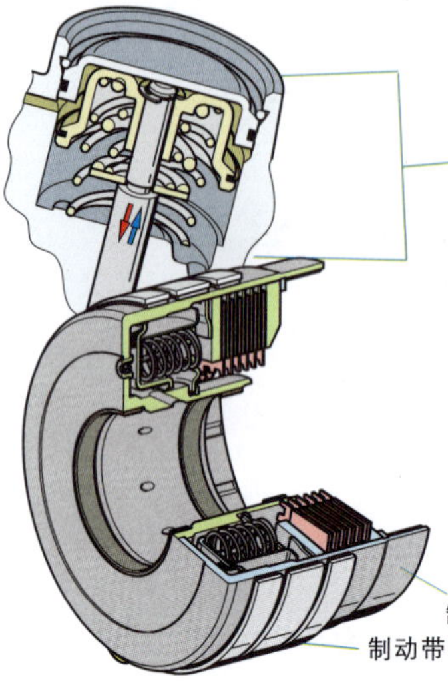

图 3–43 带式制动器的结构

1）直杆式制动器

直杆式制动器如图 3–44 所示，由活塞推动直杆，直杆带动顶杆夹紧制动带。

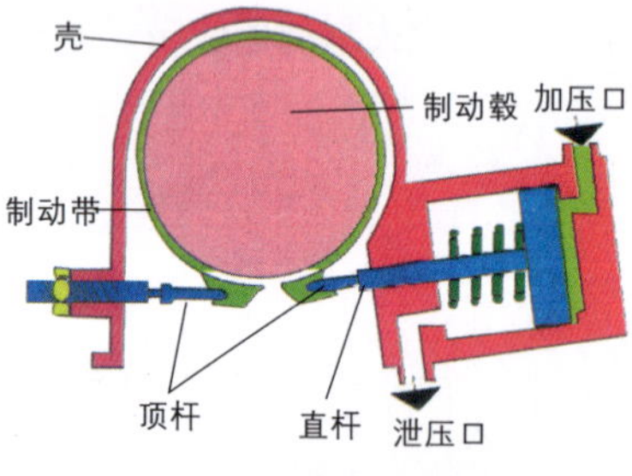

图 3–44 直杆式制动器

2）杠杆式制动器

如图 3–45 所示为杠杆式制动器。它的支点端结构和作用基本与直接动作式制动器相同。在作用端同样有伺服油缸和活塞。活塞的作用是通过控制杆（杠杆、摇臂）施加作用力。

3）钳形杆式制动器

钳形杆式制动器如图 3–46 所示，由活塞推动顶杆，顶杆向下压摇臂，摇臂带动推杆，推杆带动钳形杆，钳形杆弯曲收紧制动带的两个活动端，夹住制动毂。

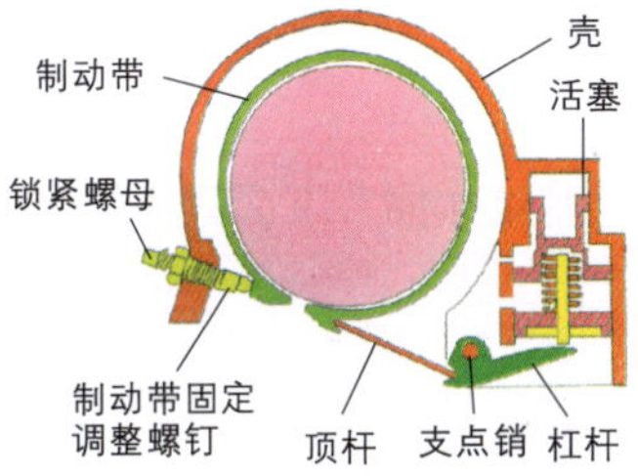

图 3-45 杠杆式制动器

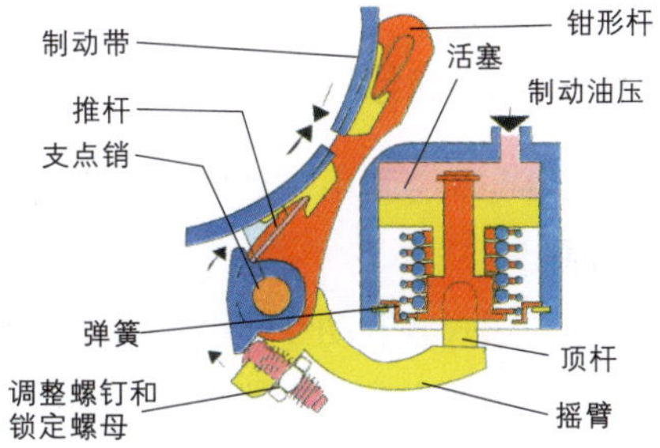

图 3-46 钳形杆式制动器

4）带式制动器的工作原理

带式制动器的制动毂与行星齿轮机构的某个基本元件相连接，并随之一起转动。制动带的一端支承在变速器壳体上的制动带支架或制动带调整螺钉上，另一端与液压缸活塞上的推杆连接。液压缸被活塞分隔为施压腔和释放腔两部分，分别通过各自的控制油道与控制阀相通。制动带的工作由作用在活塞上的液压油压力所控制。

（1）制动器工作时。

当液压缸的工作腔内无液压油时，带式制动器不工作，制动带与制动毂之间有一定的间隙，制动毂可以随着与它相连接的行星排基本元件一同旋转。当液压油进入制动器液压缸的工作腔时，作用在活塞上的液压油压力推动活塞，使之克服复位弹簧的弹力而移动，活塞上的推杆随之向外伸出，将制动带箍紧在制动毂上，于是制动毂被固定住而不能旋转，此时制动器处于制动状态，如图 3-47（a）所示。

（2）制动器不工作时。

当带式制动器不工作或处于释放状态时，如图 3-47（b）所示，制动带与制动毂之间应有适当的间隙，间隙太大或太小都会影响制动器的正常工作。这一间隙的大小可用制动带调整螺钉来调整。在装复时，一般先将螺钉向内拧紧至一定力矩，再退回规定的圈数（通常为 2~3 圈）。

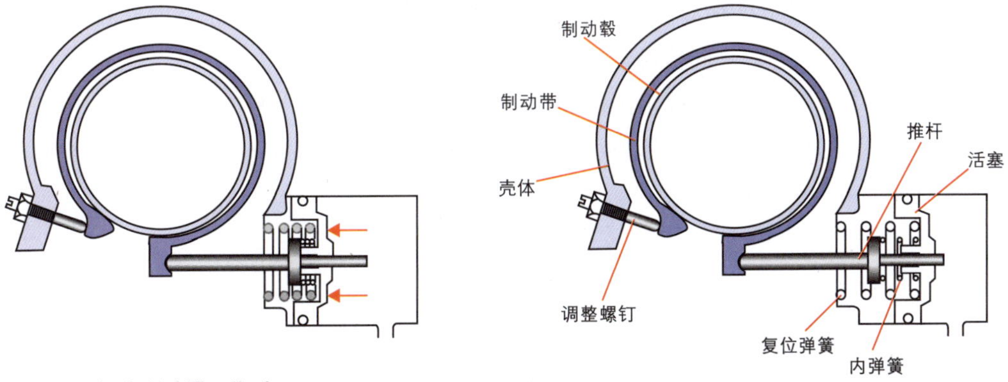

（a）制动器工作时　（b）制动器不工作时

图 3-47 带式制动器的工作原理

3. 制动器的检修

片式制动器与离合器由于结构大致相同，其损坏形式也基本相同。下面只介绍带式制动器的损坏形式及原因。

制动带损坏形式有制动带磨损、制动带耐磨材料脱落、制动带变形。

制动带推杆损坏形式有推杆磨损、推杆弯曲变形、推杆调整不当。

只要出现上述问题中的任何一个，就必须更换制动带。

三、单向离合器

单向离合器的作用是阻止行星齿轮机构中的某个元件相对于另一个元件发生某一方向的运动。与离合器和制动器不同，单向离合器不受液压系统控制，单向离合器的锁止和释放完全由与之相连元件的受力方向来控制。

常见的单向离合器有滚柱式和楔形块式两种。

1. 滚柱式单向离合器的结构及工作原理

滚柱式单向离合器由滚柱、弹簧、外圈、支架和内圈组成，如图 3- 48（c）所示。

1）滚柱式单向离合器的工作状态

如图 3-48（a）所示，如果单向离合器的外圈相对于内圈做逆时针转动，那么，滚柱就会在开口槽中向大端移动并压缩弹簧。这时，单向离合器不会出现锁止现象，而是允许外圈转动，即单向离合器允许其外圈相对于内圈做逆时针转动。这就是滚柱式单向离合器的工作状态。

2）滚柱式单向离合器的锁止状态

如图 3-48（b）所示，如果单向离合器的外圈相对于内圈做顺时针转动，那么，滚柱就会在外圈的带动下向开口槽窄处移动。由于窄处的宽度小于滚柱的直径，于是将内外圈一起锁住。锁住内外圈的目的是在它们之间传递转矩。

单向离合器中弹簧的作用是改善滚柱最初的楔入，滚柱一旦楔入开口槽的小端，单向离合器就处于锁止状态，这就避免了其外圈相对于内圈做顺时针转动，或内圈相对于外圈做逆时针转动。

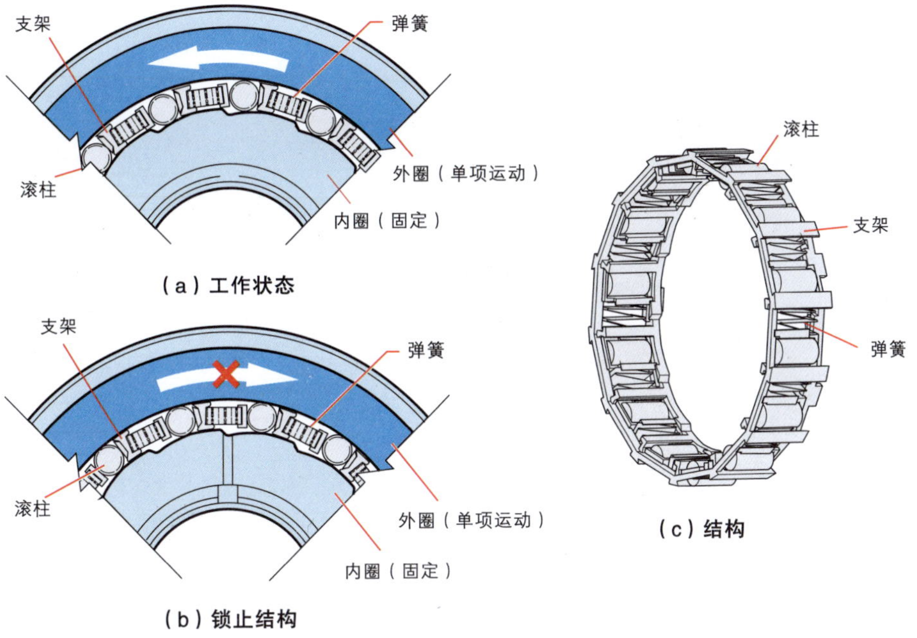

图 3-48 滚柱式单向离合器的结构及工作原理

2. 楔形块式单向离合器的结构及工作原理

楔形块式单向离合器由内圈、外圈、支架、楔形块和保持弹簧组成，如图 3-49（c）所示。

1）楔形块式单向离合器的工作状态

当在外力的作用下外圈试图相对于内圈做顺时针旋转时【图 3-49（a）】，楔形块受到几何尺寸的限制而被卡在内、外圈之间，内、外圈就会被锁死在一起。换言之，内、外圈一旦被楔形块卡住，单向离合器就会锁止，使得内、外圈无法相对运动。

为保证楔形块能够顺利地锁住内、外圈，在楔形块式单向离合器中装有一根保持弹簧，使楔形块倾斜一定的角度。

2）楔形块式单向离合器的锁止状态

当外圈在外力的作用下相对于内圈做逆时针转动时【图 3-49（b）】，楔形块又被外圈推动发生倾斜。此时，在内、外圈和楔形块之间有了一定空隙，故而离合器不会锁止。也就是楔形块式单向离合器允许其外圈相对于内圈做逆时针旋转，或允许其内圈相对于外圈做顺时针转动。这就是楔形块式单向离合器的锁止状态。

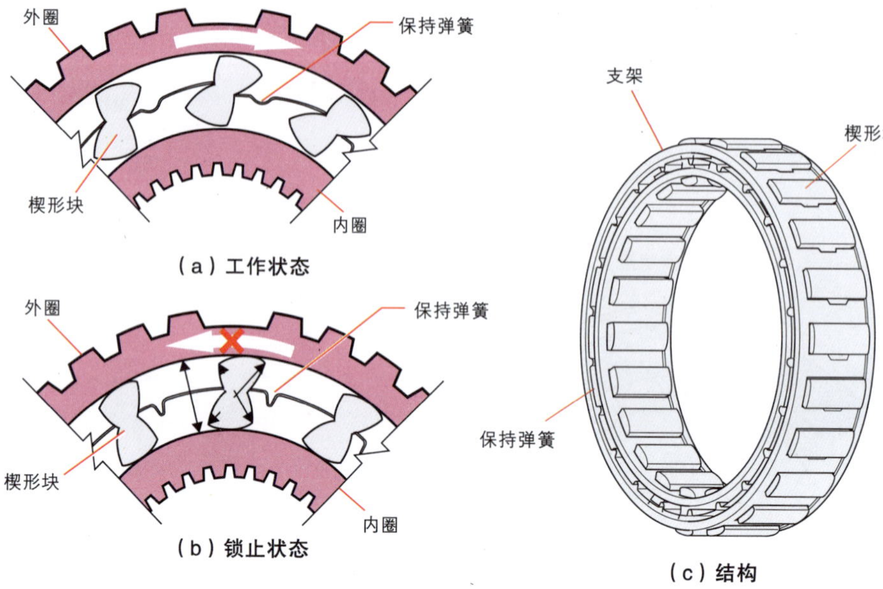

图 3-49 楔块式单向离合器的结构及工作原理

3. 单向离合器的检修

单向离合器若出现在锁止方向上可以转动的情况，会引起自动变速器打滑、无前进挡、无超速挡、异响等故障。

单向离合器若装反可引起自动变速器工作异常，有时会出现一些意想不到的故障。如果单向离合器方向装反，从理论上讲，变速器不能进入驱动状态，但由于发动机传来的转矩大于装错方向的单向离合器的锁止力矩，于是单向离合器上的滚柱会在高速旋转的巨大惯性力作用下对周围零件造成严重破坏。

1）常见损坏形式及原因

（1）单向无锁止。原因是滚柱或楔形块磨损，弹簧失效。

（2）卡滞。原因是滚柱或楔形块变形，内外环保持架破裂、变形等。

（3）内外环保持架变形、拉伤。原因是高温，油中有杂质等。

2）检查方法

（1）检查单向离合器的锁止方向。其应在一个方向有效锁止，在反方向可自由转动。若在锁止方向打滑或在自由转动方向发卡，应更换单向离合器。

（2）目测检查有无变形、拉伤等情况。

（3）单向离合器沿运动方向旋转时，其转矩必须小于 2.5 N · m。如大于该值，就应更换。金属材料的滚柱式单向离合器不仅装配时严禁击打，装前也应认真检查其上、下平面，如发现有凹坑，必须更换。

（4）单向离合器中的滚柱滚过凹点时会因卡滞而发出明显的“嗡嗡”声。维修时可以根据“嗡嗡”声出现的时机来判断具体是哪个单向离合器发生故障。

任务实践

1. 实践名称

制动器、离合器、单向离合器的检修。

2. 实践准备

（1）制动器、离合器、单向离合器若干。
（2）游标卡尺、一字螺丝刀各一套。
（3）工具车、零件车若干。

3. 实践要求与注意事项

1）实践要求

每班分成若干个小组，每次同时进行三个小组的实训，其他小组在教室内复习实训的内容，分几次完成。实训时以教师讲解、演示，学生操作、考核为主，学生完成实训报告及考核，最后填写实训内容。

2）注意事项

（1）听从安排，不要随意走动。
（2）不要随意操作车上的各个系统。
（3）操作所学系统时必须在指导教师的指导下完成。
（4）注意保持教学场地卫生。
（5）不能蛮力操作所学系统。
（6）严格遵守拆装程序及操作规程。

4. 操作步骤及检修

1）离合器的检修

使用游标卡尺测量回位弹簧的长度________，标准值________；检查离合器片是否磨损、掉色________。根据检查结果给出维修方案________________。

2）制动器的检修

检查制动带是否磨损、烧焦________，检查推杆是否弯曲变形________。根据检查结果给出维修方案________________。

3）单向离合器的检修

检查单向离合器是否卡滞________，单向离合器是否变形及拉伤________，单向离合器是否能单向锁止________。根据检查结果给出维修方案____________________。

5. 实践总结

____

____

____

____

____

____

____

____

任务练习

一、填空题

1. 自动变速器系统中的换挡执行元件包括________、________、________等。

2. 自动变速器中所用的__________为湿式多片式离合器，通常由_________、_________、________、________、________、________等部件组成。

3. 自动变速器中采用的滚柱式单向离合器主要由_______、________、_______等组成。

4. 自动变速器系统中的换挡执行元件的____________和___________利用液压进行操纵，利用摩擦力进行工作。

二、判断题

1. 在自动变速器内，制动带的转毂是与行星齿系中某个元件刚性连接的。 ( )

2. 目前在自动变速器中使用最多的是湿式多片式离合器。 ( )

三、选择题

1. 下列选项中液压控制系统不能控制的是（ ）。

A. 离合器　　B. 制动器

C. 单向离合器　　D. 以上都对

2. 下列不属于片式离合器组成部分的是（ ）。

A. 制动毂　　B. 回位弹簧

C. 钢片　　D. 摩擦片

四、问答题

1. 简述单向离合器的工作原理。

2. 行星齿轮变速器的换挡执行机构采用单向离合器有什么好处?

项目四

液压控制自动变速器

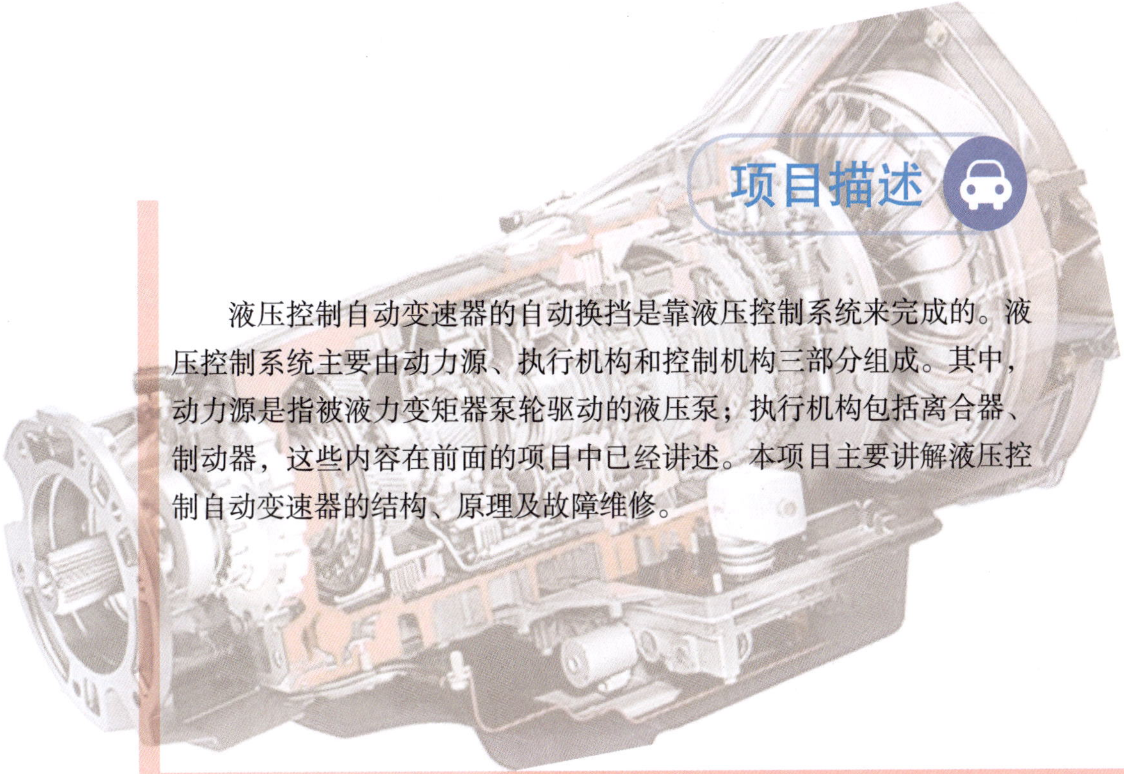

项目描述

液压控制自动变速器的自动换挡是靠液压控制系统来完成的。液压控制系统主要由动力源、执行机构和控制机构三部分组成。其中，动力源是指被液力变矩器泵轮驱动的液压泵；执行机构包括离合器、制动器，这些内容在前面的项目中已经讲述。本项目主要讲解液压控制自动变速器的结构、原理及故障维修。

任务一 液压控制自动变速器的结构与检修

任务目标

完成本学习任务后，你应当达到以下目标。

1. 知识目标

（1）了解液压控制系统的组成部分。

（2）掌握各控制阀的工作过程。

2. 能力目标

（1）能分析各控制阀的工作过程。

（2）能对自动变速器油泵进行检修。

任务引入

液压控制自动变速器离不开液压系统，液压系统涉及供油系统、换挡时刻控制、换挡品质控制三部分内容。为了掌握液压控制过程，必须事先了解这些基础知识。

相关知识

一、供油系统

液压系统中的液压油是由供油系统提供的，因此，供油系统是汽车自动变速器中不可或缺的重要部分。供油系统的结构因其用途不同而不同。

1. 油泵

油泵通常安装在液力变矩器的后方，由液力变矩器壳后端的轴套驱动，如图 4–1 所示。在发动机运转时，不论汽车是否行驶，油泵都在运转。它为自动变速器中的液力变矩器、换挡执行机构、液压控制阀等部分提供具有一定压力的液压油，以保证系统正常工作。常见的自动变速器油泵有 4 种类型：内啮合齿轮泵、摆线转子泵、叶片泵、可变排量叶片泵。

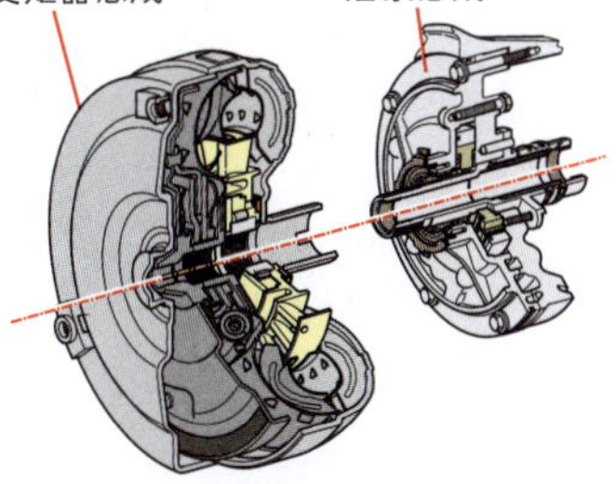

图 4–1　液力变矩器驱动油泵

1）内啮合齿轮泵

内啮合齿轮泵的结构如图 4–2 所示。内啮合齿轮泵主要由小齿轮、内齿轮、月牙形隔板、泵壳、泵盖等组成。小齿轮为主动齿轮，内齿轮为从动齿轮，两者均为渐开线齿轮；月牙形隔板的作用是将小齿轮和内齿轮之间的工作腔分隔为吸油腔和压油腔，使彼此不通；泵壳上有进油口和出油口。

发动机运转时，液力变矩器壳体后端的轴套带动小齿轮和内齿轮一起朝压油腔旋转。在小齿轮和内齿轮旋转过程中，它们彼此间的啮合十分紧密。在吸油腔，由于小齿轮和内齿轮不断退出啮合，容积随之增大，因此形成局部真空。在大气压的作用下，液压油从进油口被吸入，且随着齿轮的旋转，齿间的液压油被带到压油腔；在压油腔，由于小齿轮和内齿轮不断进入啮合，容积不断减小，将液压油加压从出油口排出。这就是内啮合齿轮泵的泵油过程。

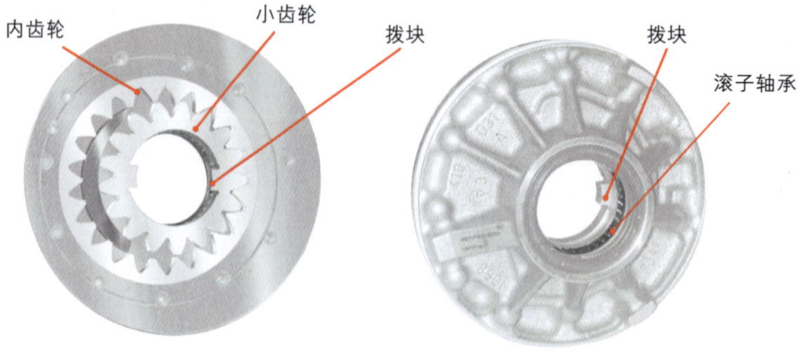

图 4-2 内啮合齿轮泵的结构

2）摆线转子泵

摆线转子泵的结构如图4-3所示，由一对内啮合的转子及泵壳、泵盖等组成。内转子为外齿轮，其齿廓曲线是外摆线；外转子为内齿轮，齿廓曲线是圆弧。一般内转子的齿数可以为4、6、8、10等，而外转子比内转子多1个齿。通常自动变速器上所用的摆线转子泵的内转子都是10个齿。

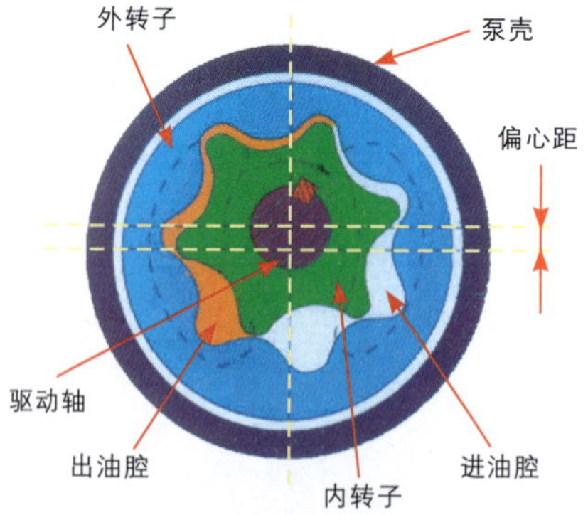

图 4-3 摆线转子泵的结构

发动机运转时，带动油泵内外转子朝相同的方向旋转。内转子为主动齿，外转子的转速比内转子每圈慢1个齿。内转子的齿廓和外转子的齿廓是一对共轭曲线，能保证在油泵运转时，不论内外转子转到什么位置，各齿均处于啮合状态，即内转子每个齿的齿廓曲线上总有一点和外转子的齿廓曲线相接触，从而在内转子、外转子之间形成与内转子齿数相同个数的工作腔。这些工作腔的容积随着转子的旋转而不断变化，当转子朝顺时针方向旋转时，内转子、外转子中心线右侧的各个工作腔的容积由小变大，以形成局部真空，将液压油从进油口吸入；在内转子、外转子中心线左侧的各个工作腔的容积由大变小，将液压油从出油口排出。这就是摆线转子泵的泵油过程。

3）叶片泵

叶片泵由定子、转子、叶片、壳体、泵盖等组成，如图4-4所示。转子由液力变矩器壳体后端的轴套带动，绕其中心旋转；定子是固定不动的，转子与定子不同心，二者之间有一定的偏心距。

当转子旋转时，叶片在离心力或叶片底部的液压油压力的作用下向外张开，紧靠在定子内表面上，并随着转子的转动，在转子叶片槽内做往复运动。这样在每两个相邻叶片之间便形成密封的工作腔。如果转子朝顺时针方向旋转，在转子与定子中心连线右半部的工作腔容积逐渐增大，以产生一定的真空，将液压油从进油口吸入；在中心连线左半部的工作腔容积逐渐减小，将液压油从出油口压出。这就是叶片泵的泵油过程。

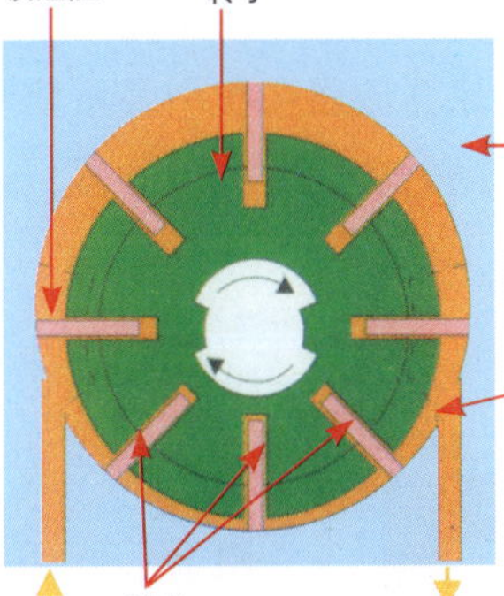

图 4–4 叶片泵的结构

4）可变排量叶片泵

目前用于汽车自动变速器的叶片泵大部分被设计成排量可变的形式（称为变量泵或可变排量叶片泵），如图 4–5 所示。

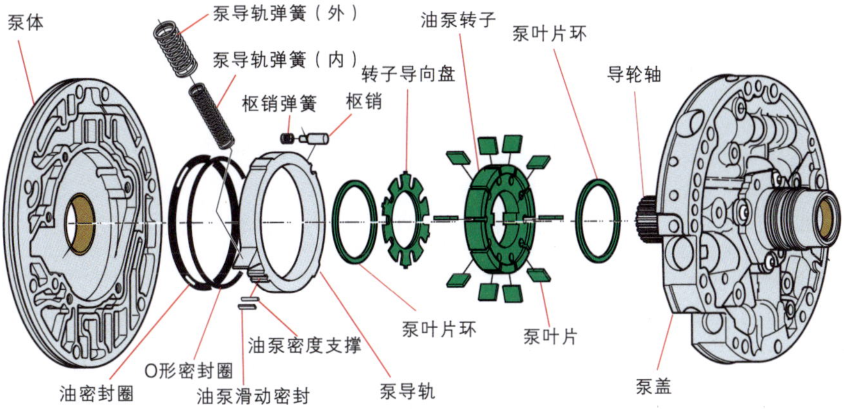

图 4–5 可变排量式叶片泵的结构

这种叶片泵的定子不固定在泵壳上，可以绕一个销轴做一定的摆动，以改变定子与转子的偏心距，从而改变油泵的排量。在油泵运转时，定子的位置由定子侧面控制腔内来自油压调节阀的反馈油压来控制。当油泵转速较低时，泵油量较少，油压调节阀将反馈油路关小，使反馈压力下降，定子在回位弹簧的作用下绕销轴向顺时针方向摆动一个角度，加大了定子与转子的偏心距，油泵的排量随之增大；当油泵转速升高时，泵油量增大，出油压力随之上升，推动油压调节阀将反馈油路开大，使控制腔内的反馈油压上升，定子在反馈油压的推动下绕销轴朝逆时针方向摆动，定子与转子的偏心距减小，油泵的排量也随之减小，从而降低了油泵的泵油量，直到出油压力降至原来的数值。

2. 调压阀

1）主压力调节阀

主压力调节阀用于调节机油泵输出的油压，该油压即自动变速器液压系统的主油压，也称管路油压或管路压力。主油压是自动变速器液压系统中最重要和最基本的油压，在系统中起到两方面的作用：一方面用于操作变速器内的离合器和制动器，另一方面用于进一步调节变速器内其他部分的压力。

主压力调节阀的结构如图 4–6 所示。

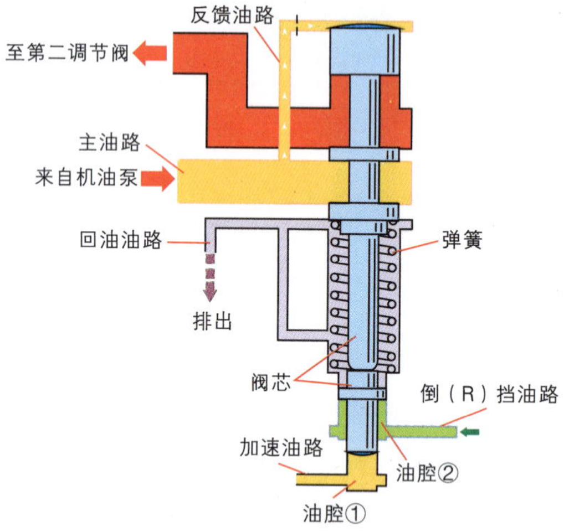

图 4–6 主压力调节阀的结构

弹簧和油压作用在主压力调节阀的下方，弹簧作用力与其被压缩的程度有关，压缩量越大，作用力也越大。

油腔①与加速油路相连，它的油压与加速踏板位置有关。当踩下加速踏板时，油腔 ①的油压会增大。油腔②与倒（R）挡油路相连，该油腔只有在挂倒挡时才会有油压。另外，反馈油路两头分别与主油路和主压力调节阀的上方油腔相连，它将主油路的压力反馈给主压力调节阀。主压力调节阀在上述各压力的综合作用下处于某一平衡位置。阀芯控制主油路是否与回油油路相通，以实现对主油路油压的控制。

2）副压力调节阀

副压力调节阀主要用于调节液力变矩器的工作油压和自动变速器元件的润滑油压。经副压力调节阀调节的油压分别称为液力变矩器油压和润滑油压。液力变矩器油压用于实现液力变矩器工作，因为发动机的转矩全部经液力变矩器传递给变速器。液力变矩器油压与液力变矩器传递转矩的能力密切相关。所以，液力变矩器油压的变化与发动机负荷的变化必须一致。润滑油压用于液力变速器内零件的润滑。

副压力调节阀的结构如图 4–7 所示。副压力调节阀与主压力调节阀的工作原理相似。

3）安全限压阀

安全限压阀实际上也是一个调压阀，用于防止油路油压过高。它由带有回位弹簧的单向阀组成，当油路压力大于弹簧的弹力时，阀门自动开启，让油液溢出，使油路油压保持稳定。油路压力小于弹簧的回位弹力时，阀门关闭。

安全限压阀应用于液压系统的不同油路之中，因此有不同的叫法，如油泵安全阀、旁通阀和变矩器限压阀等。

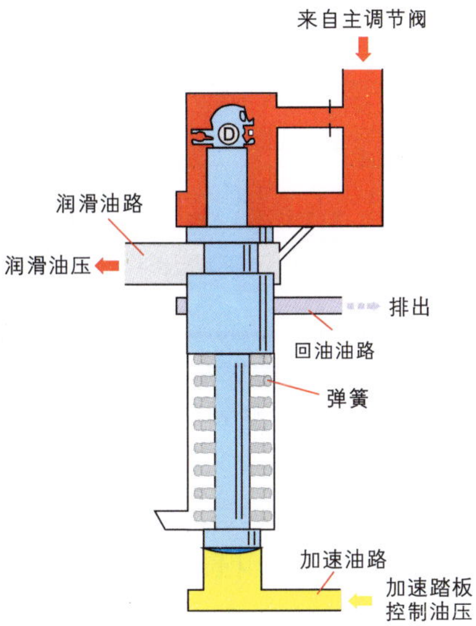

图 4–7 副压力调节阀的结构

二、换挡时刻控制

1. 手动阀

手动阀按其控制的油路数量不同，可分为两柱式（见图 4–8）和三柱式（见图 4–9）两种。两柱式手动阀所控制的油路较少，通常少于换挡杆的位置数或与之相同；三柱式手动阀可以控制较多的油路。

2. 换挡阀

自动变速器挡位的变换是通过换挡阀的工作来实现的。换挡阀是弹簧液压作用式方向控制阀，它有两个工作位置，可以实现自动升挡和自动降挡控制。

如图 4–10 所示为全液压控制系统换挡阀的工作原理，它是一种由液压控制的 2 位换向阀。在换挡阀的右端作用着来自速控阀的速控阀油压，左端作用着来自节气门阀的节气门阀油压和换挡阀弹簧的弹力。换挡阀的位置取决于两端控制压力的大小。当右端的速控阀油压低于左端的节

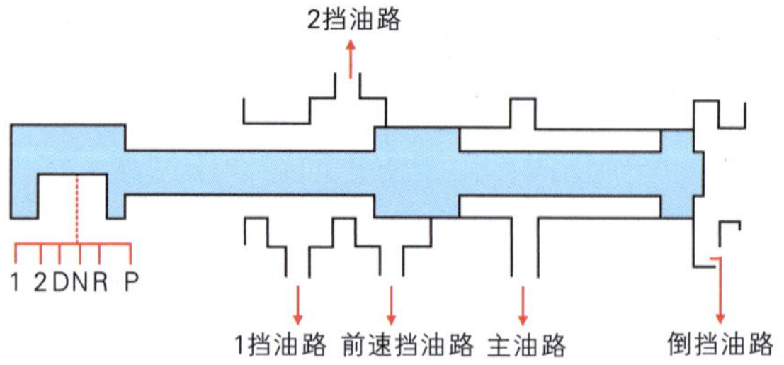

图 4-8 两柱式手动阀

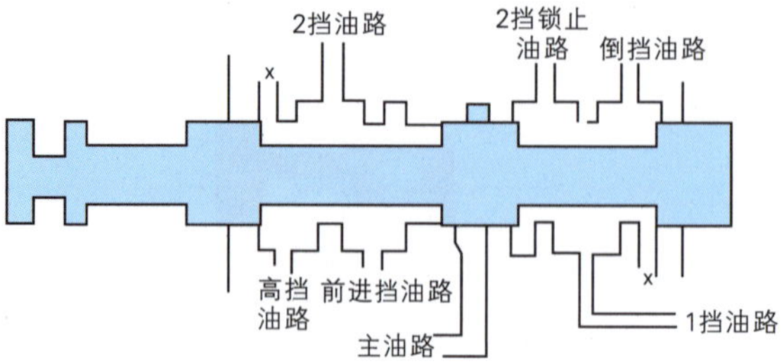

图 4-9 三柱式手动阀

气门阀油压和弹簧弹力之和时，换挡阀保持在右端；当右端的速控阀油压高于左端的节气门阀油压和弹簧弹力之和时，换挡阀移至左端。换挡阀改变方向时开启或关闭主油路，或使主油路的方向发生变化，从而让主油路压力油进入不同的换挡执行元件，使之处于工作状态，以实现不同的挡位。当换挡阀从右端移至左端时，自动变速器升高一个挡位；反之，当换挡阀由左端移至右端时，自动变速器降低一个挡位。

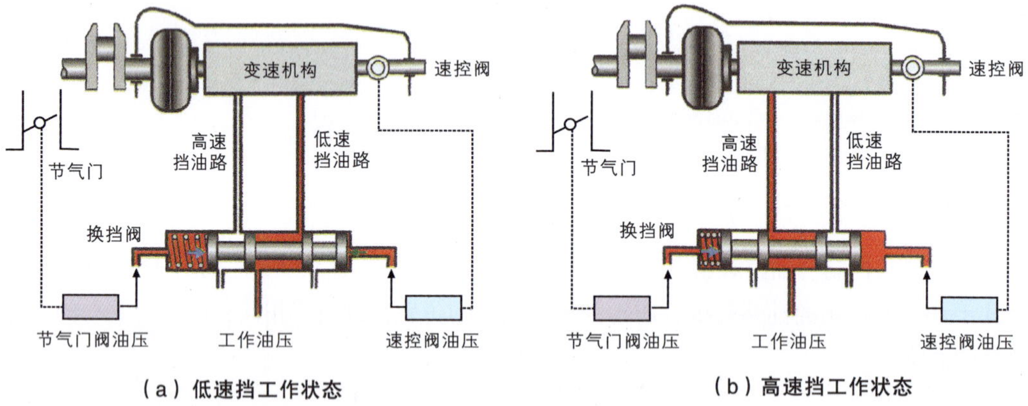

图 4-10 全液压控制系统换挡阀工作原理

自动变速器的升挡和降挡完全由节气门阀产生的节气门阀油压和速控阀产生的速控阀油压的大小来控制。节气门阀由发动机油门拉索操纵，因此节气门阀油压取决于发动机油门的开度，速控阀油压取决于车速。

有些自动变速器用主油路油压代替节气门阀油压来控制换挡阀的工作，由于主油路油压在一定程度上也是随节气门开度增大而升高的，因此其控制原理是相同的。

由于每个换挡阀只有两个位置，因此它只能控制相邻两个挡位的升挡和降挡过程。这样，3挡自动变速器就应有两个换挡阀，分别用于控制1—2挡的升降挡和2—3挡的升降挡。4挡自动变速器则应有3个换挡阀，分别控制1—2挡、2—3挡、3—4挡的升降挡。

电子液压控制系统的换挡阀与全液压控制系统的换挡阀的控制原理一样，只不过将全液压控制系统中的节气门阀和速控阀换成了有电子控制单元的电磁阀罢了。电子液压控制系统换挡阀的工作原理如图4-11所示。

综上所述，自动变速器的升挡和降挡完全是由节气门阀油路和速控阀油路产生的油压来控制的。当节气门阀油路油压高（即发动机负荷大）而速控阀油路油压低（即车速低）时，自动变速器在低速挡工作，而随着车速的升高，变速器逐渐自动升挡。因为每个换挡阀只有两个工作位置，也就只能在两个挡之间变换，所以3挡自动变速器要设置两个换挡阀，4挡自动变速器需要设置3个换挡阀，同理可知5挡、6挡自动变速器的换挡阀的个数。它们的工作原理完全一样，只是控制的挡位不同而已。

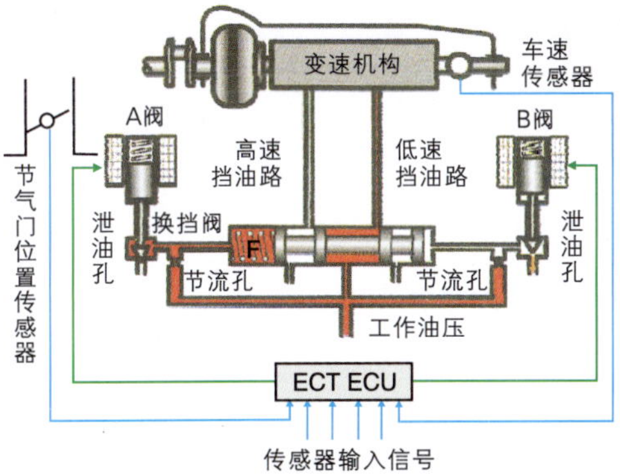

（a）低速挡工作状态

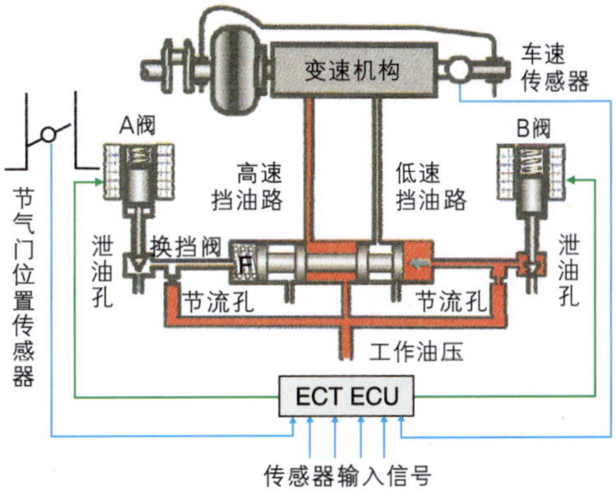

（b）高速挡工作状态

图4-11 电子液压控制系统换挡阀的工作原理

3. 节气门阀

节气门阀是一个信号阀，在油路中的主要作用是调压。它根据发动机负荷（节气门开度）的大小对主油路油压进行调节，也就是改变节气门阀油压，节气门阀油压与发动机负荷（节气门开度）成正比。

节气门阀用在全液压控制自动变速器中，电子液压控制自动变速器中用电磁阀代替了节气门阀。

节气门阀本质上是调压阀，它根据节气门开度的大小对主油路油压进行控制，再由主油路油压控制换挡阀，从而实现自动换挡。节气门阀的控制压力与节气门开度成正比。

根据控制方式的不同，节气门阀可分为机械式节气门阀和真空式节气门阀两种。

4. 速度控制阀

速度控制阀（简称速控阀）和节气门阀一样，也是信号阀，它们相互配合控制换挡阀的工作。下面主要讲解箱装型速度控制阀，这类速度控制阀主要用于前轮驱动的自动变速器，可分为球阀式和滑阀式两种。

1）球阀式速度控制阀

球阀式速度控制阀（见图 4–12）属于泄压式双级调速器，它通过初级重锤和次级重锤分别控制两个泄油孔球阀的开度来调节速控油压。

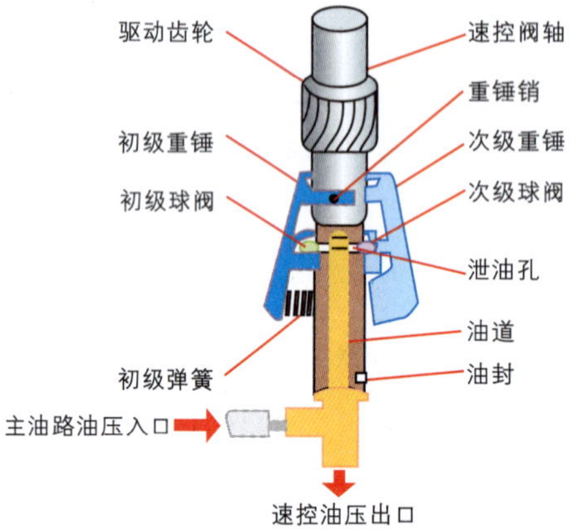

图 4–12 球阀式速度控制阀的结构

当输出轴旋转时，重锤在离心力和次级弹簧弹力的共同作用下张开，并将球阀向内压，关小泄油孔使油道压力增大，直到油压与作用在球阀上的压力相等为止。

两个重锤质量及弹簧弹力不同，因此速控阀有两个不同的工作特性区域，分别是低速区和高速区。

在低速区工作时，速控油压低，次级重锤在弹簧力的作用下关闭次级球阀，此时速控油压完全由初级重锤带动初级球阀来调节。因为初极重锤质量大，离心力随着转速的上升而增大得较快，所以速控油压随车速增加而较快地升高，形成第一级调压。

在高速区工作时，由于初级重锤离心力较大，初级球阀已关闭，使速控油压升高，直到推开次级球阀，由次级重锤控制速控油压。因为次级重锤质量小，所以速控油压随车速增加而升高较慢，形成第二级调压。

2）滑阀式速度控制阀

滑阀式速度控制阀由驱动齿轮、泄油孔、初级重锤、弹簧、滑阀和次级重锤等构成，如图 4–13 所示。

滑阀式速度控制阀采用节流泄压复合双级调压方式。

驱动齿轮由输出轴驱动。自动变速器输出轴静止时，速控油压出口及泄油孔全开，速控阀主油路油压入口关闭或微开，速控阀没有速控油压输出；当输出轴旋转后，初级重锤在离心力作用下向外甩，弹簧受到压缩，继而带动次级重锤使滑阀上移，主油路油压入口被打开，同时关闭部分泄油孔，速控阀开始输出速控油压，当初级重锤被限位器止动后，第一级调压达到最大值。

随着输出轴转速的逐步升高，离心力只能使次级重锤张开，滑阀进一步上移，逐渐打开主油路油压入口，关闭泄油孔，速控油压进一步上升，但上升速度变慢，这样就形成了第二级调压。当在离心力的作用下次级重锤完全张开顶在初级重锤内侧时，主油路油压入口将完全打开，泄油孔将完全关闭，速控油压达到最大值。

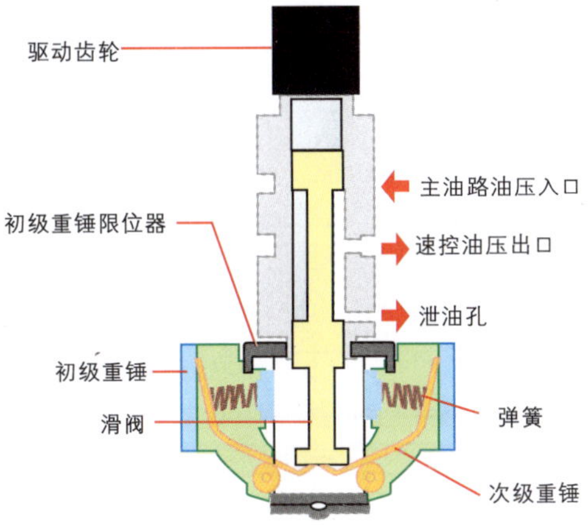

图 4–13 滑阀式速度控制阀的结构

5. 强制降挡阀

由前面的换挡阀的工作原理可以知道，只有车速降低到一定程度，自动变速器才会降回低速挡。因此，在自动变速器上设置了强制降挡阀，常用的强制降挡阀有两种，分别是电磁式和滚轮式。

1）电磁式强制降挡阀

如图 4–14 所示是电磁式强制降挡阀的结构，它主要由电磁阀、强制降挡开关等构成。强制降挡开关安装在加速踏板下，加速踏板接近踩到底时，强制降挡开关闭合，向电磁阀供电，阀芯受到电磁力的作用而移动，打开油路，油液压力作用在阀芯上，阀芯向降挡方向移动，自动变速器在低一挡的位置上工作。

2）滚轮式强制降挡阀

滚轮式强制降挡阀常见于丰田轿车自动变速器上，如图 4–15 所示。它与节气门阀安装在同一阀体内，一端通过弹簧与节气门阀相连，另一端通过滚轮与节气门凸轮接触。与强制降挡阀配合的阀体上有两条油路，分别和锁止调节阀及换挡阀相通，作为输入及输出。当加速踏板踩下较少时，节气门凸轮将强制降挡阀顶起较少，主油路与换挡阀油路不通。当加速踏板几乎被完全踩下（即节气门开度超过 85%）时，主油路与换挡阀油路相通，油液流向强制降挡阀油路。这样，来自锁止调节阀的压力油（与主油路油压相当）经强制降挡阀阀芯通至换挡阀的节气门阀油压作用端，换挡阀阀芯在油压的作用下向降挡方向移动，自动变速器降低一挡。

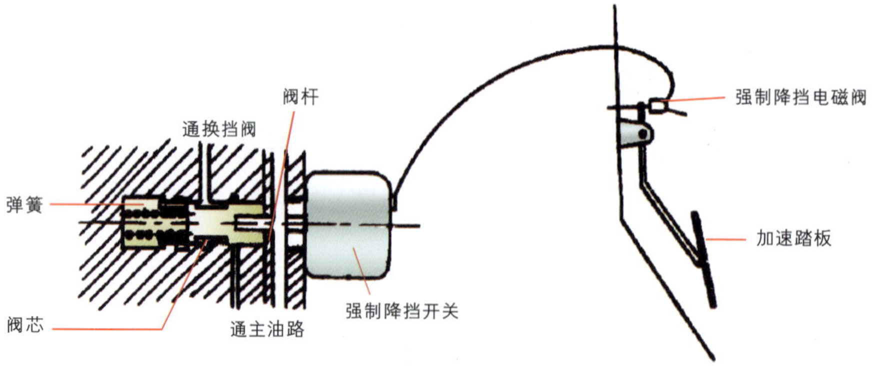

图 4-14 电磁式强制降挡阀的结构

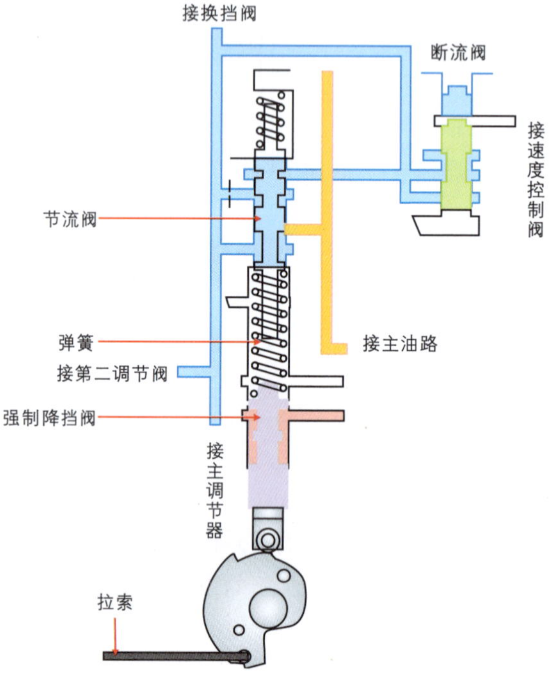

图 4-15 滚轮式强制降挡阀的结构

当短时间急加速的工作结束后，稍松开加速踏板，强制降挡阀隔断主油路与换挡阀油路，自动变速器便会重新回到高速挡工作。

降挡阀同时受到调速阀和节气门阀的控制，强制降挡不可能使自动变速器降至最低挡，而只会在上一挡的基础上降低一挡。

三、换挡品质控制

换挡品质是指自动变速器换挡的平顺性，为了减轻换挡过程中的冲击，液压控制系统采取了缓冲控制、定时控制及油压控制三种方式来改善换挡品质。

1. 缓冲控制

缓冲控制是对施加在执行元件上的作用油压进行减缓上升速度的控制。缓冲控制主要依靠蓄能器、节流孔、节流阀、限流阀、缓冲阀等装置实现。

1）蓄能器

蓄能器又称储能器或蓄压器，自动变速器液压控制系统中一般采用弹簧式蓄能器。它主要由缸筒、活塞和弹簧等组成，如图 4–16 所示。它的作用是在换挡时，使液压油迅速流到油缸中，并吸收和平缓输送油压的压力波动。弹簧是存储能量的元件，弹簧被压缩即存储能量，弹簧伸长即释放能量。

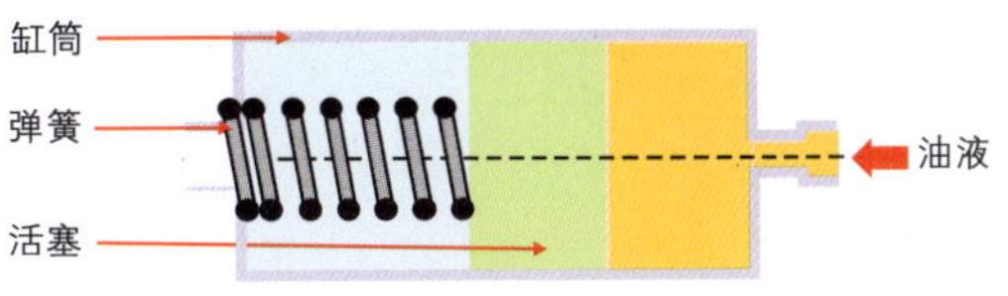

图 4–16　蓄能器的结构

2）节流孔

节流孔的结构很简单，但它的缓冲效果不可调，所以常需要与单向球阀配合并联使用。

节流孔的结构与工作原理如图 4–17 所示。在离合器接合过程中，离合器油路进油，油压升高，单向球阀关闭，油液只能通过节流孔进入离合器液压缸。单向球阀抑制了离合器液压缸油压上升的速度，使离合器能够平稳接合。在离合器释放过程中，离合器油路泄油，油压降低，单向球阀打开，离合器液压缸中的油液可以经节流孔和单向球阀同时泄油。这样，泄油速度加快，离合器可快速释放。

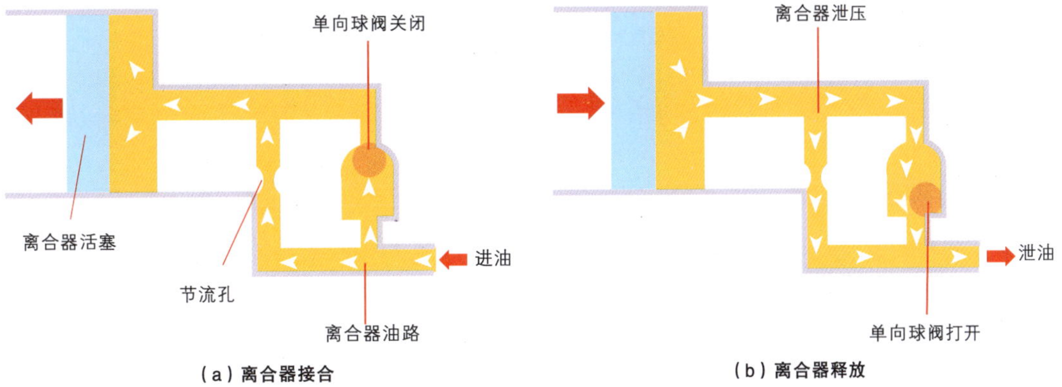

图 4–17　节流孔的结构与工作原理

3）节流阀

节流阀主要由弹簧、柱阀及柱阀上的节流孔等组成，节流阀的结构与工作原理如图 4–18 所示 。

当油压升高时，柱阀在弹簧力的作用下关闭油路，油液只能通过柱阀上的节流孔进入离合器液压缸，因而起到节流的作用。在泄油时，回油压力大于弹簧力，柱阀打开，泄油速度加快，迅速释放离合器。

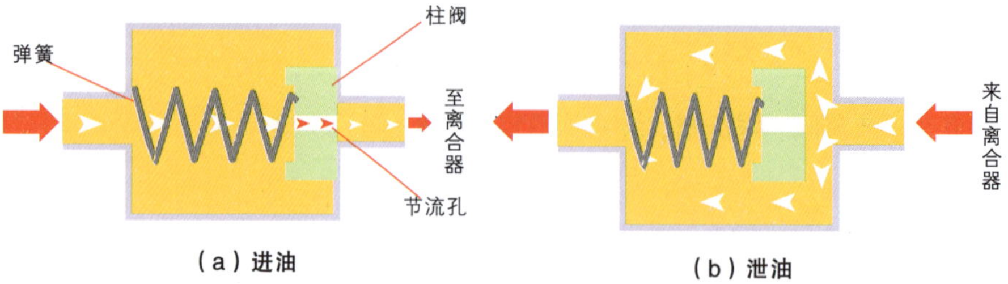

图 4-18 节流阀的结构与工作原理

4)限流阀

限流阀由柱塞、弹性阀片及其上面的小孔等组成，如图 4-19 所示。它串联在供油油路中，是可控制节流阀。油液从进油口经弹性阀片周边的缝隙及其上面的小孔流向出油口，送往执行元件。弹性阀片的开度经柱塞受到节气门信号油压的控制。当节气门开度小时，柱塞承受的油压较低，弹性阀片开度小，出油口压力增长较慢，执行元件接合时间延长，起到缓冲作用。当节气门开度大时，柱塞承受的油压较高，弹性阀片开度增大，出油压力增长较快，有效防止执行元件打滑。

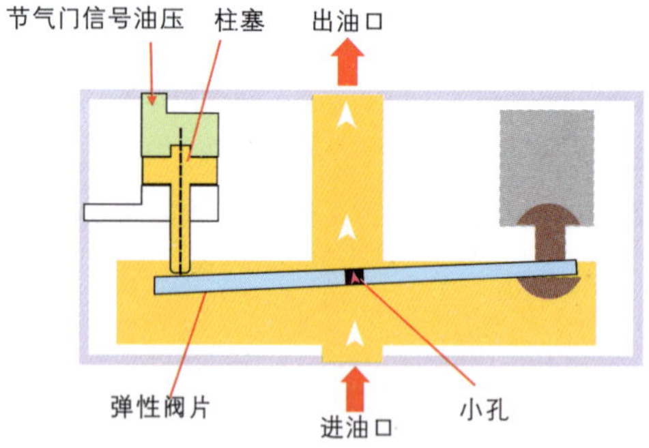

图 4-19 限流阀的结构

5)缓冲阀

缓冲阀利用滑阀对出油口的截面控制来实现控制出油压力上升速度的目的。它也叫软接合阀，分为节流型和溢流型。

(1)节流型缓冲阀。

节流型缓冲阀主要由阀芯、阀体和弹簧等组成，如图 4-20 所示。它与油缸油路串联。在阀体上有 4 条油路，分别是主油路 1、换挡执行机构油路、主油路 2 和节气门调节油路。主油路 1 是油液的输入油路，它上面有一个节流孔。主油路 1 通过内部油道及节流孔和主油路 2 相通。换挡执行机构油路是输出油路，它向换挡执行机构输送工作油压。节气门调节油路向缓冲阀输入节气门(发动机负荷)信号油压。经节流后的主油路油压作用在阀芯的左端，节气门调节油压作用在阀芯的右端，当需要换挡时，主油路油压经主油路 1 进入阀芯的中间，同时经节流孔进入阀芯左端，并克服弹簧力和变化的节气门调节油压的作用力，使阀芯右移，使换挡执行机构油路的出口减小，出油压力也随之降低，这样就能减缓换挡执行机构的接合速度，防止换挡冲击。

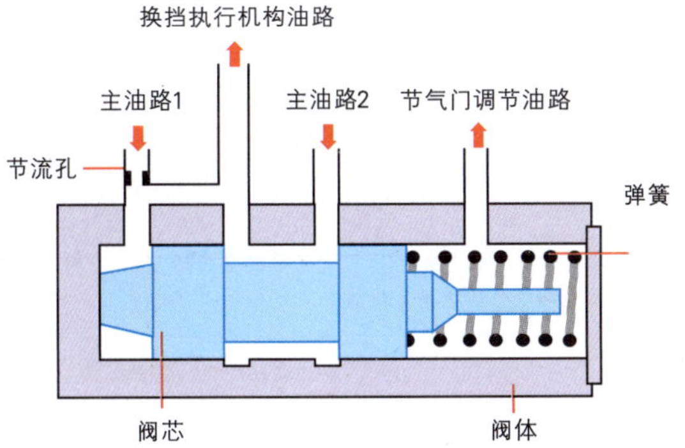

图 4–20　节流型缓冲阀

（2）溢流型缓冲阀。

溢流型缓冲阀与执行机构油缸油路并联，同时还具有蓄能器的作用。它主要由限位柱、蓄能器弹簧、蓄能器滑阀、回位弹簧、阀芯和阀芯上的节流孔等组成，如图 4–21 所示。

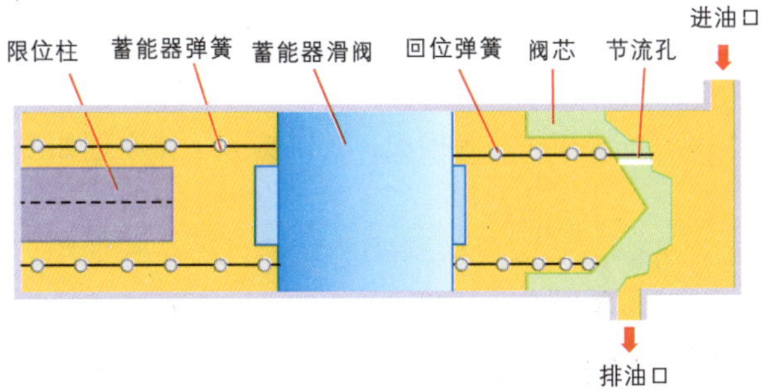

图 4–21　溢流型缓冲阀

当换挡开始时，主油路油压进入执行机构液压缸，同时经进油口进入缓冲阀，油压克服回位弹簧和蓄能器弹簧的作用力，推动阀芯向左移动。当阀芯打开排油口时，因为排油的缘故，使油路油压增大缓慢。与此同时，油液经节流孔充满阀芯的内腔，腔内液压克服蓄能器弹簧的弹力，将蓄能器滑阀向左推移，直至到达限位位置。由于排油作用，油路油压的增长仍然缓慢。

随着油压的继续增大，当油压到达一定值时，节流孔节流作用消失。阀芯两侧油压相等，在回位弹簧的作用下阀芯右移，并将排油口关闭，油路油压达到最大值。当执行机构液压缸泄压时，蓄能器滑阀在蓄能器弹簧的作用下回位。

2. 定时控制

1）升挡定时阀

升挡定时阀如图 4–22 所示，它是一个用于 2—3 挡的定时阀，3 挡离合器油路通往 3 挡离合器液压缸，2 挡制动器油路与 2 挡制动器的放松液压缸相通，单向球阀与节流孔并联，滑阀的右侧油腔与节气门信号油路相通，左侧有弹簧。

从 2 挡升入 3 挡时，不管节气门开度如何，主油路油压都进入 3 挡离合器油路，到达 3 挡离合器液压缸的同时，主油路油压经单向球阀、节流孔等进入 2 挡制动器油路，及时地使 2 挡制动器释放，迅速进入 3 挡。这样，可以防止出现空挡间隔而使变速器输入轴在换挡完成前增速，从而改善了换挡平顺性。

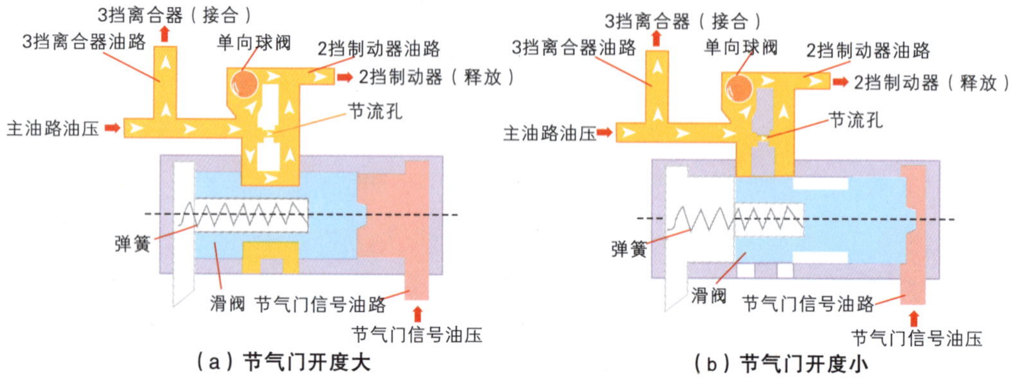

图 4–22 升挡定时阀

2）干预换挡定时阀

干预换挡定时阀可实现同步换挡，减小换挡冲击，达到提高换挡品质的目的。

干预换挡定时阀由滑阀、弹簧和柱塞等构成，其结构和工作原理如图 4–23 所示。

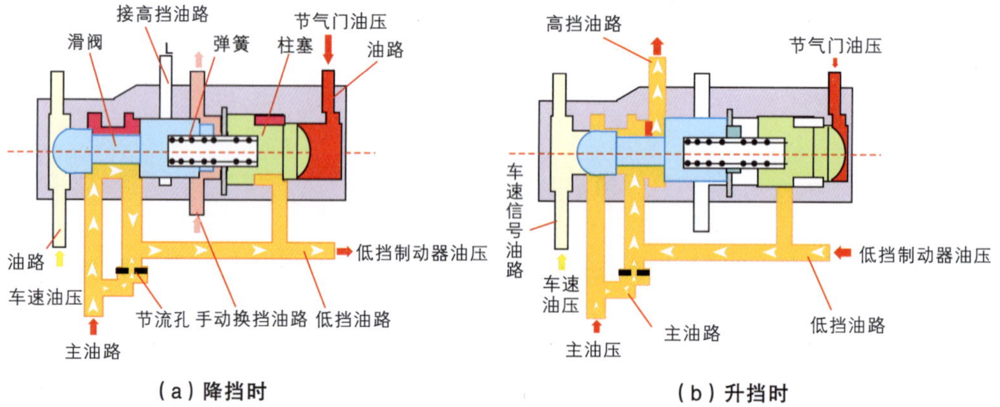

图 4–23 干预换挡定时阀的结构与工作原理

在干预降挡过程中，由于惯性作用，发动机提速需一定的时间。如果制动器接合过早，会引起发动机制动而产生冲击；如果接合过迟，会因发动机负荷中断而瞬时提速甚至“飞车”，制动器接合时又将发动机“拖回”，形成加速冲击。

当加设干预换挡定时阀之后，急踩油门时，节气门油压增加推动柱塞向左移，主油路油压分两路（节流孔与滑阀的环槽）至低挡制动器液压缸，使制动器迅速制动。当车速较高时，车速油压推动滑阀右移，环槽不能有效地接通油路，油液主要经过节流孔到达低挡制动器，使制动器制动迟缓，较长的制动时间可使发动机转速升高，等到同步转速时接合低挡，减小换挡冲击。车速越高，空挡间隙越大。

干预升挡时，快速松油门，节气门油压迅速下降，使柱塞向右移，如图 4–23（b）所示。与此同时，滑阀也被车速油压推向右侧，环槽接通油路，在低挡制动器液压缸的弹簧和活塞面积差的作用下，制动器迅速释放，从而防止两元件同时工作，使升挡平稳。

3. 油压控制

离合器和制动器是主要的自动变速器换挡执行机构，它们都通过内部元件产生足够的摩擦力，以传递力矩或制动力矩实现换挡。在执行机构工作过程中，希望控制油压平稳增长，换挡无冲击、迅速，尽可能避免动力中断。

为了使作用在执行机构上的控制油压能随节气门、挡位和车速的变化而变化，以满足车辆传动系统力矩变化的需要，需要对执行机构上的控制油压进行控制。油压控制一般有两种方法，分别是调节主油路油压和调节最大控制油压。

调节主油路油压就是根据节气门、挡位和车速的变化来自动调节主油路油压。该内容在前面已经详细介绍了，此处不再赘述。

四、油泵的检修

油泵是自动变速器中重要的组成部分，也是整个液压控制系统的心脏。油泵一旦发生故障，就会对整个自动变速器液压系统的工作产生影响，甚至造成汽车无法起动。油泵故障对每一挡的影响有所不同，对低速挡的影响要比高速挡大。下面讲解对油泵故障的检修。

1. 从动轮与泵体之间间隙的检查

如图 4–24 所示，用厚薄规测量从动轮与泵体之间的间隙（标准值为 0.07~0.15mm，极限值为 0.3mm）。

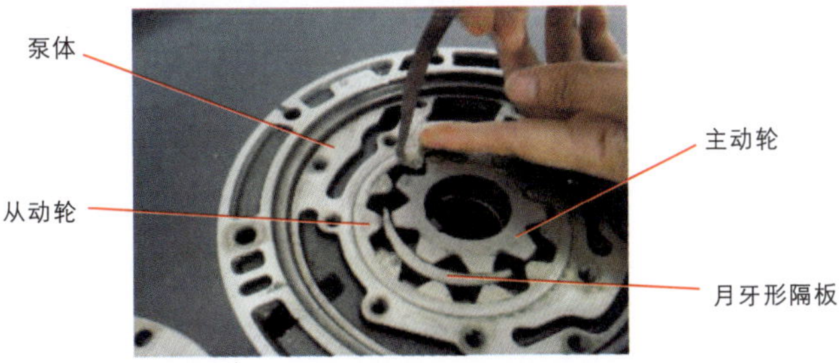

图 4–24 测量从动轮与泵体之间的间隙

2. 从动轮齿顶与月牙形隔板之间间隙的检查

如图 4–25 所示，用厚薄规测量从动轮齿顶与月牙形隔板之间的间隙（标准值为 0.11~0.14mm，极限值为 0.3mm）。

3. 主动轮与从动轮侧隙的检查

如图 4-26 所示，用直尺和厚薄规测量主动轮与从动轮的侧隙（标准值为 0.02~0.05mm，极限值为 0.1mm）。如果工作间隙超过规定值，应更换油泵。

图 4-25 测量从动轮齿顶与月牙形隔板之间的间隙

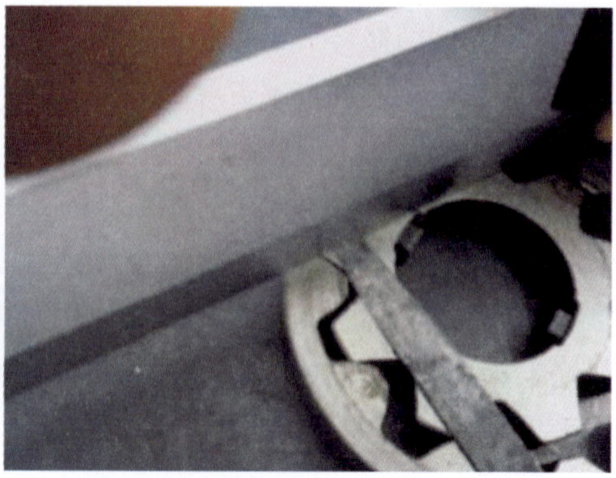

图 4-26 测量主动轮与从动轮的侧隙

任务实践

1. 实践名称

自动变速器油泵的检修。

2. 实践准备

（1）自动变速器若干。

（2）专用工具及量具若干套。

（3）工具车、零件车若干。

3. 实践要求与注意事项

1）实践要求

每班分成若干个小组，每次同时进行三个小组的实训，其他小组在教室内复习实训的内容，分几次完成。实训时以教师讲解、演示，学生操作、考核为主，学生完成实训报告及考核，最后填写实训内容。

2）注意事项

（1）听从安排，不要随意走动。

（2）不要随意操作车上的各个系统。

（3）操作所学系统时必须在指导教师的指导下完成。

（4）注意保持教学场地卫生。

（5）不能蛮力操作所学系统。

（6）严格遵守拆装程序及操作规程。

4. 操作步骤及检修

1）测量从动轮与泵体之间的间隙

用厚薄规测量从动轮与泵体之间的间隙，测量值为________，极限值为_______。根据测量结果给出解决方案__________________________。

2）测量从动轮齿顶与月牙形隔板之间的间隙

用厚薄规测量从动轮齿顶与月牙形隔板之间的间隙，测量值为_______，极限值为_______。根据测量结果给出解决方案__________________________。

3）测量主动轮与从动轮的侧隙

用直尺和厚薄规测量主动轮与从动轮的侧隙，测量值为______，极限值为______。根据测量结果给出解决方案______________________。

5. 实践总结

____

____

____

____

____

____

____

____

任务练习

一、填空题

1. 内啮合齿轮泵主要由______、______、______、______、______等组成。
2. 叶片泵主要由______、______、______、______、______等组成。

二、判断题

1. 安全限压阀实际上也是一个调压阀，用于防止油路油压过高。（　）
2. 副压力调节阀主要用于调节变矩器的工作油压和自动变速器元件的润滑油压。（　）
3. 主压力调节阀主要用于调节油泵输入油压。（　）

三、选择题

1. 下列（　）不是应用在自动变速器上的油泵。

A. 内啮合齿轮泵　　B. 摆线转子泵

C. 可变排量叶片泵　　D. 离心泵

2. 在自动变速器中，用于换挡品质控制的装置有（　）。

A. 节流阀　　B. 换挡阀

C. 手动阀　　D. 降挡阀

四、问答题

1. 蓄能器有何作用？

2. 换挡品质控制的目的是什么？

任务二 液压控制自动变速器的油路分析

任务目标

完成本学习任务后，你应当达到以下目标。

1. 知识目标

（1）掌握各挡位油路的分析方法。

（2）熟悉 A43D 型液压控制自动变速器的构造。

2. 能力目标

（1）能正确识读各挡位的动力走向。

（2）会分析各元件在挡位中的作用。

任务引入

在液压控制自动变速器中，液压控制模块是较难掌握的部分。为了更充分地理解并掌握液压控制模块是如何控制换挡的，本任务主要以 A43D 型液压控制自动变速器为例来讲解各挡位的油路走向，为后面学习电子控制自动变速器打下基础。

相关知识

下面以丰田 A43D 型液压控制自动变速器为例讲解油路的分析过程。

一、丰田 A43D 型液压控制自动变速器

A43D 型液压控制自动变速器是一款全液压控制的 4 速自动变速器。A43D 型液压控制自动变速器主要由变矩器、离合器、超速挡行星齿轮、三速行星齿轮单元和液压控制系统等组成。

由于技术的进步，此类变速器已被电子液压控制自动变速器所取代。因电子液压控制自动变速器是在全液压控制自动变速器的基础上改进而来的，为了后面更好地学习电子液压控制自动变速器的相关知识和理解电子控制系统的工作原理，我们有必要先学习全液压控制自动变速器的基础知识。

丰田 A43D 型液压控制自动变速器的构造如图 4-27 所示。

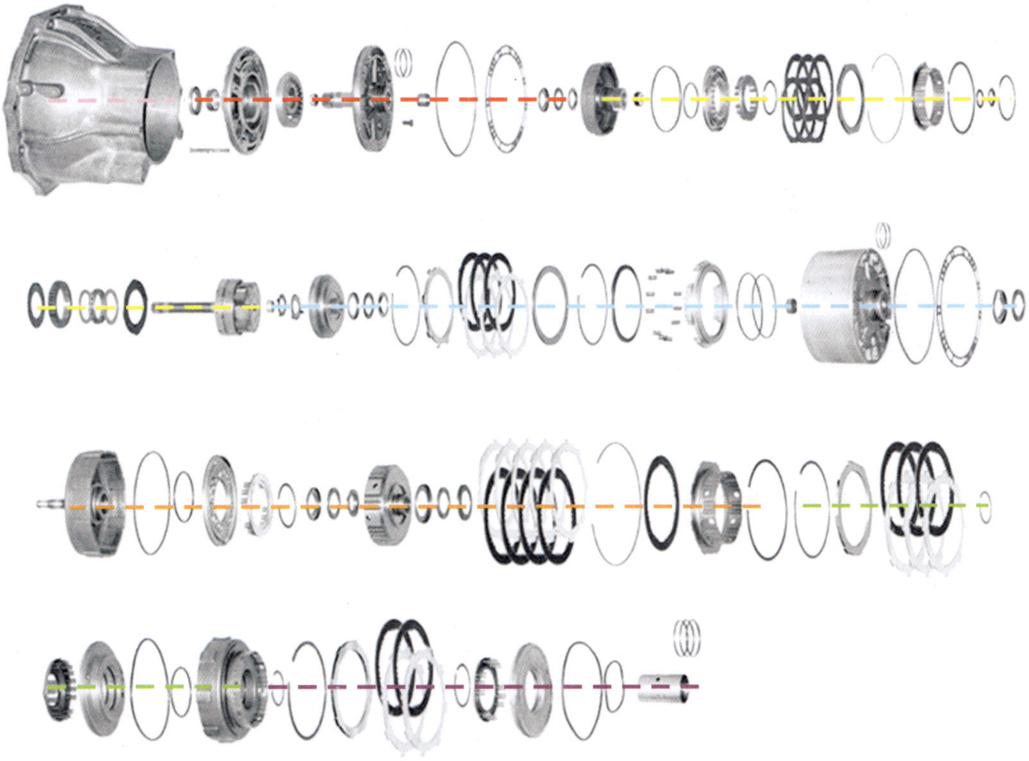

图 4-27　丰田 A43D 型液压控制自动变速器的构造

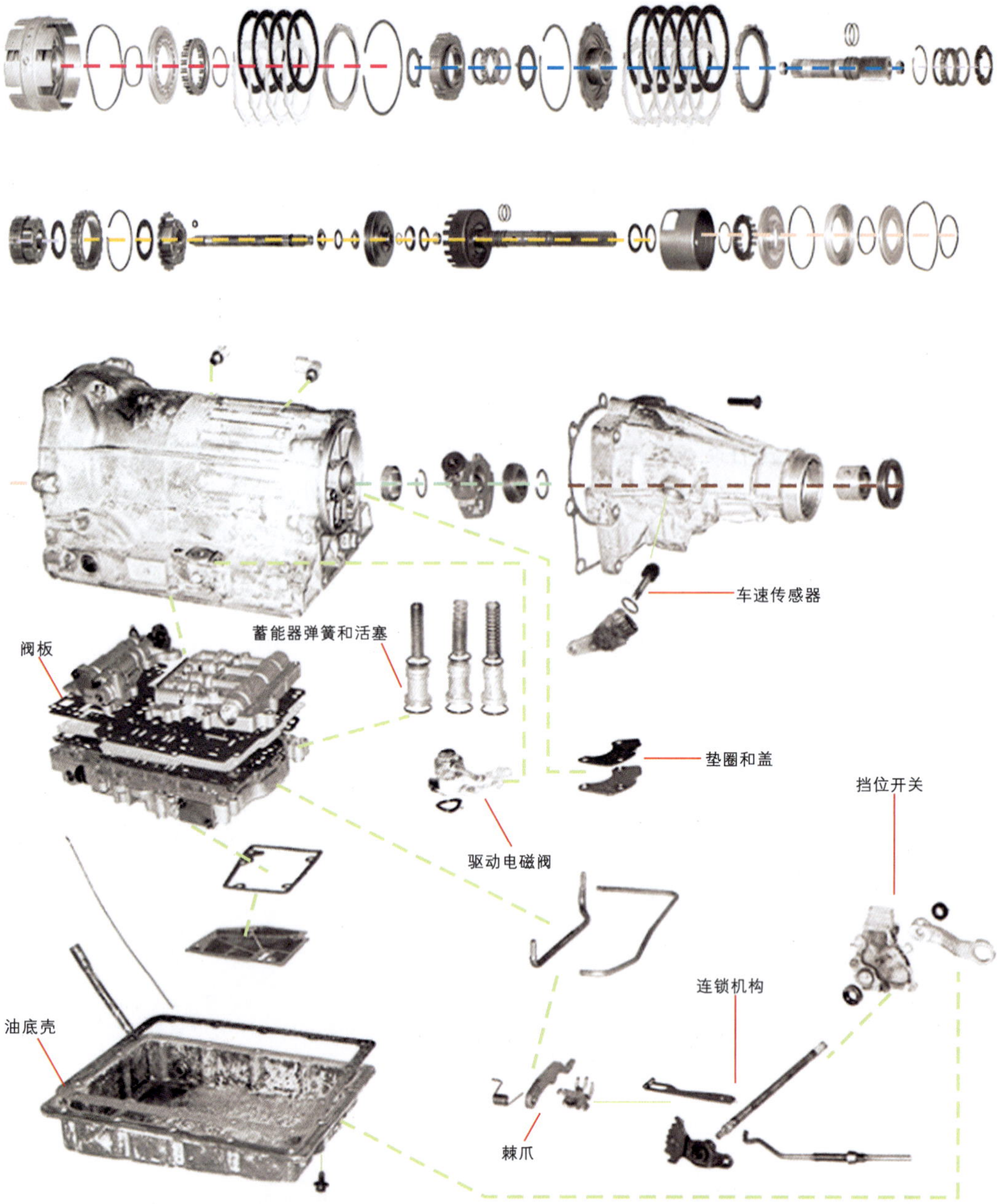

变速器前壳体
油泵组件
超速直接离合器组件
超速制动器组件
前离合器组件
后离合器组
1 号制动器组件
2 号制动器组件
行星太阳齿轮组件
前行星齿轮组件
后行星齿轮组件
3 号制动器组件
调速器阀体
后盖、轴承和密封圈

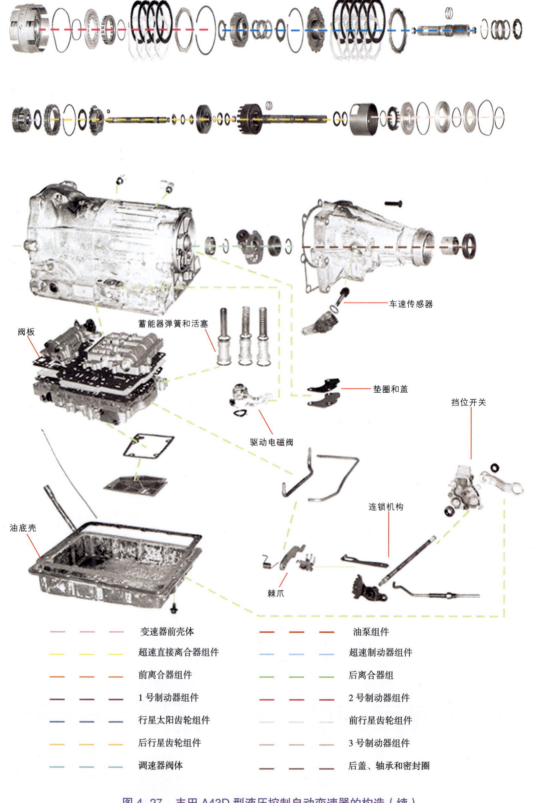

图 4-27 丰田 A43D 型液压控制自动变速器的构造（续）

二、丰田 A43D 型液压控制自动变速器油路分析

A43D 型自动变速器传动机构示意图如图 4-28 所示。前部为 O/D 行星齿轮组件，后部为辛普森式复合行星齿轮组件。换挡执行元件的功能见表4-1，不同挡位下各元件的工作状态见表4-2。

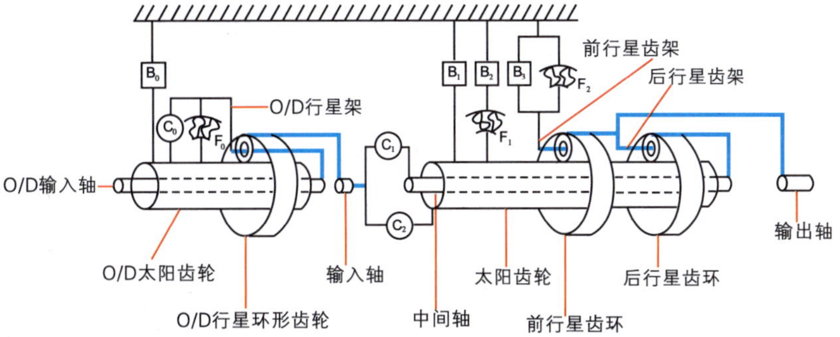

图 4-28 A43D 型自动变速器传动机构示意图

表 4-1 换挡执行元件的功能

换挡执行元件		功能
C_0	O/D 挡直接离合器	连接超速挡太阳齿轮和超速挡行星架
B_0	O/D 挡制动器	防止超速挡太阳齿轮顺时针或逆时针旋转
F_0	O/D 挡单向离合器	当变速器由发动机驱动时，连接超速挡太阳齿轮和超速挡行星架
C_1	前进挡离合器	连接输入轴和中间轴
C_2	倒挡离合器、直接挡离合器	连接输入轴和前后行星太阳齿轮
B_1	1 号制动器	防止前后行星太阳齿轮顺时针或逆时针旋转
B_2	2 号制动器	防止外圈顺时针或逆时针转动，从而防止前后行星齿轮逆时针转动
B_3	3 号制动器	防止前行星齿架顺时针或逆时针转动
F_1	1 号单向离合器	B_2 运行时，防止前后行星齿轮逆时针转动
F_2	2 号单向离合器	防止前行星齿架逆时针转动

表 4-2 不同挡位下各元件的工作状态

变速杆位置		挡位	离合器			制动器				单向离合器		
			C_0	C_1	C_2	B_0	B_1	B_2	B_3	F_0	F_1	F_2
D 位	按下 O/D 主开关	1 挡	●	●						●		●
		2 挡	●	●				●		●	●	
		3 挡	●	●	●			●		●		
		4 挡		●	●	●		●				
	不按下 O/D 主开关	1 挡	●	●						●		
		2 挡	●	●				●		●		●
		3 挡	●	●	●			●		●	●	
2 位		1 挡	●	●						●		
		2 挡	●	●			●	●		●		●
L 位		1 挡	●	●					●	●	●	
R 位		倒挡	●		●				●	●		●
P 位		驻车挡	●						●	●		
N 位		空挡	●							●		

注：●表示换挡执行元件处于接合状态。

1.D 位或 2 位中的 1 挡动力流向

变速杆置于 D 位或 2 位时的 1 挡动力流向如图 4–29 所示。O/D 挡行星齿轮组件的 C_0 接合，F_0 处于锁止状态，O/D 挡行星齿轮组件的转速比为 1。前进挡离合器 C_1 接合，动力经 O/D 挡行星齿轮组件、C_1、中间轴使后内齿圈顺时针转动，后行星齿轮顺时针转动，共用的行星齿轮逆时针转动，前行星齿轮轴架产生逆时针扭矩，F_2 锁止，前行星齿轮轴架锁止不动，动力由前内齿圈 / 后行星轴架 / 输出轴（三者连接成一体）输出。此时，行星齿轮组件的转速比约为 2.5 ，变速器处于 1 挡，无发动机制动。

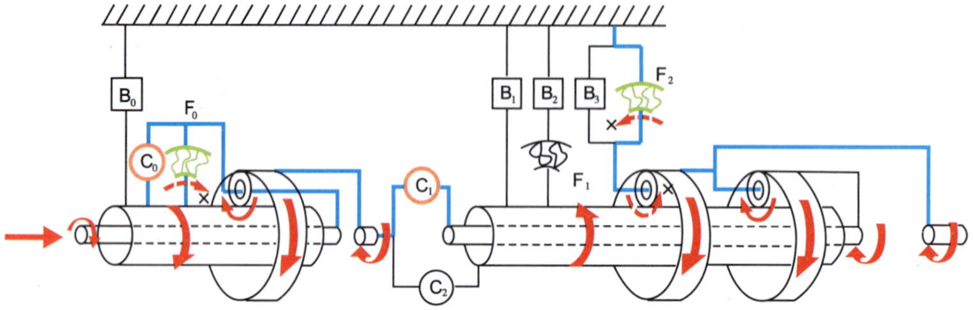

图 4–29 D 位或 2 位中的 1 挡动力流向

2.D 位中的 2 挡动力流向

变速杆置于 D 位时的 2 挡动力流向如图 4–30 所示。O/D 挡行星齿轮组件的 C_0 接合，F_0 处于锁止状态；前进挡离合器 C_1 接合，2 号制动器 B_2 接合。动力经 O/D 挡行星齿轮组件、C_1、中间轴使后内齿圈顺时针转动，后行星齿轮顺时针转动，共用的行星齿轮逆时针转动时 F_1 锁止，行星齿轮不能逆时针转动，动力由前内齿圈 / 后行星轴架 / 输出轴（三者连接成一体）输出。此时，前内齿圈带动前行星齿轮、前行星齿轮轴架空转。行星齿轮组件的转速比约为 1.5，变速器处于 2 挡，无发动机制动。

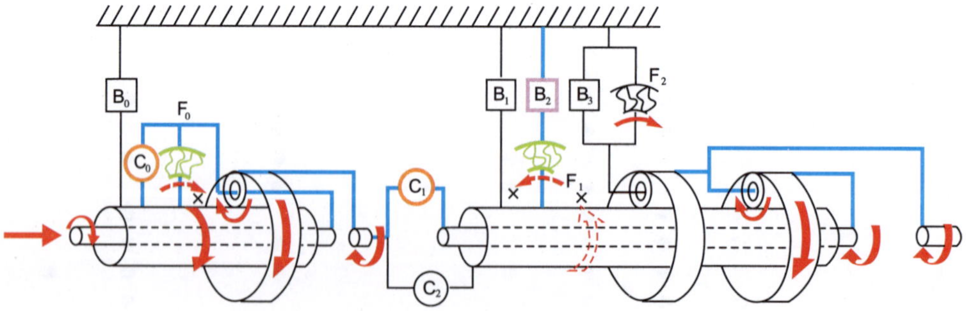

图 4–30 D 位中的 2 挡动力流向

3.D 位中的 3 挡动力流向

变速杆置于 D 位时的 3 挡动力流向如图 4–31 所示。O/D 挡行星齿轮组件的 C_0 接合，F_0 处于锁止状态；前进挡离合器 C_1 接合，2 号制动器 B_2 接合，倒挡离合器、直接挡离合器 C_2 接合。动力经 O/D 挡行星齿轮组件、C_1、C_2 使后内齿圈、行星齿轮、后行星轴架同步转动，转速比则为 1，变速器处于 3 挡，有发动机制动。

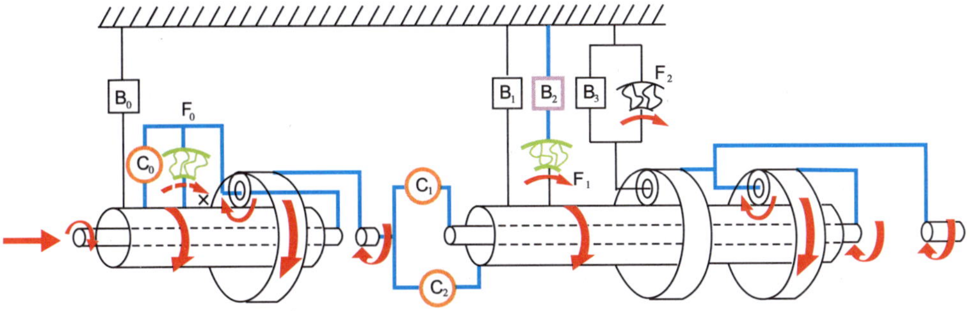

图 4–31 D 位中的 3 挡动力流向

4.D 位中的 4 挡动力流向

变速杆置于 D 位时的 4 挡动力流向如图 4–32 所示。O/D 挡行星齿轮组件的 B_0 接合，O/D 行星齿轮被固定，动力经 O/D 输入轴、O/D 行星齿轮轴架带动 O/D 内齿圈顺时针转动，O/D 挡行星齿轮组件的转速比为 0.7。前进挡离合器 C_1 接合，2 号制动器 B_2 接合，倒挡离合器、直接挡离合器 C_2 接合，使后内齿圈、行星齿轮、后行星轴架同步转动，行星齿轮组件的转速比为 1，变速器的转速比为 0.7，变速器处于 4 挡，有发动机制动。

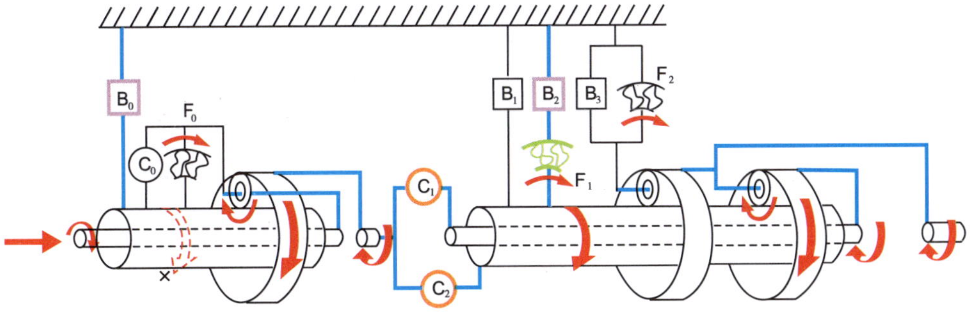

图 4–32 D 位中的 4 挡动力流向

5.2 位中的 2 挡动力流向

变速杆置于 2 位时的 2 挡动力流向如图 4–33 所示。O/D 挡行星齿轮组件的 C_0 接合，F_0 处于锁止状态；前进挡离合器 C_1 接合，1 号制动器 B_1 接合，行星齿轮被固定（B_2 接合，但不起作用）。

动力经 O/D 挡行星齿轮组件、C_1、中间轴使后内齿圈顺时针转动，后行星齿轮顺时针转动，由于行星齿轮固定，动力由后行星轴架、输出轴输出。此时，前内齿圈带动前行星齿轮、前行星齿轮轴架空转。行星齿轮组件的转速比约为 1.5，变速器处于 2 挡，有发动机制动。

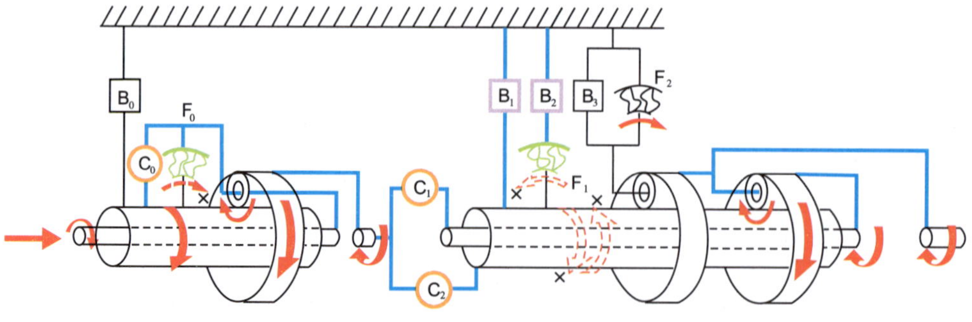

图 4-33 2 位中的 2 挡动力流向

6.L 位的 1 挡动力流向

变速杆置于 L 位时得 1 挡动力流向如图 4-34 所示。O/D 挡行星齿轮组件的 C_0 接合，F_0 处于锁止状态，O/D 挡行星齿轮组件的转速比为 1。前进挡离合器 C_1 接合，B_3 制动，前行星齿轮轴架被固定。动力经 O/D 挡行星齿轮组件、C_1 使后内齿圈顺时针转动，后行星齿轮顺时针转动，共用的行星齿轮逆时针转动，动力由前内齿圈 / 后行星轴架 / 输出轴（三者连接成一体）输出。行星齿轮组件的转速比约为 2.5，变速器处于 1 挡，有发动机制动。

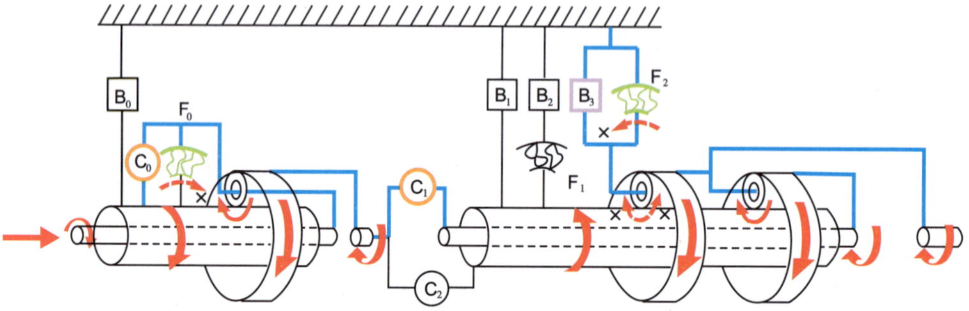

图 4-34 L 位的 1 挡动力流向

7.R 位动力流向

变速杆置于 R 位时的动力流向如图 4-35 所示。O/D 挡行星齿轮组件的 C_0 接合，F_0 处于锁止状态，O/D 挡行星齿轮组件的转速比为 1。倒挡离合器、直接挡离合器 C_2 接合，B_3 制动，前行星齿轮轴架被固定。动力经 O/D 挡行星齿轮组件、C_2 使共用的行星齿轮顺时针转动，由于前行星齿轮轴架被固定，前行星齿轮和后行星齿轮都逆时针转动，前内齿圈、后行星齿轮轴架和输出轴逆时针转动，变速器处于倒挡。行星齿轮组件的转速比约为 2.75。

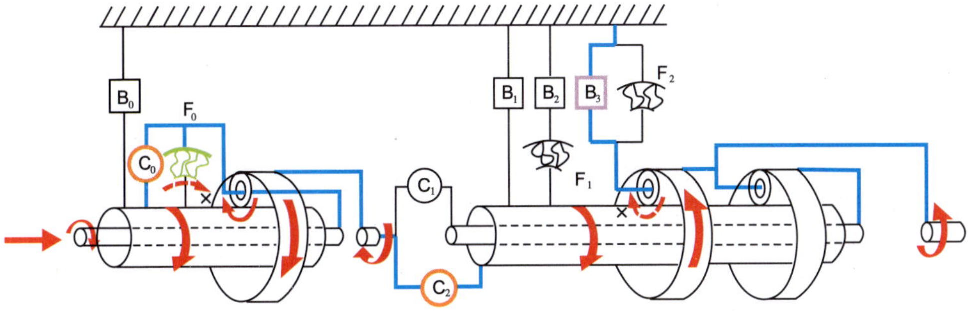

图 4-35　R 位动力流向

任务练习

一、填空题

1. 在4挡时________被固定，动力经________、O/D行星齿轮轴架带动O/D内齿圈顺时针转动，O/D挡行星齿轮组件的转速比为_________。

2. 前进挡离合器的功能是_________。

二、问答题

1. 为何在L位中的1挡有发动机制动而在D位中的1挡没有发动机制动？

2. 在R位时有哪些元件参与工作？

项目五

电子控制自动变速器

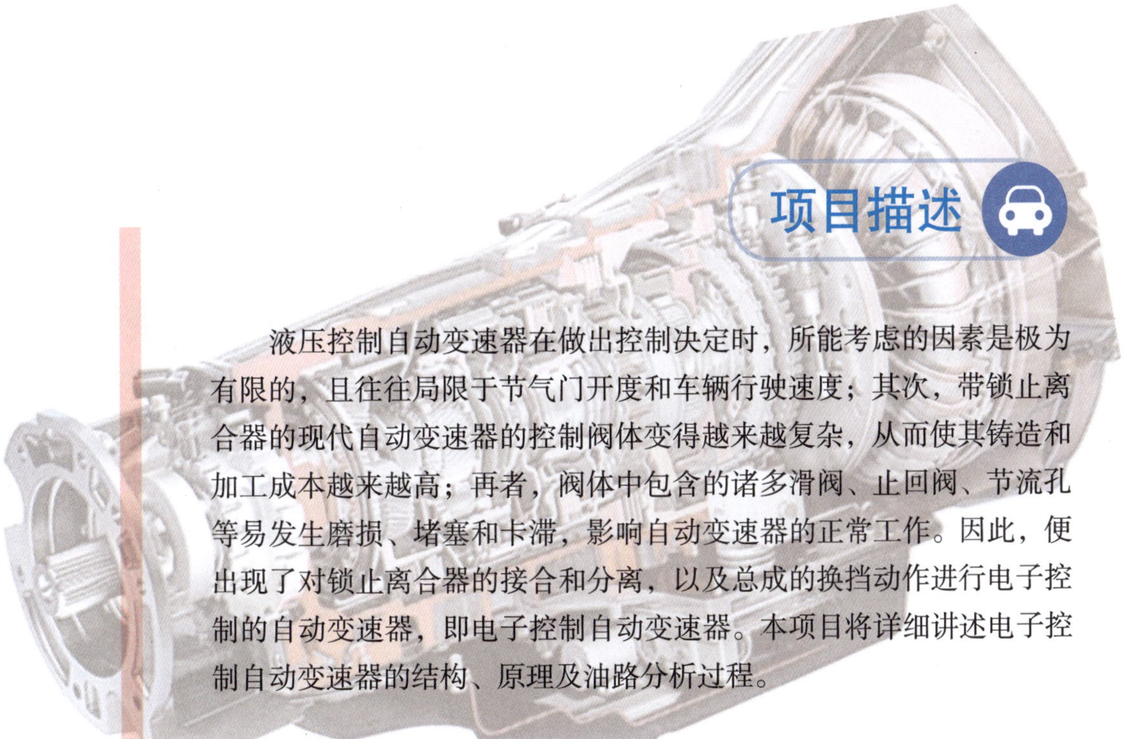

项目描述

液压控制自动变速器在做出控制决定时，所能考虑的因素是极为有限的，且往往局限于节气门开度和车辆行驶速度；其次，带锁止离合器的现代自动变速器的控制阀体变得越来越复杂，从而使其铸造和加工成本越来越高；再者，阀体中包含的诸多滑阀、止回阀、节流孔等易发生磨损、堵塞和卡滞，影响自动变速器的正常工作。因此，便出现了对锁止离合器的接合和分离，以及总成的换挡动作进行电子控制的自动变速器，即电子控制自动变速器。本项目将详细讲述电子控制自动变速器的结构、原理及油路分析过程。

任务一 电子控制自动变速器的结构与检修

任务目标

完成本学习任务后，你应当达到以下目标。

1. 知识目标

（1）了解液压控制自动变速器与电子控制自动变速器的区别。

（2）掌握电子控制系统元件的检修方法。

（3）掌握电子控制自动变速器的传感器、电子控制单元、执行器的工作原理。

2. 能力目标

（1）能对变速器故障进行诊断。

（2）会检修执行器、传感器等部件。

任务引入

电子控制系统利用电子自动控制的原理，通过传感器将汽车行驶速度和发动机负荷等参数转变为电信号，计算机根据这些电信号做出是否需要换挡的判断，并按照设定的控制程序发出换挡指令，操纵各种电磁阀去控制阀板总成中各个控制阀工作，以实现对自动变速器的全面控制。本任务主要讲解电子控制自动变速器的结构和原理。

相关知识

一、电子控制自动变速器的发展和应用

传统的汽车自动变速器通过节气门阀将发动机的节气门开度（负荷）信号转变为节气门阀压力，同时通过调速器阀将车速信号转变为调速器阀压力，并用这些液压来控制执行机构中离合器和制动器的动作，以实现自动换挡。随着汽车工业技术水平的不断提高，液压控制自动变速器逐渐被电子控制自动变速器所取代。

20 世纪 70 年代后期，日本的丰田汽车公司和法国的雷诺汽车公司生产的汽车，已开始采用电子控制自动变速器。20 世纪 80 年代中期，美国的汽车制造厂家也开始部分采用对换挡实施电子控制的自动变速器。到 1988 年，德国的宝马（BMW）、日本的马自达（Mazda）和三菱（Mitsubishi）及其他一些世界著名汽车生产厂家也纷纷采用了电子控制换挡技术。但电子控制自动变速器真正迅猛发展，还是在 20 世纪 90 年代以后。日本的丰田汽车公司，在其佳美、皇冠、凌志等 11 种车型上装用了 14 种电子控制自动变速器，典型的变速器包括 A140E、A241E、A240E、A340E、A341E 等型号。

目前，国内大部分汽车也装配了电子控制自动变速器。

二、液压控制自动变速器与电子控制自动变速器的区别

电子控制自动变速器就其组成而言，基本上与传统的液压控制自动变速器相同，两者之间最大的区别在于，前者分别通过节气门位置传感器和车速传感器将发动机节气门开度和车辆行驶速度转变为由各自传感器输出的电信号，连同其他反映汽车各总成和系统工作情况的传感器信号一起，送到电子控制系统的电子控制单元（ECU）。然后，将输入信号与事先存储在电子控制单元中的数据进行比较，并由电子控制单元向相应的若干个电磁阀发出指令，接通或切断流向换挡阀等的液压，使执行机构各离合器和制动器的动作得到控制，从而精确地控制换挡时机和锁止离合器的工作，并使自动变速器的换挡更加平稳。

由此可知，电子控制与液压控制自动变速器只是控制手段有所不同，并没有本质上的区别，因此从整体结构到外观，两者都相差无几。

三、电子控制自动变速器的组成

汽车自动变速器的电子控制系统由输入装置、电子控制电元和输出装置三部分组成，典型的自动变速器电子控制系统简图如图 5-1 所示。

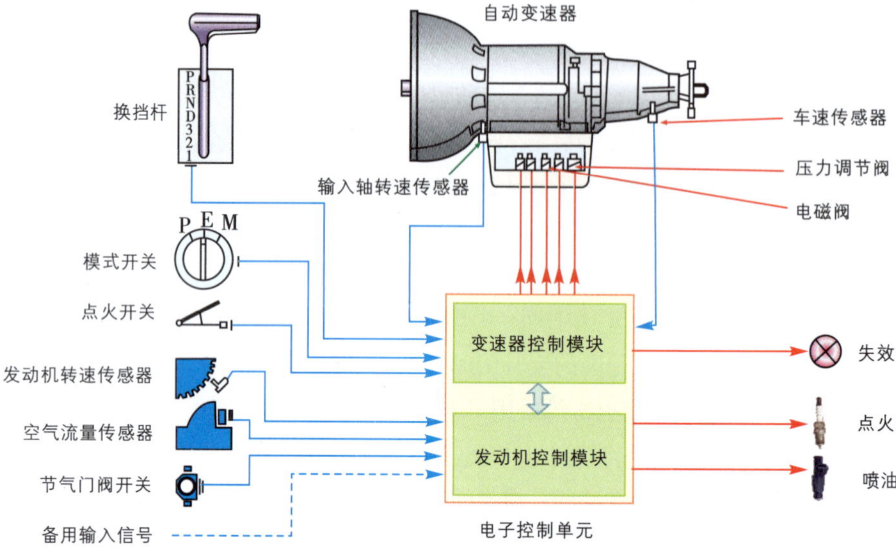

图 5-1 典型的自动变速器电子控制系统简图

输入装置包括各种传感器和开关，前者可为电子控制单元提供连续可变的电信号，而后者仅能提供一个简单的开关信号。典型的输入装置可以在汽车工作时，为电子控制单元提供诸如节气门开度、车速、发动机转速、冷却液温度、自动变速器挡位等方面的信息。

电子控制单元可以根据其程序中的指令，对来自各种传感器和开关的电信号加以分析，然后向输出装置发出指令，以控制自动变速器换挡和锁止离合器工作的时机。许多电子控制单元中有一个可更换的、被称为可编程序只读存储器（PROM）的集成电路芯片。当为解决自动变速器控制及汽车操纵性能等方面的问题而需要对电子控制单元做出改进时，一般只要改变该集成电路芯片的设计即可。

汽车自动变速器电子控制系统中的电子控制单元一般还具有自诊断功能，即当输入装置中的车速传感器、输出装置中的电磁阀等出现故障时，可以自动通过超速挡分离（O/D OFF）指示灯的闪烁或故障显示屏提供的信息来报告故障码。另外，为共享电子控制单元资源，降低整车电子控制系统的成本，通常还可将自动变速器和发动机两者电子控制系统的控制单元合二为一，称为发动机与自动变速器共用电子控制单元（见图 5-2）。

电子控制自动变速器的输出装置主要指电磁阀。根据电子控制单元所发出的指令，电磁阀开启或闭合，相应接通或切断回油通道。当回油通道被切断时，油压作用于换挡阀或锁止阀上，从而控制换挡和锁止的时机。

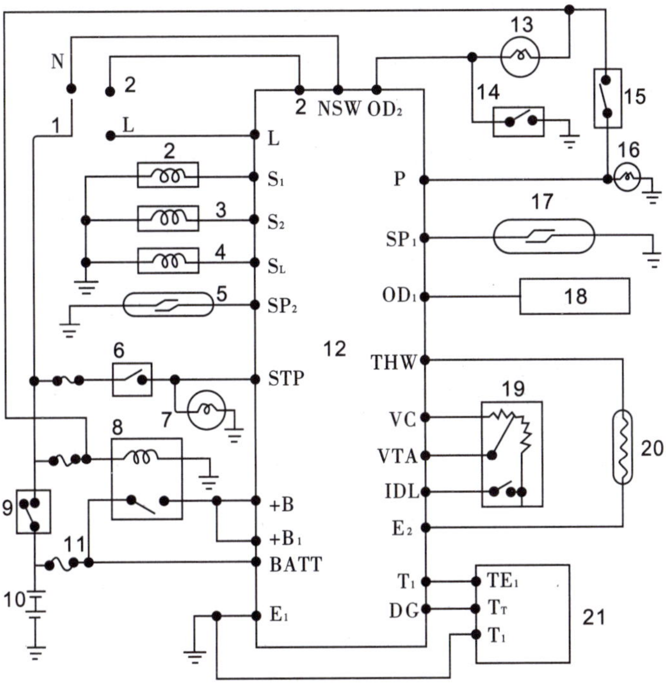

1—空挡起动开关；2—1 号换挡电磁阀；3—2 号换挡电磁阀；4—锁止电磁阀；

5—2 号车速传感器；6—制动开关；7—制动灯；8—主继电器；9—点火开关；

10—蓄电池 11- 熔丝；12—发动机与自动变速器电子控制单元；

13—超速挡分离指示灯；14—超速挡开关；15—换挡模示选择开关；

16—换挡模式指示灯；17—1 号车速传感器；18—巡航控制电子控制单元；

19—节气门位置传感器；20—水温传感器；21—自诊断插头

图 5-2　发动机与自动变速器共用电子控制单元

四、电子控制自动变速器中的电子元件

电子控制自动变速器中的电子元件包括传感器、电子控制单元、控制开关、执行器等。

1. 传感器

自动变速器电子控制系统中常用的传感器有节气门位置传感器、车速传感器、输入轴转速传感器和冷却液温度传感器等。

1）节气门位置传感器

节气门位置传感器一般安装在节气门体上，随着节气门开度的变化带动节气门轴，传感器内的电刷滑动或导向凸轮随之转动，将节气门角度信号转换成电压信号送到 ECU。

节气门位置传感器主要由一个可变电阻式电位计和一对怠速触点构成，如图 5-3 所示。传感器有两个与节气门联动的可动电刷触点。一个触点可在电阻体上滑动，随着触点的滑动，电

阻值会发生变化，输出电压也就会发生改变，由输出电压便可测得节气门开度。传感器的 VC 端子上有来自 ECU 的 5V 稳定电压，VTA 端子的电压作为反映节气门开度的信号电压输入 ECU，其电路原理图如图 5-4 所示。另一个电刷触点在节气门全关闭时与怠速触点 IDL 接触。IDL 触点信号主要用于判断发动机是否处于怠速工况，以及在行车过程中用于断油控制的点火提前角的修正。

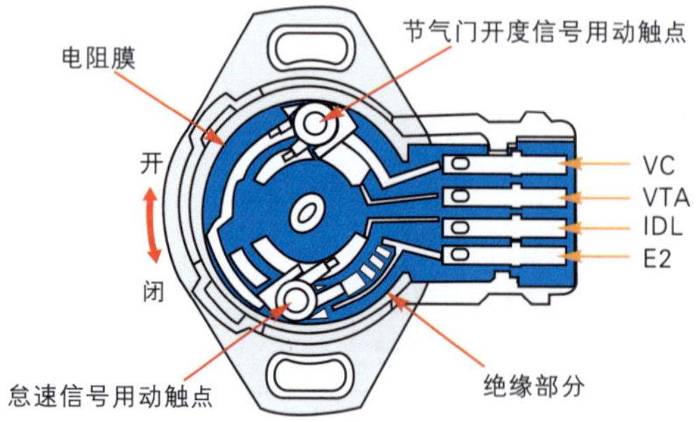

图 5-3 节气门位置传感器的结构

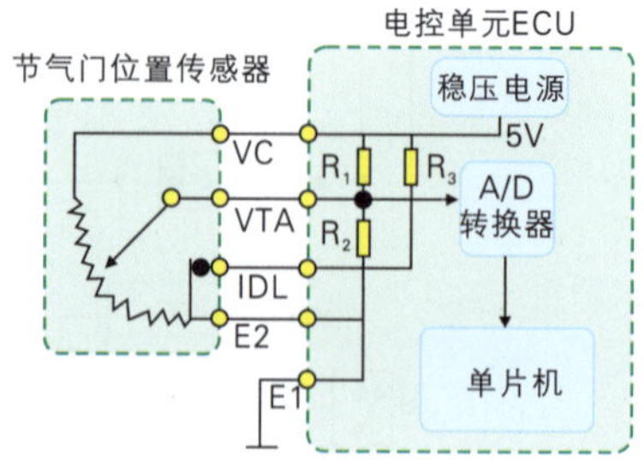

图 5-4 节气门位置传感器电路原理图

2）车速传感器

车速传感器用于检测变速器输出轴的转速，作为车速信号输入 ECU、电子仪表及其他装置。

常见的车速传感器主要有磁电脉冲式、光电式、磁阻元件式和笛簧开关式 4 种，这里仅介绍磁电脉冲式和光电式两种。

（1）磁电脉冲式车速传感 5-5）。

磁电脉冲式车速传感器也可用作变速器第一轴转速传感器，车速传感器通常安装在驱动桥壳或变速器壳内。磁电脉冲式车速传感器由信号转子、永久磁铁及信号线圈等构成。信号转子上带有凸轮，装在变速器的输出轴上，当信号转子随输出轴旋转时，信号转子与线圈铁芯之间的气隙周期性变化，因此信号线圈的磁通也发生变化，磁通的变化可使信号线圈产生感应电压向外输出，通过计算感应电压的变化周期即可知道车辆的转速。

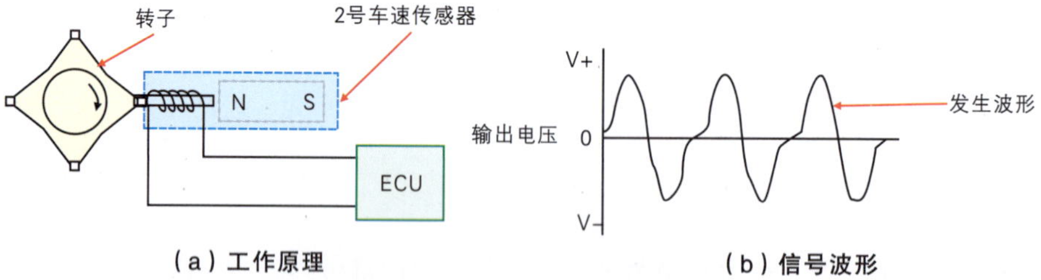

（a）工作原理　（b）信号波形

图 5-5 磁电脉冲式车速传感器

（2）光电式车速传感器。

光电式车速传感器上有发光二极管、光敏晶体管及转速表齿轮软轴驱动的遮光盘，如图 5-6 所示。光电式车速传感器通常装在组合仪表内。

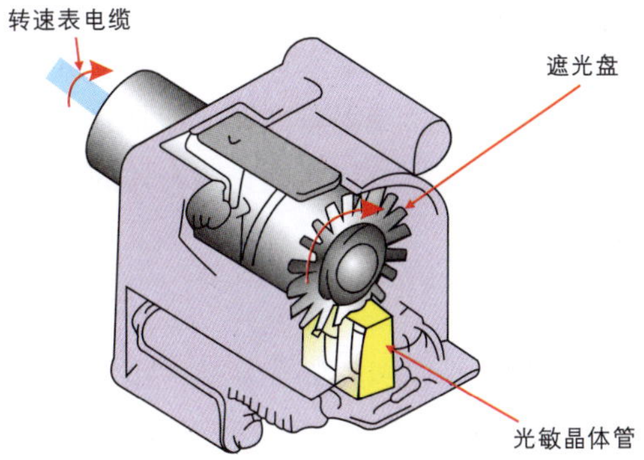

图 5-6 光电式车速传感器的结构

当遮光盘遮住发光二极管发出的光时，光不能照射到光敏晶体管上，光敏晶体管处于截止状态。这时晶体管 VT 也是截止的，传感器输出 5V 电压（高电平），如图 5-7（a）所示。当遮光盘未遮住发光二极管发出的光时，光照到光敏晶体管上， 光敏晶体管处于导通状态。此时晶体管 VT 基极有电流经过，VT 导通，传感器输出 0V 电压（低电平），如图 5-7（b）所示。

在遮光盘上有 20 个切槽，因此遮光盘每转一周，传感器就会向外输出 20 个脉冲。

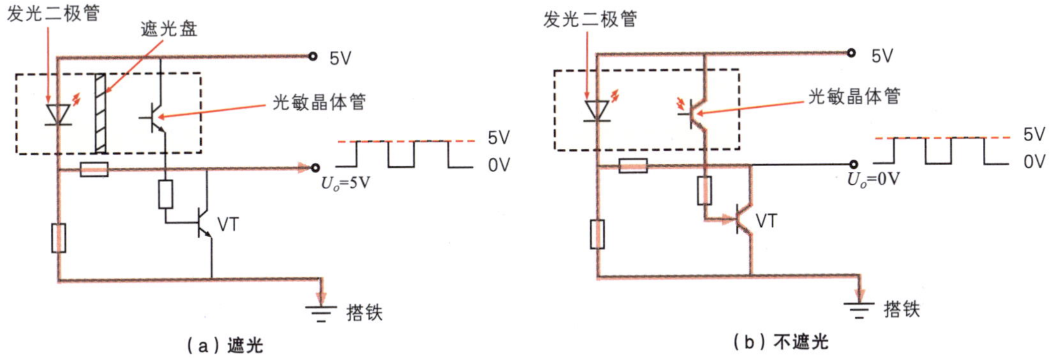

图 5-7 光电式车速传感器的工作原理

3）发动机转速传感器

发动机转速传感器除测量转速外，还可以测量发动机曲轴角度位置，如图 5-8 所示。发动机转速传感器由信号转子、永久磁铁和信号线圈组成，信号转子上带有凸起或凹槽，当转子旋转时，它与线圈铁芯之间的气隙是变化的，于是通过信号线圈的磁通也发生变化，在信号线圈的两端产生感应电压。感应电压的频率与发动机的转速成正比。如果将此感应交流电压作为输入信号输至转速表内，经 IC 电路放大、整形后，可使转速表指示发动机转速。

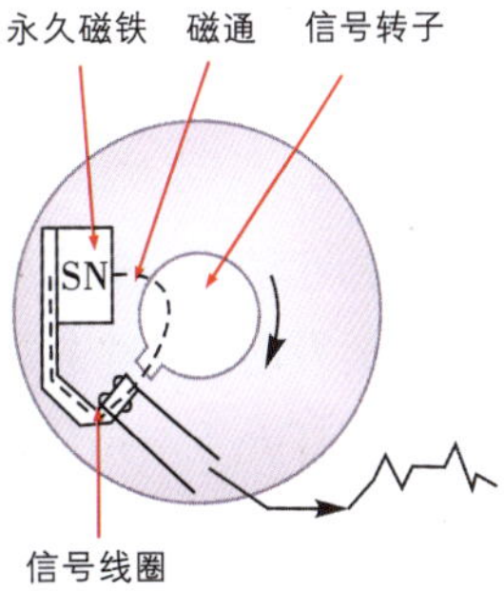

图 5-8 发动机转速传感器

4）输入轴转速传感器

输入轴转速传感器与车速传感器类似，也是一种电磁感应式转速传感器。

输入轴转速传感器安装在行星齿轮机构输入轴（液力变矩器涡轮输出轴）附近或与输出轴连接的离合器毂附近的壳体上，用于检测输入轴转速，并将信号送入自动变速器 ECU，以便于更精确地控制换挡过程。它还提供变矩器涡轮的转速信号，与发动机转速即变矩器泵轮转速信号进行比较，计算出变矩器的传动比，以优化锁止离合器的控制过程，减小换挡冲击，改善汽车的行驶平顺性。

5）发动机冷却液温度传感器

发动机冷却液温度传感器的外壳以螺纹旋入发动机冷却系统，通常位于冷却系统中靠近节温器的地方。该传感器是一个电阻值随发动机冷却液温度的变化而变化的热敏电阻。

发动机工作时，自动变速器 ECU 为发动机冷却液温度传感器提供一个 5V 左右的参考电压。如果冷却液温度低，则传感器的电阻值高；冷却液温度正常，传感器的电阻值又会变低。传感器电阻值的变化使参考电压值有所下降，但总是以低于 5V 参考电压的返回电压作为传感器信号传至发动机 ECU。通过比较返回的信号电压与参考电压的差值，发动机 ECU 便可知发动机工作状态下的冷却液温度。

6）自动变速器油温度传感器

自动变速器油温度传感器安装在自动变速器油底壳内的液压阀阀体上，用于连续监控自动变速器油的温度。他是自动变速器 ECU 进行换挡控制、油压控制、锁止离合器控制的依据。

在汽车起步或低速大负荷行驶时，液力变矩器转速比小，效率低，发热严重，造成油温高，因而在超过某一温度界限时，变速器要在较高的发动机转速下才开始换挡。随着汽车车速的提高，变矩器的转速比增大，发热减少，油温下降，自动变速器又重新开始执行正常的换挡行驶程序。

自动变速器油温度传感器的内部有一个热敏电阻，它是利用热敏电阻的阻值随温度变化而变化这一特性来检测油温的。该热敏电阻通常为具有负温度系数的热敏电阻，即温度越高，阻值越小。自动变速器 ECU 根据其阻值的变化计算出自动变速器油的温度。

2. 控制开关

在自动变速器电子控制系统中有许多控制开关，它们向 ECU 输送控制信号，作用相当于传感器。常见的控制开关有：空挡起动开关、强制降挡开关、制动灯开关、超速挡开关、模式开关和挡位开关等。

1）空挡起动开关

空挡起动开关的主要作用是防止发动机在驱动挡位时起动，也就是只有自动变速器在 N 挡或 P 挡时发动机才能起动。

选挡杆处于空挡或驻车位置时，空挡起动开关接通，便向电控单元输送起动信号，使发动机能够起动。如果选挡杆位于除 N 挡和 P 挡以外的其他挡位，则空挡起动开关断开，此时发动机不能起动，这样可以保证使用安全。

当选挡杆在不同位置时，空挡起动开关便接通相关电路，电控单元根据相关电路的信号，控制变速器进行自动换挡。

2）强制降挡开关

强制降挡开关的主要作用是检测油门踏板是否超过节气门全开位置。

过去强制降挡开关一直被安装在油门踏板的下方，只有当节气门开度达到 90% 时，才由节气门拉索机械控制降挡阀阀体，使换挡油路导通，从 4 挡降为 3 挡，或者从 3 挡降为 2 挡，或者从 2 挡降为 1 挡，即只能一级一级地往下降。

而现在的车型中，因为多使用电子节气门，油门踏板采用传感器形式，变速器设计得也更加完善，在踩油门的时候，ECU 会根据当时的节气门开度、车速、发动机转速等数据，通过控制电磁阀来控制变速箱的跳挡，会跳低一个挡，或者跳低两个挡。

3）制动灯开关

制动灯开关除控制制动灯外，还向自动变速器控制单元提供信号控制锁止离合器。当制动踏板被踩下时，制动灯开关闭合，该制动信号被输送到电控单元，此时锁止离合器分离，这样可以防止突然制动时发动机熄火。

4）超速挡开关

超速挡开关如图 5-9 所示，当该开关打开后，接通超速挡控制电路，这时如果操纵手柄位于 D 位，自动变速器的挡位将随着车速的上升而升高，最高可升入 4 挡（超速挡）。如果超速挡开关关闭，将断开超速挡控制电路，仪表板上的“O/D OFF”指示灯将亮起（说明超速挡的使用被限制），自动变速器的挡位将随着车速的提升而升高，这时的挡位最高只能升入 3 挡，不可升入超速挡。

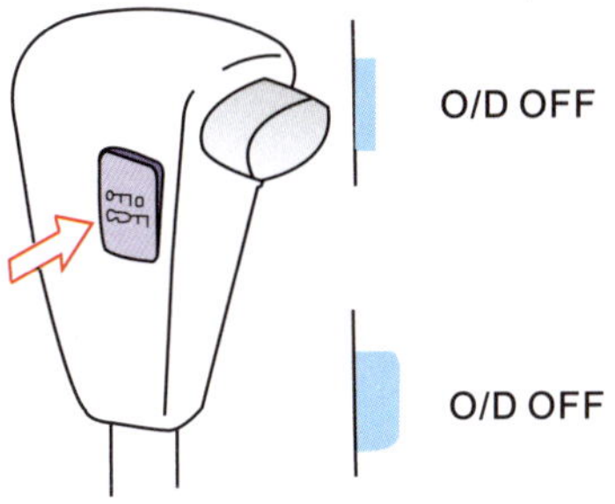

图 5-9 超速挡开关

5）模式开关

驾驶员可根据不同的情况使用模式开关来选择自动变速器的控制模式。自动变速器的换挡规律称为控制模式，常见的自动变速器控制模式有经济模式、动力模式、标准模式、手动挡模式和雪地模式等。

这几种控制模式并非每一辆配备自动变速器的汽车都有。一般自动变速器只具备其中的一些模式，主要依具体车型而定。

6）挡位开关

挡位开关是用于检测换挡杆位置的，如图 5-10 所示。它一般安装在自动变速器手动阀摇臂轴上或换挡杆的下方。挡位开关上有几个位置，每个位置对应相应的挡位。自动变速器 ECU 根据开关位置来判断换挡杆的挡位，从而按照不同的程序控制自动变速器的工作。

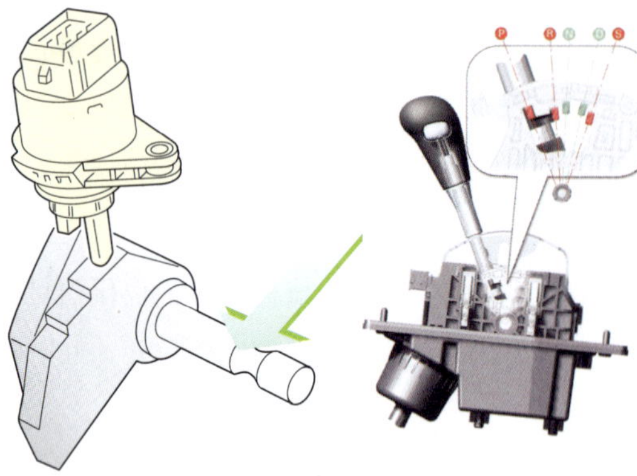

图 5-10 挡位开关

7）变速器油温开关

一般在装有电子制动 / 牵引控制模块的自动变速器中设有油温开关，它向电子制动 / 牵引控制模块输入信号。当变速器油温过高时，油温开关自动断开，且提供信号给电子制动 / 牵引控制模块，这时“牵引停止”（TRACTION OFF）指示灯亮，让制动器和变速器冷却。变速器油温降到一定值时，变速器油温开关自动重新接通。

3. 电子控制单元

电子控制单元（ECU）的核心部分是微型计算机（或叫单片机）。ECU 是自动变速器电子控制系统的控制中枢。

微型计算机内部的结构如图 5-11 所示，它主要由中央处理器（CPU）、只读存储器（ROM）、随机存储器（RAM）、输入 / 输出（I/O）接口及总线等组成。

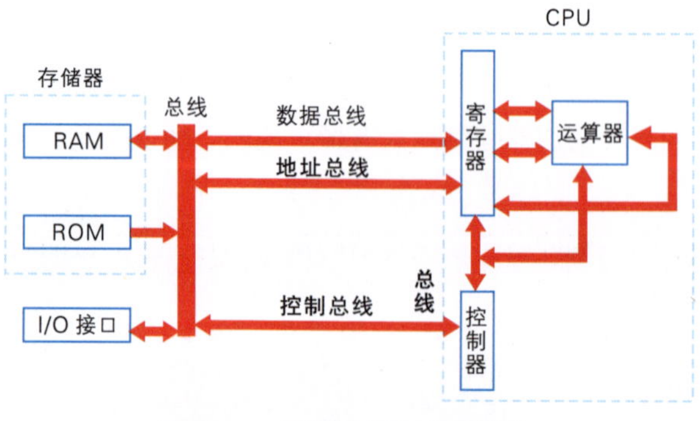

图 5-11 微型计算机内部结构

CPU 的内部主要有运算器、寄存器和控制器。运算器的主要功能是实现数据和逻辑运算，寄存器用于暂时存储程序或数据，控制器主要按照监控程序和应用程序控制计算机的内部工作。

ROM 是只能读不能写的存储器，主要用于存储制造厂家编制的控制程序、应用程序和一些原始实验数据。这种存储器在切断电源的情况下，内部的信息也不会丢失。

RAM 既能读也能写，主要用于临时存放一些数据（如故障码等）。与 ROM 不同，这种存储器在切断电源后，内部的信息将会丢失。

I/O 接口与计算机外部设备相连，使计算机与外部设备（传感器、执行器）进行数据交换和下达控制命令。

总线用于 CPU、ROM、RAM 及 I/O 接口之间的信息交换。按照分工的不同，总线可分为地址总线、数据总线和控制总线。

自动变速器电子控制单元通常是单独使用的，但有的和发动机电子控制单元合在一起，依具体车型而定。

虽然每种车型自动变速器电子控制装置的形式、布置和控制程序都有所差异，传感器、执行器和控制开关的差别也较大，但是在控制内容上仍有相似之处。

4. 执行器

1）开关式电磁阀（见图 5-12）

在液力式电子控制自动变速器中，计算机根据各传感器和开关提供的信号，控制各电磁阀的接通和断开。开关式电磁阀的作用是开启和关闭自动变速器油路，可用于控制换挡阀及液力变矩器的锁止离合器锁止阀。开关式电磁阀由电磁线圈、阀球、阀芯和回位弹簧等组成，如图 5-12 所示。

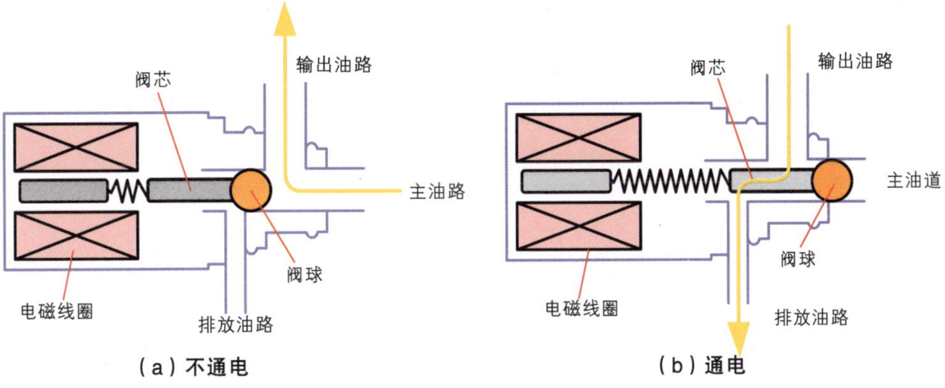

图 5-12 开关式电磁阀

工作原理：当线圈不通电时，阀芯被油压推开，阀球在油压作用下关闭泄油孔，打开进油孔，使主油路中的压力油进入输入油路；当线圈通电时，电磁力使阀芯右移，推动阀球关闭主油路，打开泄油孔，输入油路与排放油路相通，输入油路中的压力油由排放油路泄出。

2）脉冲式电磁阀

脉冲式电磁阀的作用是控制油路中油压的大小。它的结构与开关式电磁阀很相似，也由电磁线圈、衔铁、阀芯等构成，如图 5-13 所示。

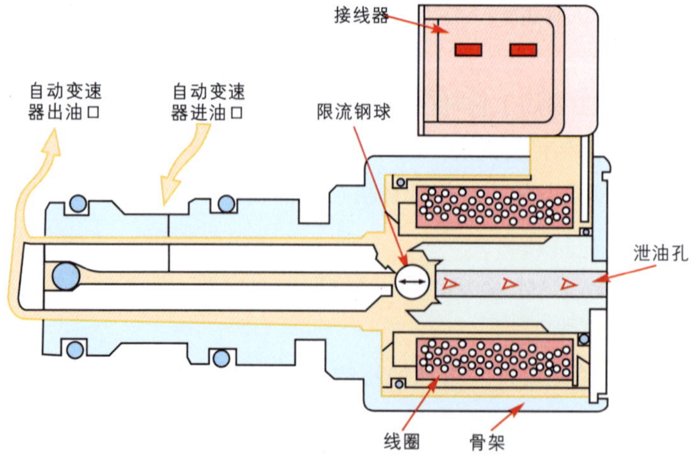

图 5-13 脉冲式电磁阀

脉冲式电磁阀的工作原理：电磁阀在脉冲电信号的作用下，以一定的频率（一般为 50 Hz）不断反复地开启和关闭泄油孔，以达到控制油路压力的目的。电磁阀线圈通过改变每个循环的准时率（0~100%），来调节电流接通和断开的时间比例（或称占空比），将油路压力保持在所需要的范围内。

如果在一个脉冲周期内，通电的时长为 $T_{通}$，断电的时长为 $T_{断}$，则占空比 $=T_{通}/(T_{通}+T_{断})\times 100\%$，因此占空比在 0~100% 变化。占空比越大，经电磁阀泄出的自动变速器油就越多，油路压力就越低；反之，占空比越小，油路压力就越高。

脉冲式电磁阀由自动变速器电子控制单元控制，一般应用在主油路或蓄压器背压油路中。在自动变速器自动升挡及降挡瞬间，或者在锁止离合器接合及分离动作开始时，脉冲式电磁阀消除油压的波动，减少换挡和接合、分离冲击，使车辆行驶更平稳。

与开关式电磁阀的不同之处：控制脉冲式电磁阀工作的电信号不是恒定不变的电压信号，而是一个频率固定的脉冲电信号。

3）选挡指示器

它一般设置在换挡杆旁边和仪表板上，有的用指针显示，有的用灯光显示。现在的车辆上灯光显示更为普遍。

五、电子控制自动变速器的工作原理

电子控制装置是控制系统的核心，它利用电子自动控制原理，通过传感器将汽车行驶速度和发动机负荷等参数转变为电信号，计算机根据这些电信号做出是否需要换挡的判断，并按照设定的控制程序发出换挡指令，操纵各种电磁阀（换挡电磁阀、油压电磁阀等）去控制阀板总成中各个控制阀的工作（接通或切断换挡控制油路），驱动离合器、制动器、锁止离合器等液力执行元件，从而实现对自动变速器的全面控制。

1. 换挡控制

换挡控制即控制自动变速器的换挡时刻，也就是在汽车达到某一车速时，让自动变速器升挡或降挡。自动变速器 ECU 可以让自动变速器在汽车的任何行驶条件下都按最佳换挡时刻进行换挡，从而使汽车的动力性和经济性等指标达到最佳。

汽车自动变速器的换挡杆或模式开关处于不同位置时，对汽车的使用要求不同，换挡规律也不同，通常计算机将汽车在不同使用要求下的最佳换挡规律以自动换挡图的形式存储在存储器中。自动换挡控制原理框图如图 5–14 所示。

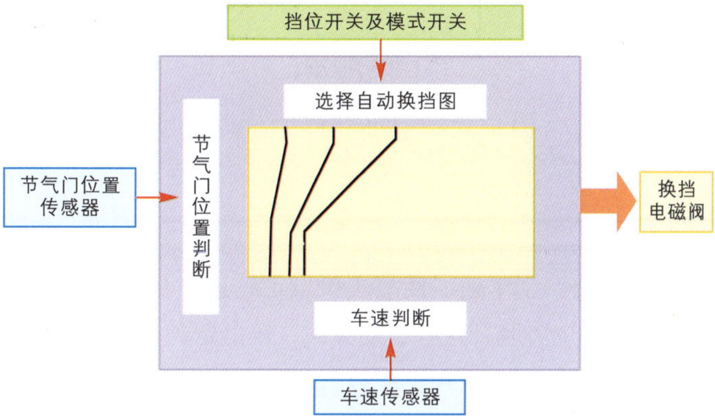

图 5–14 自动换挡控制原理图

自动换挡控制过程：汽车在行驶时，计算机根据模式开关和操纵手柄的信号从存储器中选出相应的自动换挡图，再将车速传感器、节气门位置传感器测得的车速、节气门开度等信号与所选的自动换挡图进行比较。当在一定节气门开度下行驶的汽车达到设定的换挡车速时，计算机便向换挡电磁阀发出电信号，由电磁阀的动作决定压力油通往各操纵元件的流向，以实现挡位的自动变换。

在汽车行驶过程中，ECT ECU 随时接收的信息包括：挡位开关提供的选挡操纵手柄的位置（“D”“2”或“L”位）信号、驱动模式选择开关提供的驾驶员选择的换挡规律（“NORM”“PWR”或“ECON”）信号、节气门位置传感器提供的发动机节气门开度（发动机负荷）信号，车速传感器提供的汽车行驶速度信号。除此之外，还要接收发动机 ECU 和巡航控制 ECU 输送的解除超速行驶信号。如图 5–15 所示为换挡时机控制过程框图。

ECT ECU 首先根据空挡起动开关提供的选挡操纵手柄在前进挡（“D”“2”或“L”）的位置信号和驾驶员选择的驱动模式开关信号选择换挡规律，再将节气门位置传感器和车速传感器输入的信号与预先存储在只读存储器（ROM）中的节气门开度和车速数据进行比较，从而确定换挡时间。自动变速器中换挡离合器和制动器的控制油路，使离合器和制动器接合或分离，从而实现自动换挡。

当车速和节气门开度符合选定换挡规律的最佳换挡时机时，立即向 No.1、No.2 电磁阀发出通电或断电指令，控制阀体中的换挡阀动作；换挡阀阀芯移动时，就会接通或关闭行星齿轮变速机构中换挡离合器和制动器的控制油路，使离合器和制动器接合或分离，从而实现自动换挡。

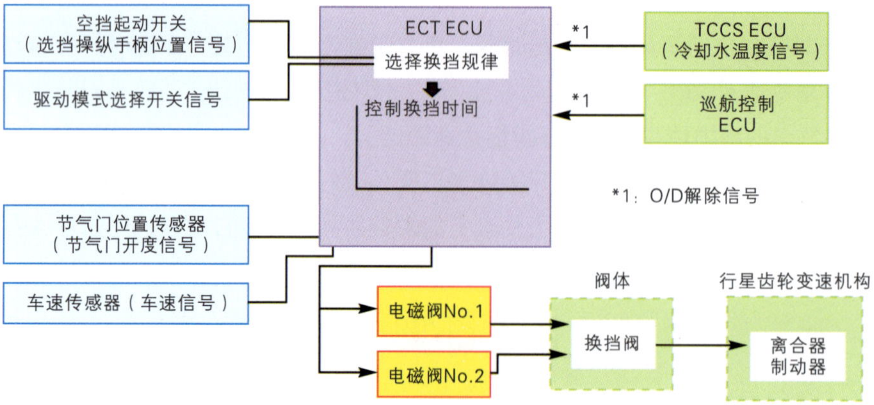

图 5-15 换挡时机控制过程框图

2. 车速控制

电子车速控制系统能自动控制车速，使汽车按设定的速度稳定行驶，无须驾驶员反复调节节气门开度。当然，在必要时也可脱开这种自动方式，转由驾驶员控制车速。

电子车速控制系统由电子控制单元和真空执行机构组成，后者包括真空调节器、节气门驱动伺服膜盒、车速控制开关和制动踏板上的真空解除开关等部分，如图 5-16 所示。

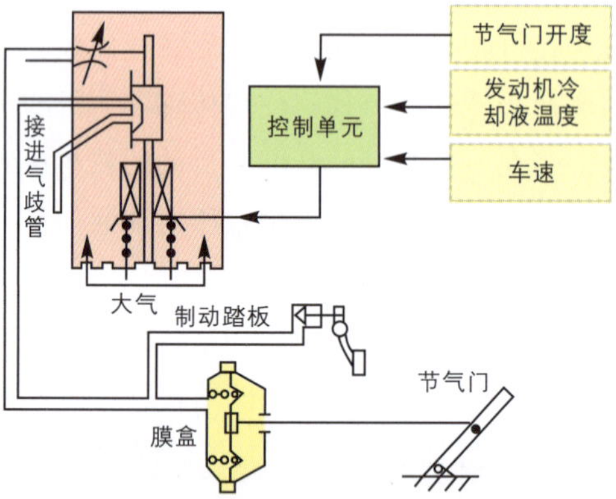

图 5-16 电子车速控制系统

ECU 按车速传感器提供的车速信号，控制真空执行机构工作。根据 ECU 的输出信号，电磁阀可调节进入该机构的新鲜空气量，从而能控制膜盒内的真空度。当车速低时，真空调节器供给的空气量减少，使膜盒内的真空度升高，通过膜片的移动，使节气门开大。反之，当车速高于控制车速时，真空调节器供给的空气量就会增加，膜盒内的真空度降低，使节气门开度减小。

正常行驶时，在发动机进气管负压和真空调节器供给定量空气的共同作用下，膜盒内保持一定的真空度，控制汽车按预定速度稳定行驶。

当汽车以巡航方式在超速挡行驶时，若实际行驶车速低于标准车速 4km/h 以上，巡航控制单元将向 ECU 发出信号，要求自动退出超速挡。这种控制功能还可以防止自动变速器在发动机冷却液温度低于 60℃时进入超速挡工作。

3. 自动模式控制

在有模式开关的电子控制自动变速器上，驾驶员可以通过该开关来改变自动变速器的控制模式，目前一些新型的电子控制自动变速器由于采用了新型计算机，具有很强的运算和控制功能，并具有一定的智能控制能力，因此这种自动变速器取消了模式开关，由计算机进行自动模式选择控制。计算机通过各个传感器测得汽车行驶状况和驾驶员的操作方式，经过运算分析，自动选择采用经济模式、动力模式或普通模式进行换挡控制，以满足不同的行驶要求。

4. 锁止离合器控制

自动变速器 ECU 内存储有不同行驶模式下控制锁止离合器工作的程序，根据车速传感器和节气门位置传感器发出的信号，自动变速器 ECU 可以控制锁止电磁阀的开和关，从而控制锁止离合器的接合或分离。

自动变速器 ECU 在以下几种情况下可强制解除锁止：当汽车采取制动或节气门全闭时，为防止发动机熄火，自动变速器 ECU 切断通向锁止电磁阀的电路，强行解除锁止；在自动变速器升降挡过程中，自动变速器 ECU 暂时解除锁止，以减小换挡冲击；如果发动机冷却液的温度低于 60℃，锁止离合器应处于分离状态，加速变速器预热，提高总体驾驶性能。

目前许多新型电子控制自动变速器采用脉冲式电磁阀作为锁止电磁阀，自动变速器 ECU 在控制锁止离合器接合时，通过改变脉冲电信号的占空比，让锁止电磁阀的开度逐渐增大，以减小锁止离合器接合时产生的冲击，使锁止离合器的接合过程变得柔和。

5. 换挡品质控制

在自动变速器换挡时，自动变速器 ECU 发出延迟发动机点火的信号，通过控制发动机转矩来保证换挡平顺。另外，自动变速器 ECU 还可通过调压电磁阀调节行星齿轮系统执行机构的工作压力，使执行元件柔和地接合，进一步提高换挡品质。

电子控制技术在自动变速器上的应用可以改善换挡品质，提高车辆的乘坐舒适性。目前常见的改善换挡品质的控制方法有减扭控制、换挡油压控制和 N–D 换挡控制等。

1）减扭控制

在自动变速器换挡的瞬间由于发动机延迟点火时间或减少喷油量，发动机的输出扭矩会暂时减小，这样能够有效减少换挡冲击和汽车加速度出现的波动，这就是减扭控制。

减扭控制过程如下：在自动变速器升挡或降挡的瞬间，挡位开关向自动变速器 ECU 发送换挡信号，自动变速器 ECU 再通过总线向发动机 ECU 提供换挡信号；发动机 ECU 接收到这一信号后立即对火花塞或喷油器进行控制，延迟点火时间或减少喷油量。

2）换挡油压控制

为了减小换挡冲击，达到改善换挡品质的目的，在升挡或降挡的瞬间，ECU 控制油路压力阀适当降低主油路油压。还有一些自动变速器电子控制系统在换挡时由 ECU 控制电磁阀减小减振器活塞的背压，以减缓离合器或制动器液压缸内油压的升高速度，达到减小换挡冲击的目的。

3）N–D 换挡控制

N–D 换挡控制在选挡杆从 N 挡或 P 挡换入 D 挡或 R 挡，或者相反地从 D 挡或 R 挡换入 P 挡或 N 挡时应用。它通过调整发动机的喷油量，将发动机的转速变化降至最低程度，以改善换挡品质。如果没有这种控制，当自动变速器选挡杆由 N 挡或 P 挡进入 D 挡或 R 挡时，发动机负荷增大，转速随之下降；反之，由 D 挡或 R 挡进入 N 挡或 P 挡时，发动机负荷减小，转速也将上升。具有 N–D 换挡控制功能的自动变速器在进行这种操作时，如果输入轴转速传感器所测得的转速变化超过规定值，自动变速器 ECU 将发送 N–D 换挡控制信号给发动机 ECU，发动机 ECU 根据此信号控制喷油器喷油量（增大或减小），以防止发动机转速变化过大。

6. 使用输入轴转速传感器的控制

现在很多自动变速器电子控制系统都设有输入轴转速传感器，通过该传感器能够检测自动变速器输入轴（液力变矩器输出轴）的转速。这样可以计算出变矩器的传动比（泵轮和涡轮的转速之比）及自动变速器的传动比，使系统可以更精确地控制自动变速器的工作，特别是换挡油压控制、减扭控制和锁止离合器控制。利用输入轴转速进行计算，可使这些控制更加精确，从而获得最佳换挡效果和乘坐舒适性。

7. 油压控制

电液式控制系统中的主油路油压也是由主油路调压阀调节的，并且主油路油压应随发动机负荷增大而升高，以满足传递大功率时对离合器、制动器等执行元件液压缸工作压力的要求。

目前不少新型电控式自动变速器的电液式控制系统已完全取消了由节气门拉索或节气门真空阀控制的节气门阀，而以一个油压电磁阀来产生节气门油压。油压电磁阀是脉冲式电磁阀，计算机根据节气门位置传感器测定的节气门开度，控制发往油压电磁阀的脉冲信号的占空比，以改变油压电磁阀排油孔的开度，使主油路油压随节气门开度而变化。节气门开度越大，脉冲电信号的占空比越小，油压电磁阀的排油孔开度越小，节气门油压也就越大。节气门油压被作为控制油压反馈到主油路调压阀，使主油路调压阀随着节气门开度的变化调节主油路压力，以获得不同发动机负荷下主油路压力的最佳值，并将驱动油泵所需的动力减到最小。

8. 发动机制动控制

现在一些新型电控式自动变速器的强制离合器或强制制动器（为利用发动机的制动作用而设置的执行元件）的工作也是由计算机通过电磁阀来控制的。计算机按照设定的控制程序，在操纵手柄位置、车速、节气门开度等满足一定条件时，向强制离合器电磁阀或强制制动器电磁阀发出电信号，打开强制离合器或强制制动器的控制油路，使之接合或制动，让自动变速器具有反向传递动力的能力，从而在汽车滑行时可以实现发动机制动。

9. 故障自诊断系统

自动变速器电子控制系统中的某个传感器出现故障，不能向 ECU 传送信号，或者某个执行器损坏，无法执行自动变速器 ECU 的控制命令，便会直接影响 ECU 对自动变速器的控制，使变速器不能正常工作。为了能够及时发现系统故障，在系统内设有专门的子系统——故险自诊断系统。在汽车行驶过程中，故障自诊断系统会不停地监测自动变速器电子控制系统中所有传感器和执行器的工作情况。一般情况下，故障自诊断系统一旦发现某个传感器或执行器有故障或工作异常，仪表盘上的自动变速器故障警告灯就会亮起，以提醒驾驶员及时将汽车送至修理厂维修。

故障自诊断系统将检测到的故障内容以故障码的形式存储在自动变速器 ECU 的 RAM 中，只要不中断自动变速器 ECU 的电源，RAM 中的故障码就不会消失，即使是汽车行驶中偶尔出现一次故障，故障自诊断系统也会及时地检测到并保存下来。在修理时，维修人员可以读取存储在自动变速器 ECU 内的故障码，以便快速诊断与排除故障。

10. 失效保护

在自动变速器 ECU 中一般会设有失效保护程序，该程序在自动变速器电子控制系统出现故障后，能够保持汽车的基本行驶能力。当然，在这种状态下，自动变速器的工作性能会受到一些影响。

当传感器出现故障后，常见的失效保护功能如下。

1）节气门位置传感器

当节气门位置传感器出现故障时，自动变速器 ECU 以怠速开关的状态为依据来进行控制：当怠速开关断开（油门踏板被踩下）时，按节气门开度的 50% 进行控制，同时节气门油压按最大值输出；当怠速开关闭合（油门踏板完全放松）时，按节气门全闭状态进行控制，同时节气门油压按最小值输出。

2）车速传感器

车速传感器出现故障时，自动变速器 ECU 不能进行自动换挡控制，这时的自动变速器挡位由换挡杆所处的位置决定：如果换挡杆在 D 挡或 S（或 2）挡，则自动变速器挡位为超速挡或 3 挡；若换挡杆在 L（或 1）挡，则自动变速器挡位为 2 挡或 1 挡；或不管换挡杆在前进挡的任何位置，均为 1 挡，以保持汽车最基本的行驶能力。在有两个车速传感器的车上，当其中一个出现故障时，可用另一个的信号来代替。例如，大众 01M 型自动变速器的车速传感器出现故障时可用输入轴转速传感器的信号来代替。

3）输入轴转速传感器

输入轴转速传感器出现故障时，自动变速器 ECU 将停止减扭控制，会造成换挡冲击增大。

4）自动变速器油液温度传感器

如果自动变速器油液温度传感器出现故障，自动变速器 ECU 则会按自动变速器油液温度为

80℃进行控制。

当执行器出现故障，自动变速器 ECU 常采取的失效保护功能如下。

当换挡电磁阀出现故障时，不同的控制方式会有不同的失效保护功能，一种是换挡电磁阀（一个或几个）一旦出现故障，自动变速器 ECU 就停止所有换挡电磁阀的工作，这时自动变速器挡位将完全取决于选挡杆的位置：选挡杆在 D 挡或 S（或 2）挡时，自动变速器的挡位是 3 挡；选挡杆在 L（或 1）挡时则为 2 挡。第二种是全部换挡电磁阀中有若干个出现故障时，自动变速器 ECU 控制其他无故障的换挡电磁阀工作，可以保证自动变速器的某些挡位仍能自动升挡或降挡，升挡或降挡规律有所变化。

六、电子控制自动变速器的检修

1. 车速传感器和输入轴转速传感器

车速传感器与输入轴转速传感器的结构和工作原理相同，其检修方法也一致，即通过各种测量方法判断其工作性能是否正常。

1）车速传感器或输入轴转速传感器的感应线圈电阻值的测量

（1）拔下车速传感器或输入轴转速传感器线束插头。

（2）用万用表测量车速传感器或输入轴转速传感器两接线端之间的电阻值。不同车型自动变速器的这种传感器感应线圈的电阻值不完全相同，通常为几百欧到几千欧。如果感应线圈短路、断路或电阻值不符合标准，应更换传感器。

2）车速传感器或输入轴转速传感器的输出脉冲的测量

测量车速传感器输出脉冲时，可用千斤顶将汽车一侧的驱动轮顶起，让操纵手柄位于空挡位置，用手转动悬空的驱动轮，同时用万用表测量车速传感器两接线柱之间有无脉冲感应电压。测量时，应将万用表选择开关转至 1V 以下的直流电压挡或电阻挡。若在转动车轮时万用表指针摆动，说明传感器有输出脉冲，其工作正常；否则，应更换传感器。

测量输入轴转速传感器输出脉冲时，应将传感器拆下，用一根铁棒或一块磁铁迅速靠近或离开传感器，同时用万用表测量传感器两接线柱之间有无脉冲感应电压。如没有感应电压或感应电压很微弱，说明传感器有故障，应更换。

2. 水温传感器和液压油温度传感器

水温传感器和液压油温度传感器的内部都有一个半导体热敏电阻，其检修方法相同。

（1）拆下水温传感器或液压油温度传感器。

（2）将传感器置于盛有水的烧杯中，加热杯中的水，同时测量在不同温度下传感器两接线端之间的电阻值，如图 5-17 所示。

（3）将测量的电阻值与标准相比较。如不符合标准，则应更换传感器。

图 5–17 水温传感器和液压油温度传感器的检测

3. 挡位开关

（1）用举升器将汽车升起。

（2）拆下连接在自动变速器手动阀摇臂和操纵手柄之间的连杆。

（3）拔下挡位开关的线束插头。

（4）将手动阀摇臂拨至各个挡位，同时用万用表测量挡位开关线束插座内各插孔之间的导通情况。

（5）将测量结果与标准进行比较。如有不符，应重新调整。

4. 开关式电磁阀

1）开关式电磁阀的就车检查

（1）用举升器将汽车升起。

（2）拆下自动变速器的油底壳。

（3）拔下电磁阀的线束插头。

（4）用万用表测量电磁阀线圈的电阻值，如图 5–18（a）所示。自动变速器开关式电磁阀线圈的电阻值一般为 10~30Ω。若电磁阀线圈短路、断路或电阻值不符合标准，应更换。

（5）将 12V 电源施加在电磁阀线圈上，如图 5–18（b）所示，此时应能听到电磁阀工作的“咔嗒”声；否则，说明阀芯卡住，应更换电磁阀。

2）开关式电磁阀的性能检验

（1）拆下电磁阀。

（2）将压缩空气吹入电磁阀进油孔。

（3）当电磁阀线圈不接电源时，进油孔和泄油孔之间应不通气；否则，说明电磁阀损坏，应更换。

（4）接上电源后，进油孔和泄油孔之间应相通；否则，说明电磁阀损坏，应更换。

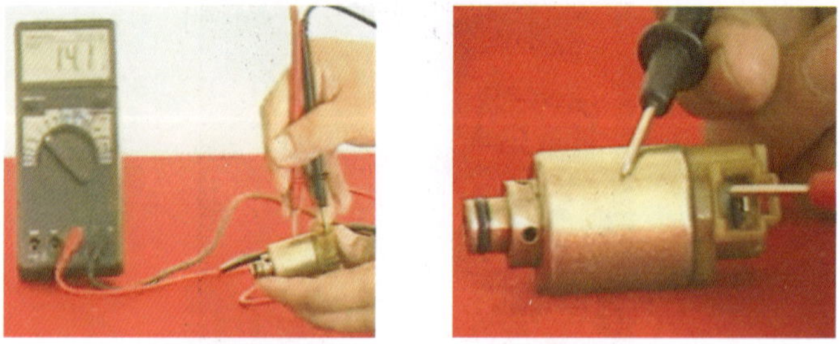

（a）测量电阻值　　　　（b）检测是否工作

图 5-18 开关式电磁阀的检测

5. 脉冲式电磁阀

1）就车检查

（1）用举升器将汽车升起。

（2）拆下自动变速器的油底壳。

（3）拔下电磁阀的线束插头。

（4）用万用表测量电磁阀线圈电阻值，如图 5-19 所示。脉冲式电磁阀的线圈电阻值较小，一般为 2~6Ω。若电磁阀线圈短路、断路或电阻值不符合标准，应更换电磁阀。

2）性能检验

（1）拆下脉冲式电磁阀。

（2）将蓄电池电源串联一个 8~10W 的灯泡，然后与电磁阀线圈连接（脉冲式电磁阀线圈电阻值较小，不可直接与 12V 电源连接，否则会烧毁电磁阀线圈）。

（3）在通电时，电磁阀阀芯应向外伸出；断电时，电磁阀阀芯应向内缩入，如图 5-20 所示。如有异常，说明电磁阀损坏，应更换。

脉冲式电磁阀的另一种检验方法是采用可调电源。将可调电源与电磁阀线圈连接。调整电源的电压，同时观察阀芯的移动情况。当电压逐渐升高时，阀芯应随之向外移动；当电压逐渐降低时，阀芯应随之向内移动。否则，说明电磁阀损坏，应更换。在检验中应注意保持电源的电流不超过 1A。

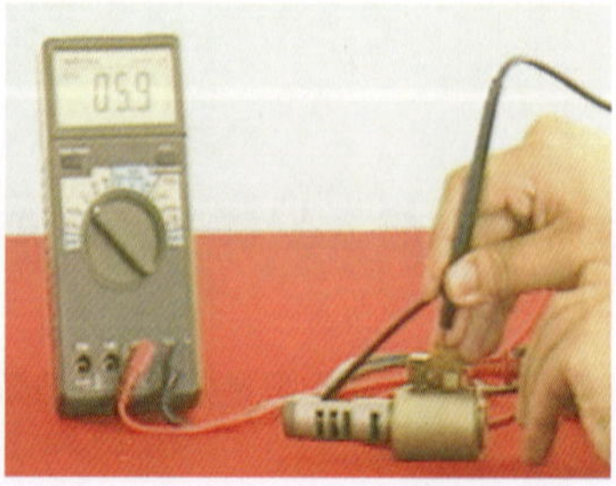

图 5-19 脉冲式电磁阀的旧车检查

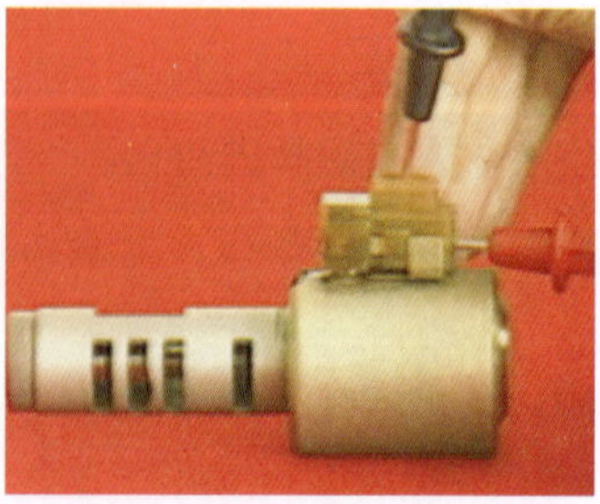

图 5-20 脉冲式电磁阀的性能检测

七、电子控制自动变速器的性能检测

对有故障的电子控制自动变速器，应先进行性能检测，以确认其故障范围，为进一步的分解、修理提供依据。修理完毕后，再进行全面的性能检测，以保证电子控制自动变速器的各项性能指标达到标准要求。

电子控制自动变速器的性能检测包括 5 项内容，即一般检测、失速检测、时滞检测、液压检测道路检测。

1. 一般检测

一般检测的目的是检测电子控制自动变速器是否具备正常工作的能力。一般检测的基本前提是发动机工作正常，底盘性能良好，特别是制动系统工作正常。

1）发动机怠速检验

发动机处于 N 挡，怠速参数应符合规定。

（1）怠速转速过低：在挡位转换时，轻者引起车身振动，重者造成发动机熄火。

（2）怠速转速过高：在 D 挡、R 挡，不踩加速踏板即会出现严重的“爬行”状况，换挡时发生冲击和振动现象。一般情况下，怠速转速过高的原因可能是怠速失调或空调系统未关闭。对大功率的发动机来说，有轻微“爬行”是正常的。

2）液压油液位检验

在发动机怠速工况下，将手柄从 P、R、N、D 各挡操作一遍，再回到 P 挡，然后拔出油尺查看液位。

（1）液位过高：可能会从加油管或通风管喷油，严重时致使机罩内起火；控制阀阀体上的排油孔被堵塞，排油不畅，影响离合器、制动器平顺分离，造成换挡不稳；如注油过多，可以从加油管吸出或放出多余部分。

（2）液位过低：离合器和制动器打滑，加速性能变差，行星齿轮系统润滑不良。

3）节气门全开检验

将加速踏板踩到底，节气门应全开，即全程控制，否则会导致以下问题：高速大负荷时，功率输出不足，达不到最高车速；加速性能变差；影响强制低挡投入工作的时间。

如不符合要求，应对传动系统进行调整。

4）节气门拉索的检验

节气门全开时，节气门的拉索标记距其套管的距离为 1mm，说明这两个阀已全程控制。拉索的松紧变化是车身和电子控制自动变速器相对位置变化所造成的，应及时检查调整，否则将会出现下列情况。

如果标记进入套管内，说明节气门拉索过紧，节气门过早工作，致使换挡点滞后，只有在

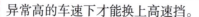

异常高的车速下才能换上高速挡。

如果标记距离套管过远，说明节气门拉索过松，节气门过晚工作，致使换挡点提前，在异常低的车速下就能换上高速挡。

5）空挡起动开关的检验

检查手柄和手动控制阀的位置是否对应，以确保手柄在 N 挡或 P 挡时，起动机开关导通，起动顺畅。

6）超速挡控制开关的检验

电子控制自动变速器的油温正常（一般在 50~80℃），将发动机熄火，打开点火开关，接通超速挡控制开关，查听电子控制自动变速器中心电磁阀有无动作声。

在进行路试时，车速应明显升高。

2. 失速检测

1）失速检测的目的

检查发动机输出功率的大小、变矩器性能的好坏和电子控制自动变速器的离合器及制动器是否打滑。

2）失速检测的方法

用驻车制动器或行车制动器将车轮制动，手柄处在 D 挡或 R 挡，油温应为 50~80℃的正常温度，发动机怠速运转，猛踩一脚加速踏板，使节气门全开运转，时间不超过 5s，测试次数不超过 3 次，读出发动机转速值，该转速值称为失速转速，一般为 2000r/min 左右。

3）失速检测的性能分析

此时变矩器的涡轮已制动，也就是“失速点”出现。发动机的能量全部转变为液体动能，冲击和摩擦热都很大，故时间不超过 5s，测试次数不超过 3 次，以防止油温急剧升高损坏变矩器。

（1）发动机转速等于 2000r/min 时，为正常状态。

（2）D 挡和 R 挡转速相同，均低于规定值， 说明发动机功率不足。例如，发动机转速低于规定值，但高于 600r/min，说明变矩器导轮的单向自由轮打滑，泵轮油液冲击涡轮后又直接冲击泵轮，加大了泵轮的负荷。

（3）D 挡和 R 挡的转速都超过规定值，由于油泵油压过低、油量不足、油质过差、主油路压力低等原因，造成离合器和制动器打滑。如果转速过高（高于规定值 500r/min 以上），则可能是变矩器已损坏失效。

（4）D 挡转速高于规定值，说明离合器或制动器打滑，可能是离合器片的磨损或控制油压过低，油泵或调节阀出现故障。

（5）R 挡转速高于规定值，说明后离合器或制动器打滑，原因也是摩擦片磨损或 R 挡油压过低。

3. 时滞检测

1）时滞检测的目的

进一步检测前、后离合器和制动器磨损情况，以及控制油压是否正常。它利用升挡和降挡的时间差来分析故障，是对失速检测结果的进一步验证。

2）时滞检测的方法

手柄放在 N 挡，拉紧驻车制动器，油温为 50~80℃；分别从 N 挡换至 D 挡和 R 挡，间隔时间为 1min，以便使离合器、制动器恢复全开状态；用秒表测量有振动时经历的时间，标准值 N–D 应为 1.2s，N–R 应为 1.6s。

3）时滞检测的性能分析

时滞过长：片间间隙和带鼓间隙过大或控制油压过低。

时滞过短：片间间隙和带鼓间隙调整不当或控制油压过高。由于高低之间的转换存在着充油和排油问题，应该有一定的“时差”，每次测试间隔时间为 1 min，取 3 次平均值作为依据。

4. 液压检测

1）液压检测的目的

检测控制管路中的液压油压力，用来判断各种泵、阀的工作性能好坏，以便调整或更换配件。

2）液压检测的内容

其主要是对速控阀油压、主油路油压等进行测试。

（1）速控阀油压的测试方法。

将车支起或将电子控制自动变速器装于台架上，预热油温达 50~80℃，在测压孔中装上油压表，推入 D 挡，查看油压是否正常，标准数值应查阅相关型号维修手册。当无测试台架时，输出轴转速不能控制，可以车速表示值为依据，进行性能分析。如果速控阀油压偏低，表明主油路油压偏低或速控管油漏，离心调速机构工作失常。

（2）主油路油压的测试方法。

油温为 50~80℃，拉紧驻车制动器，起动发动机，测出 D 挡和 R 挡怠速和失速时的油压，与规定值相比较，然后进行性能测试分析。D 挡、R 挡油压都过高，说明主油路调压阀有故障，可更换新弹簧或增减调节垫片；D 挡、R 挡油压都过低，说明主油路调压阀有故障，可调整或更换新弹簧，更换后如果仍然偏低，则可判断为油泵故障；D 挡油压过低，说明 D 挡油路油漏或前离合器漏油；R 挡油压过低，说明 R 挡油路漏油或后离合器漏油。

节气门阀油压的测试方法与速控阀油压测试方法相同，其油压规定值略低于速控阀油压。

5. 道路检测

目的是进一步检测电子控制自动变速器的使用性能和换挡性能，检测集中在升挡和降挡的换挡点，以及换挡冲击、振动、噪声、打滑等方面。路试前必须排除发动机和底盘的故障，油温必须正常。

道路检测主要针对 D 挡、超速挡、R 挡、P 挡。

保证路面平坦，手柄置于 D 挡，如果有超速挡，则打开超速挡开关；起步加速行驶，测试节气门开度在 20%、50%、80% 时各挡的换挡点，查看和感觉在不同节气门开度和不同车速下有无换挡动作。

任务实践

1. 实践名称

电子控制自动变速器性能的检测及组件的维修。

2. 实践准备

（1）自动变速器一台、车辆一台。

（2）专用工具及量具若干套。

（3）工具车、零件车若干。

3. 实践要求与注意事项

1）实践要求

每班分成若干个小组，每次同时进行三个小组的实训，其他小组在教室内复习实训的内容，分几次完成。实训时以教师讲解、演示，学生操作、考核为主，学生完成实训报告及考核。

2）注意事项

（1）听从安排，不要随意走动。

（2）不要随意操作车上的各个系统。

（3）操作所学系统时必须在指导教师的指导下完成。

（4）注意保持教学场地卫生。

（5）不能蛮力操作所学系统。

（6）严格遵守拆装程序及操作规程。

4. 操作步骤及检修

1）电子控制自动变速器性能的检测

____

____

____

____

____

____

2）水温传感器和液压油温度传感器的检测

测量两端子间的电阻值为__________，标准值为__________。根据测量结果给出维修方案__________________。

3）检测开关式电磁阀是否工作

检测结果为__________，根据检测结果给出维修方案______________________。

4）脉冲式电磁阀的检测

检测结果为__________，根据检测结果给出维修方案______________________。

5. 实践总结

____

____

____

____

____

____

____

____

任务练习

一、填空题

1. 电控液力自动变速器通过 ________ 和 ________ 监测汽车和发动机的运行状态。

2. 电控自动变速器信号输入装置中常用的传感器包括 ________、________、________、和 ________。

3. 电控自动变速器的换挡执行机构，其功用与普通变速器的 ________ 有相似之处。

二、判断题

1. 占空比越大，油路压力越高。（ ）

2. 节气门开度越大，节气门油压也越高。（ ）

3. 节气门开度不变时，汽车升挡和降挡时刻完全取决于车速。（ ）

三、选择题

1. 甲说：发动机冷却液温度传感器和自动变速器油温度传感器的电阻值随温度变化而变化。乙说：温度传感器在温度升高时电阻值降低。（ ）

A. 甲正确　　B. 乙正确

C. 两人都正确　　D. 两人都不正确

2. 甲说：电磁阀按作用不同分为换挡电磁阀、锁止电磁阀和调压电磁阀。乙说：电磁阀按接通负极前是否保持油路畅通分为常开式和常关式两种。（ ）

A. 甲正确　　B. 乙正确

C. 两人都正确　　D. 两人都不正确

四、问答题

1. 简述电子控制自动变速器的控制原理。

2. 强制降挡开关的作用是什么？

任务二 电子控制自动变速器的油路分析

任务目标

完成本学习任务后，你应当达到以下目标。

1. 知识目标

（1）掌握各挡位的油路走向。

（2）熟悉自动变速器换挡控制回路的分析方法。

2. 能力目标

（1）能正确分析各挡位的工作情况。

（2）能画出各挡位油路走向简图。

任务引入

电子控制自动变速器的结构和原理都十分复杂，执行元件或控制元件中的任何组件出现故障，都会影响电子控制自动变速器的正常工作。电子控制自动变速器不易拆装，给故障判断与排除带来了一定的困难。因此，我们需要掌握电子控制自动变速器的油路走向，学会利用各种检测仪器对故障进行诊断与排除。本任务主要讲解电子控制自动变速器的油路分析。

相关知识

下面以本田 B7WA 型电子控制自动变速器为例讲解油路的分析过程。

一、本田 B7WA 型电子控制自动变速器

B7WA 型自动变速器属于四轴五速式平行轴式自动变速器（见图 5–21），采用电子控制液压回路，可提供 5 个前进挡和 1 个倒挡，通过变矩器、一个固定齿轮和离合器的轴组合和一个向驱动车轮传输动力的差速器传输发动机动力。

图 5–21　B7WA 型自动变速器

二、本田 B7WA 型电子控制自动变速器挡位说明

换挡杆有 5 个挡位：P—驻车挡、R—倒挡、N—空挡、D—自动换挡模式和 D 桨式换挡模式（双手无须离开方向盘就能实现换挡，即桨式拨片设计在方向盘后方，也称手自一体式）的前进挡一挡至五挡、S—自动换挡模式的前进挡一挡至四挡和顺序换挡模式的前进挡一挡至五挡，挡位说明见表 5–1。

表 5–1　B7WA 型自动变速器挡位说明

位置	说明
P—驻车挡	前轮锁止，驻车棘爪与第二轴上的驻车齿轮接合，所有离合器松开
R—倒挡	倒挡换挡杆与副轴倒挡齿轮接合，且五挡离合器接合
N—空挡	所有离合器松开
D—前进挡（一挡到五挡）	一般行驶时，一挡起步，并根据车速和节气门位置自动升至二挡、三挡、四挡及五挡。在减速停车时，按四挡、三挡、二挡和一挡降挡。锁止机构工作在二挡、三挡、四挡和五挡

续表

位置		说明
S—前进挡	自动换挡模式（一挡到四挡）	高速公路上急加速和正常行驶、上坡和下坡行驶时，一挡起步，自动升到二挡、三挡，然后到四挡，取决于车速和加速踏板位置。在减速停车时，按三挡、二挡和一挡降挡。锁止机构工作在二挡、三挡和四挡
	顺序换挡模式（一挡到五挡）	手动换挡行驶时，车辆能在一挡起步，但不能自动升挡。车辆也能在二挡起步，但不能自动升挡和降挡。减速停车时自动降到一挡。锁止机构工作在二挡、三挡、四挡和五挡

三、本田 B7WA 型电子控制自动变速器油路分析

1.P 挡位动力流向

液压未施加到离合器上。动力未传送到副轴上。副轴被互锁驻车齿轮的驻车棘爪锁止，无动力传递。

2.N 挡位动力流向

如图 5-22 所示，发动机动力从主轴传送，驱动主轴三挡齿轮、中间轴三挡齿轮，但未将液压施加到离合器上，动力未传送到副轴上。

在 N 挡位，根据换挡杆是从 D 挡位还是 R 挡位换挡，倒挡选择器的位置也会不同：当从 D 挡位换挡时，倒挡选择器与副轴五挡齿轮和倒挡选择器毂接合，五挡齿轮与副轴接合；当从 R 挡位换挡时，倒挡选择器与副轴倒挡齿轮和倒挡选择器毂接合，倒挡齿轮与副轴接合。

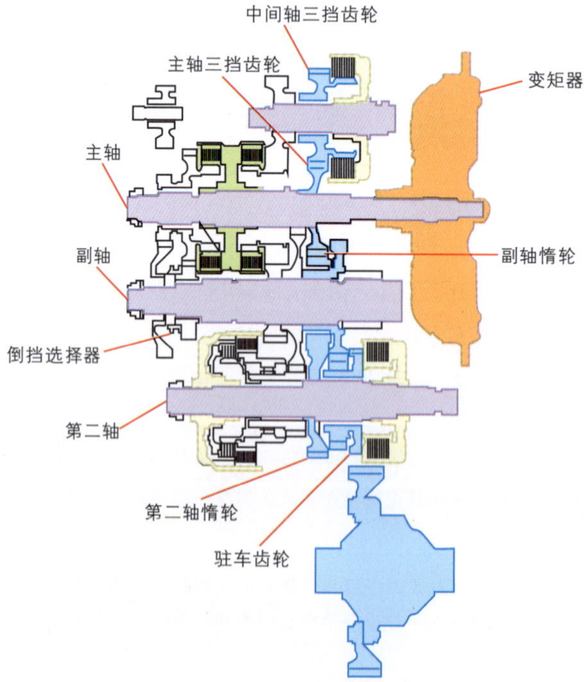

图 5-22　N 挡位动力流向

3. 自动换挡模式 D 和 S 挡位动力流向

在D挡位，根据加速踏板的位置（发动机负载）和车速之间的平衡条件，从一挡、二挡、三挡、四挡和五挡及自动换挡模式S挡位的一挡、二挡、三挡和四挡中，自动选择最佳挡位。

1）一挡动力流向

如图 5-23 所示，将液压施加到一挡离合器上，然后一挡离合器通过单向离合器使第二轴一挡齿轮与第二轴接合，主轴三挡齿轮通过副轴惰轮和第二轴惰轮驱动第二轴，第二轴一挡齿轮驱动副轴一挡齿轮和副轴，动力传送到主减速器主动齿轮上，并驱动主减速器从动齿轮。

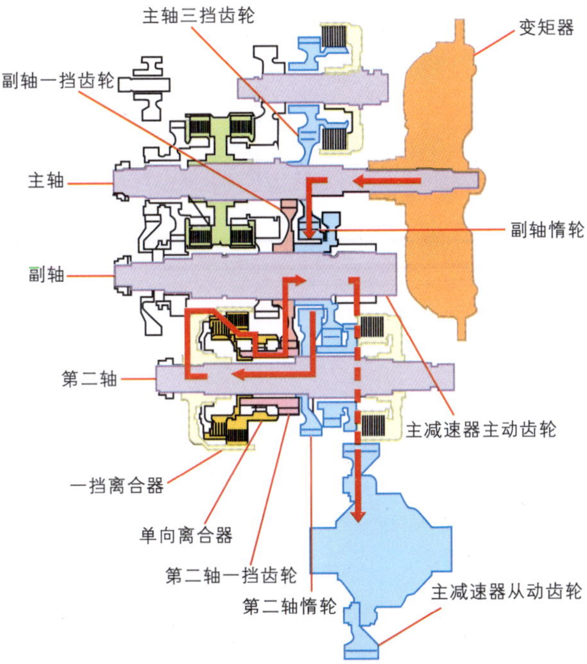

图 5-23　一挡动力流向

2）二挡动力流向

如图 5-24 所示，将液压施加到二挡离合器上，然后二挡离合器使第二轴二挡齿轮与第二轴接合，主轴三挡齿轮通过副轴惰轮和第二轴惰轮驱动第二轴，第二轴二挡齿轮驱动副轴二挡齿轮和副轴，动力传送到主减速器主动齿轮上，并驱动主减速器从动齿轮；液压同时施加到一挡离合器上，但由于二挡齿轮的转速超过了一挡齿轮，一挡齿轮传送的动力在单向离合器处被中断。

3）三挡动力流向

如图 5-25 所示，将液压施加到三挡离合器上，然后三挡离合器使中间轴三挡齿轮与中间轴接合。主轴三挡齿轮通过中间轴三挡齿轮和三挡离合器，驱动中间轴四挡齿轮。中间轴四挡齿轮通过主轴四挡齿轮，驱动副轴四挡齿轮和副轴。动力传送到主减速器主动齿轮上，并驱动主减速器从动齿轮。液压同时施加到一挡离合器上，但由于三挡齿轮的转速超过了一挡齿轮，一挡齿轮传送的动力在单向离合器处被中断。

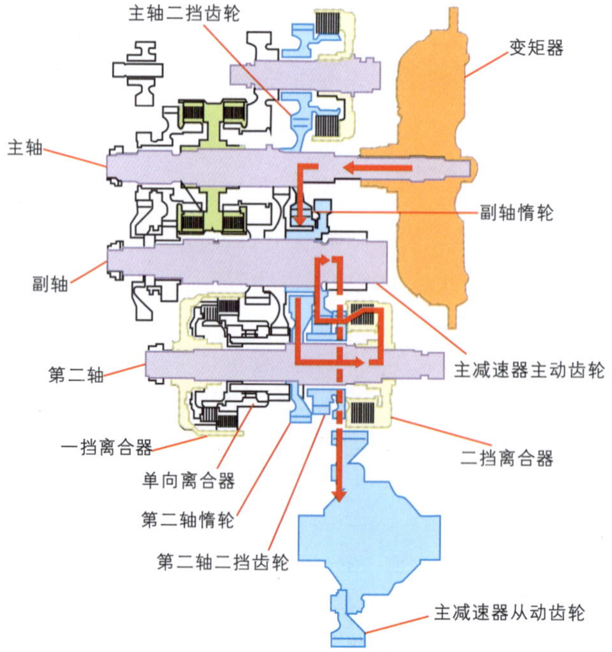

图 5-24 二挡动力流向

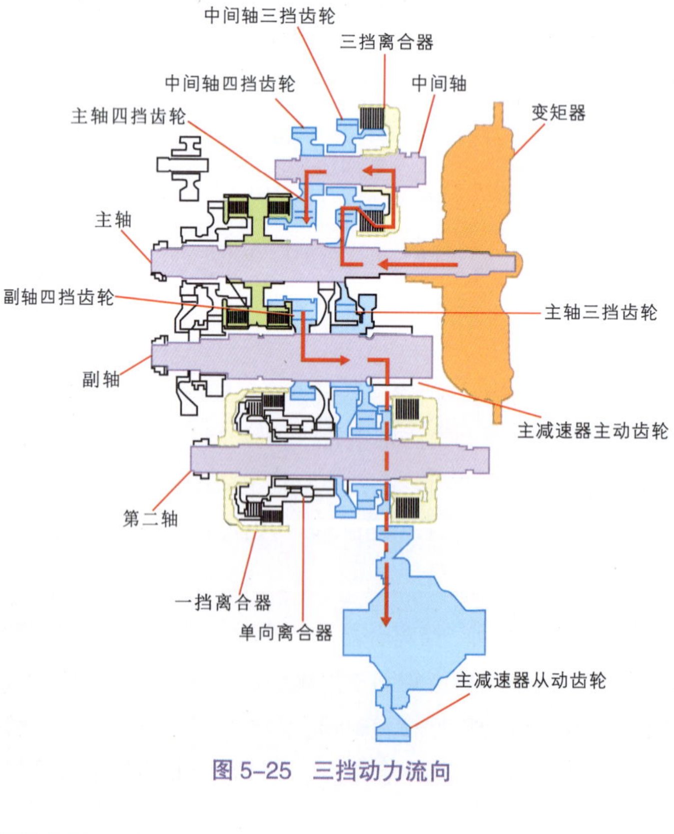

图 5-25 三挡动力流向

4）四挡动力流向

如图 5–26 所示，将液压施加到四挡离合器上，然后四挡离合器使主轴四挡齿轮与主轴接合。主轴四挡齿轮驱动副轴四挡齿轮和副轴。动力传送到主减速器主动齿轮上，并驱动主减速器从动齿轮。液压同时施加到一挡离合器上，但由于四挡齿轮的转速超过一挡齿轮，一挡齿轮传送的动力在单向离合器处被中断。

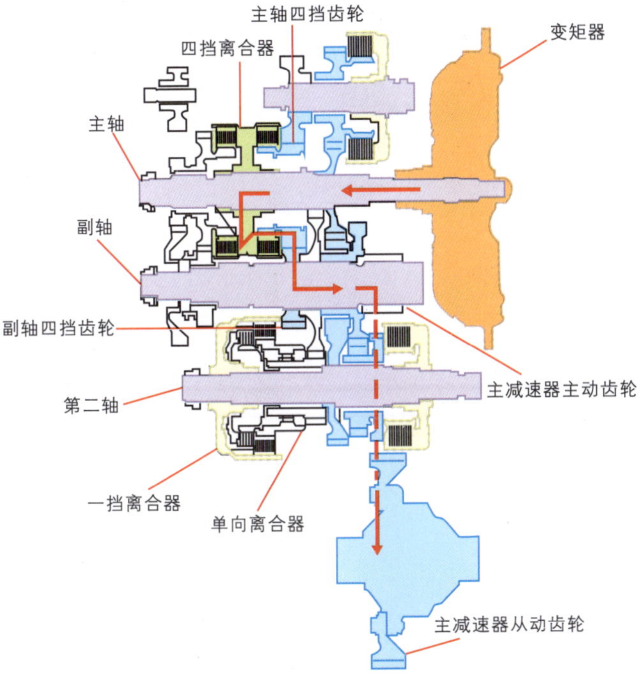

图 5–26　四挡动力流向

5）五挡动力流向

当换挡杆在前进挡（D 和 S 挡位）时，液压施加到伺服阀上，使倒挡选择器与副轴五挡齿轮接合，如图 5–27 所示，将液压施加到五挡离合器上，然后五挡离合器使主轴五挡齿轮与主轴接合。主轴五挡齿轮驱动副轴五挡齿轮，而副轴五挡齿轮又驱动倒挡选择器毂和副轴。动力传送到主减速器主动齿轮上，并驱动主减速器从动齿轮。液压同时施加到一挡离合器上，但由于五挡齿轮的转速超过了一挡齿轮，一挡齿轮传送的动力在单向离合器处被中断。

4. 顺序换挡模式 S 挡位与 D 桨式换挡模式 D 挡位减速动力流向

减速时，顺序换挡模式 S 挡位和 D 桨式换挡模式 D 挡位的动力流向如图 5–28 所示。

当液压施加到一挡离合器和一挡保持离合器上时，来自路面的滚动阻力通过前轮传到主减速器主动齿轮上，然后传到副轴惰轮上，因为施加的扭矩方向相反，单向离合器不能传输动力。其结果是在一挡时可以实现发动机制动。

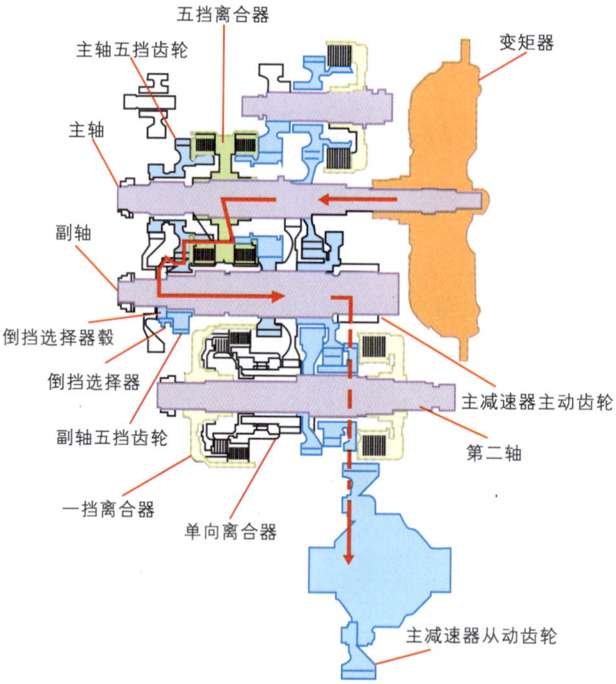

图 5-27 五挡动力流向

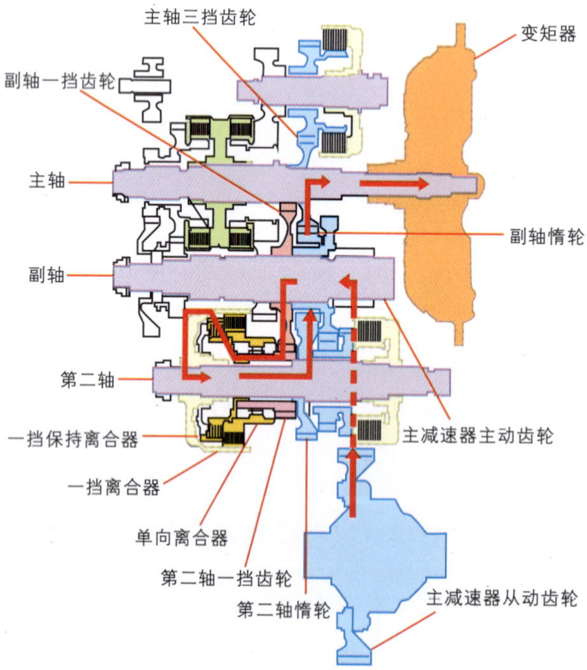

图 5-28 顺序换挡模式 S 挡位与 D 桨式换挡模式 D 挡位减速动力流向

5. 顺序换挡模式 S 挡位与 D 桨式换挡模式 D 挡位加速动力流向

在顺序换挡模式的 S 挡位、D 桨式换挡模式的 D 挡位加速时，将液压施加到一挡离合器和一挡保持离合器上。加速时的动力流向如图 5–29 所示。

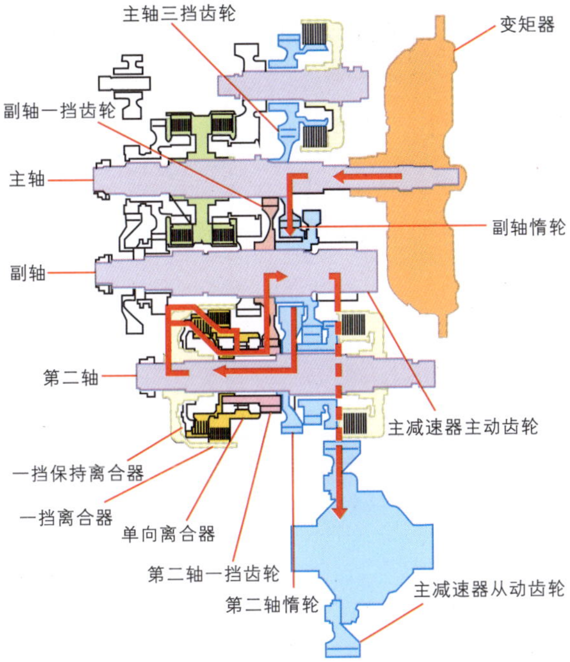

图 5–29　顺序换挡模式 S 挡位与 D 桨式换挡模式 D 挡位加速动力流向

将液压施加到一挡离合器上，然后一挡离合器通过单向离合器使第二轴一挡齿轮与第二轴接合。主轴三挡齿轮通过副轴惰轮和第二轴惰轮驱动第二轴。第二轴一挡齿轮驱动副轴一挡齿轮和副轴。液压同时施加到一挡保持离合器上，一挡保持离合器使第二轴一挡齿轮和第二轴接合。动力传送到主减速器主动齿轮上，并驱动主减速器从动齿轮。

6.R 挡位动力流向

当换挡杆置于 R 挡位时，将液压施加到伺服阀上，使倒挡选择器与副轴倒挡齿轮接合。如图 5–30 所示，将液压施加到五挡离合器上，然后五挡离合器使主轴倒挡齿轮与主轴接合。主轴倒挡齿轮通过倒挡中间齿轮驱动副轴倒挡齿轮。副轴倒挡齿轮通过驱动倒挡选择器毂的倒挡选择器来驱动副轴。副轴的转动方向通过倒挡中间齿轮改变。动力传送到主减速器主动齿轮上，并驱动主减速器从动齿轮。

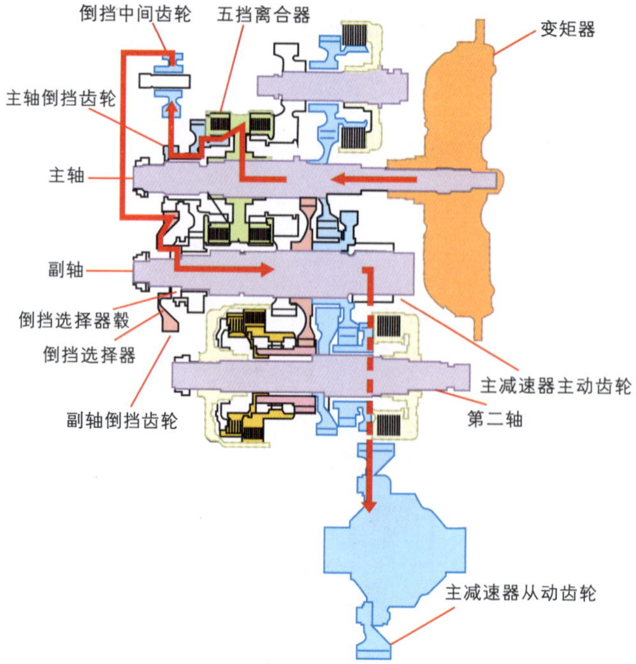

图 5-30 R 挡位动力流向

任务练习

一、填空题

1. 在二挡动力流向中由于二挡齿轮的转速超过了一挡齿轮，一挡齿轮传送的动力在________处被中断。

2. 主轴五挡齿轮驱动副轴五挡齿轮，而副轴五挡齿轮又驱动________和________。

二、问答题

1. 在 R 挡位，为什么有动力传递到主轴上，却无法驱动车辆？

2. 简要概括 R 挡位的动力传递路线并画出简图。

项目六

自动变速器综合故障诊断

项目描述

自动变速器相对于手动变速器来说，其结构复杂，制造工艺高，在正常使用及维护情况下损坏性故障较少，日常维护中应该怎样对自动变速器进行检查？当自动变速器发生故障时应该怎样对其进行诊断？自动变速器有哪些常见的故障现象？如何排除？要想知道如何检查及排除这些故障，首先就要学会拆解自动变速器，本项目将详细介绍这些内容。

任务一 自动变速器的拆卸与分解

任务目标

完成本学习任务后，你应当达到以下目标。

1. 知识目标

（1）掌握自动变速器的拆装过程。

（2）熟悉自动变速器各部件的分解方法及要点。

2. 能力目标

（1）能认识所拆卸的换挡执行元件。

（2）能够按照正确的拆装工艺分解变速器总成。

任务引入

自动变速器的结构十分复杂，不论是换挡执行元件损坏，还是控制电路、阀板中的控制阀或其他任何部件出现故障，都会影响整个自动变速器的正常工作。本任务主要讲解自动变速器各组成部分的拆卸、分解等内容。

相关知识

一、自动变速器拆卸前的准备

下面以典型的 A341E 型四速辛普森式行星齿轮自动变速器为例来讲解自动变速器的拆装过程。

1. 设备的准备

典型的 A341E 型四速辛普森式行星齿轮自动变速器如图 6–1 所示。

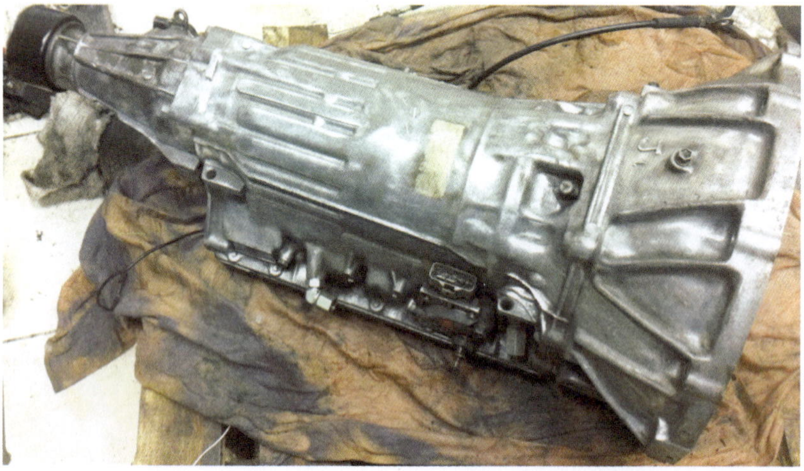

图 6–1　典型的 A341E 型四速辛普森式行星齿轮自动变速器

2. 拆装工具的准备

拆装工具一套，碎布若干，橡胶锤和铁锤各一把，扭力扳手一把，专用工具若干等。

二、自动变速器拆卸注意事项

（1）注意安全，严格按照操作规程进行操作。

（2）分解自动变速器之前，应对其外部进行有效和彻底的清洗，以防污物弄脏其内部的精密配合件。

（3）分解自动变速器时不能直接用铁榔头敲打，只能采用橡胶锤或铜棒，以免损坏零件。

（4）分解过程中应保持沿轴线方向拆出，避免损坏零件，禁止暴力操作。

（5）在分解自动变速器时，应将所有组件和零件按分解顺序依次摆放，以便于检修和组装。要特别注意各个止推垫片、推力轴承的位置，不可错乱。

三、自动变速器的拆卸与装配

1. 拆卸

（1）取下前端液力变矩器。

（2）拆卸输入轴转速传感器和车速传感器，如图 6–2 所示。

图 6–2　拆卸输入轴转速传感器和车速传感器

（3）拆除所有安装在自动变速器壳体上的部件，如加油管、挡位开关等。

（4）松开紧固螺栓，拆下自动变速器前端变矩器壳，如图 6–3 所示。

（5）拆卸油底壳紧固螺栓，取下油底壳，如图 6–4 所示。

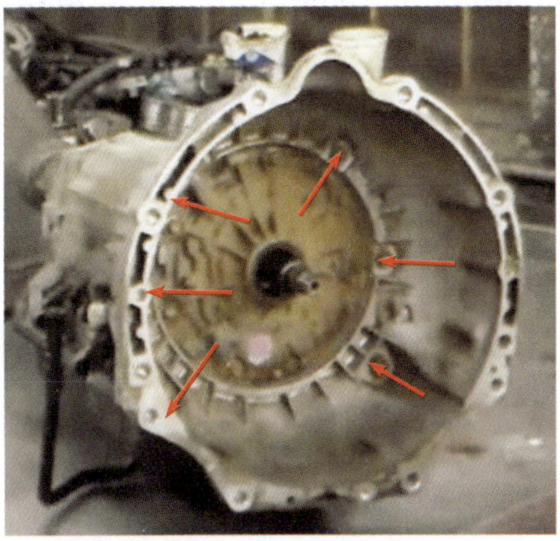

图 6–3　拆卸 6 颗变矩器壳紧固螺栓

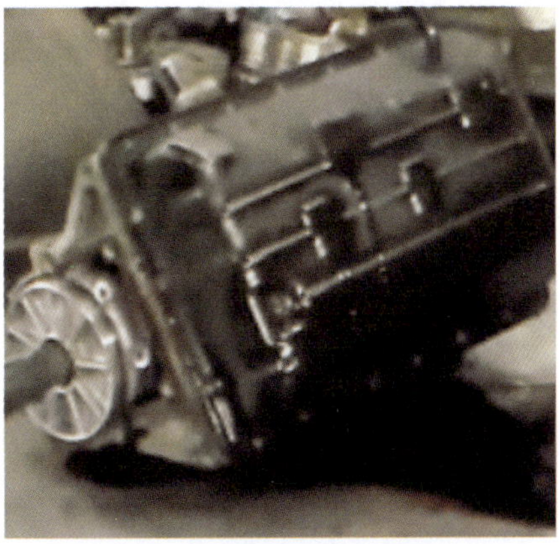

图 6–4　拆卸油底壳紧固螺栓

（6）拆卸 ATF 滤清器紧固螺栓，取下 ATF 滤清器，如图 6-5 所示。

（7）拔下连接在阀板上的所有线束插头，拆除与节气门阀连接的节气门拉索，松开阀板与自动变速器壳体之间的固定螺栓，取下阀板总成，如图 6-6 所示。

图 6-5 拆卸 ATF 滤清器

图 6-6 取下阀板总成

注意事项：

阀板上的螺栓除了一部分是固定在自动变速器壳体上之外，还有许多是上下阀板之间的固定螺栓。在拆卸阀板总成时，应对照自动变速器维修手册，认准阀板与自动变速器壳体之间的固定螺栓。若没有自动变速器维修手册，则在拆卸阀板时，应先松开阀板四周的固定螺栓，再检查阀板总成是否松动。若未松动，可将阀板中间的所有螺栓逐个松开少许，直至阀板总成松动为止，即可找出阀板上所有固定在自动变速器壳体上的固定螺栓。

（8）取出自动变速器壳体油道中的止回阀和弹簧，如图 6-7 所示。

（9）取出自动变速器壳体上的 3 个减振器活塞，如图 6-8 所示。

图 6-7 取出止回阀和弹簧

图 6-8 取出减振器活塞

注意事项：

如果减振器活塞难以取出，可用手指按住减振器活塞，从减振器活塞周围相应的油孔中吹入压缩空气，将减振器活塞吹出。

（10）拆卸 7 颗油泵紧固螺栓，如图 6–9 所示。

（11）用专用工具拉出油泵总成，如图 6–10 所示。

图 6–9　拆卸 7 颗油泵紧固螺栓

图 6–10　拉出油泵总成

注意事项：

如果油泵难以拉出，切勿使用铁锤敲击输入轴表面或其他部位，应该使用橡胶锤轻轻敲击油泵边缘，使其容易拉出。

（12）拆卸行星齿轮组件，其分解图如图 6–11 所示。

①从自动变速器前方取出超速行星架、直接离合器组件及超速齿圈。

②拆卸超速制动器：用起子拆下超速制动器卡环，取出超速制动器钢片和摩擦片，拆下超速制动器毂的卡环，松开壳体上的固定螺栓，用拉具拉出超速制动器毂。

③拆卸 2 挡强制制动带活塞：从外壳上拆下 2 挡强制制动带液压缸缸盖卡环，用手指按住液压缸缸盖，从液压缸进油孔中吹入压缩空气，将液压缸缸盖和活塞吹出。

注意事项：

如卡环难以拆卸，可用铁锤轻轻敲击 2 挡强制制动带液压缸缸盖，然后用卡环钳拆卸卡环。

④取出中间轴、高挡及倒挡离合器和前进挡离合器组件。

⑤拆出 2 挡强制制动带销轴，取出制动带。

⑥拆出前行星排：取出前齿圈，将自动变速器立起，用木块垫住输出轴，拆下前行星架上的卡环，拆出前行星架和行星轮组件。

⑦取出前后太阳轮组件和低挡单向超越离合器。

⑧拆卸 2 挡制动器：拆下卡环，取出 2 挡制动器的所有摩擦片、钢片及活塞衬套。

（13）拆卸后盖紧固螺栓，取下后盖，如图 6–12 所示。

（14）拆下卡环，取出输出轴、后行星排、前进单向超越离合器、低挡及倒挡制动器和 2 挡制动器毂组件。

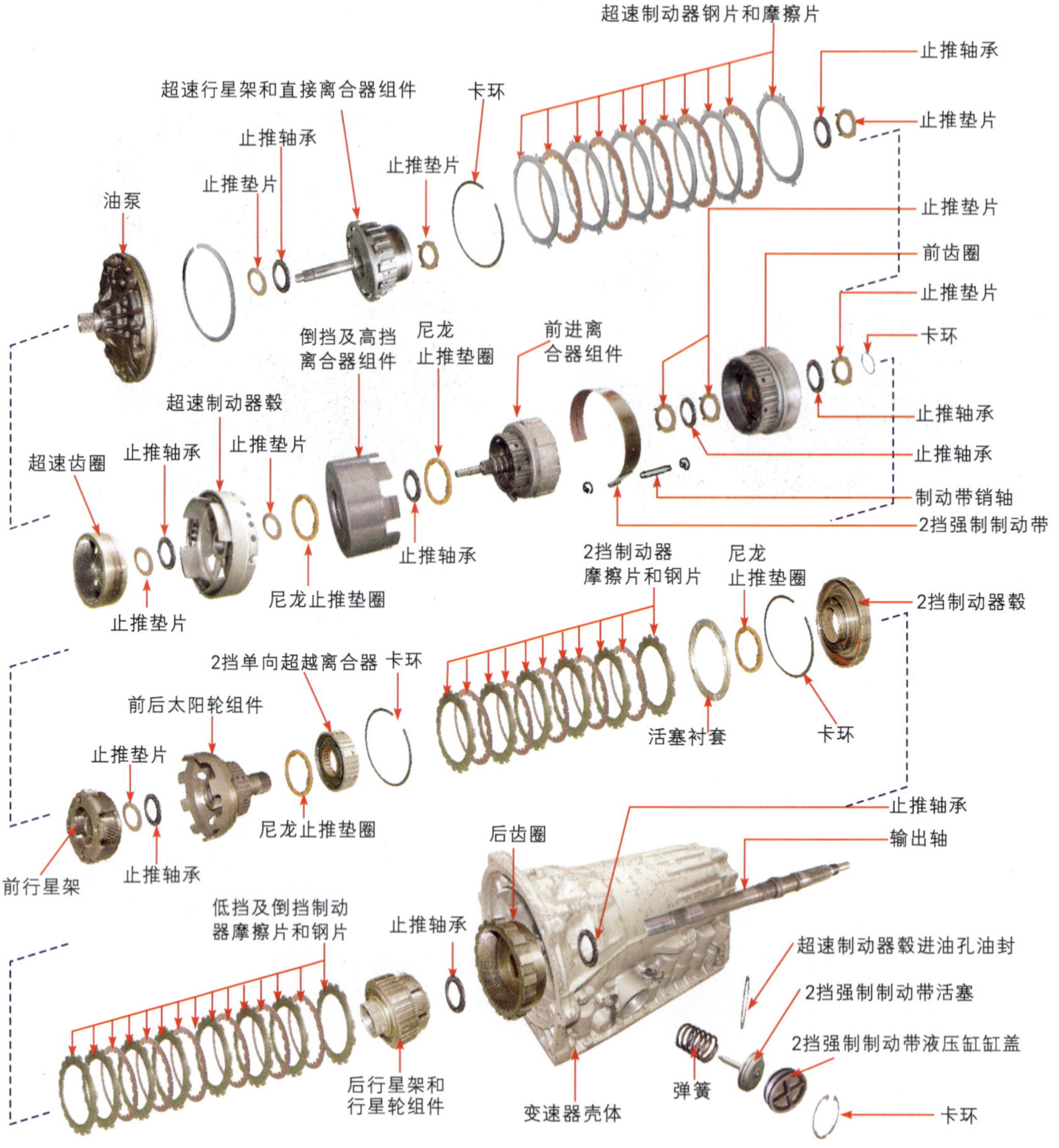

图 6-11 行星齿轮组件分解图

2. 装配

在装配各个组件时，应遵循先拆的后装、后拆的先装原则，这里不再详细讲解装配过程，下面主要讲解各个组件的分解及装配过程。

图 6–12　拆卸后盖紧固螺栓并取下后盖

四、油泵的分解与装配

1. 油泵的分解

油泵的分解如图 6–13 所示。

（1）拆下油泵后端轴颈上的密封环。

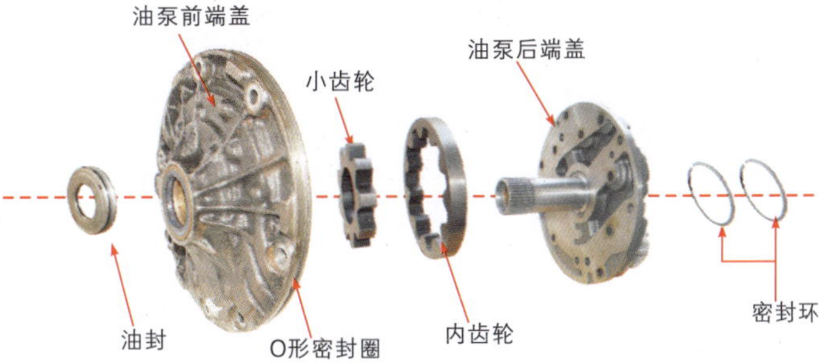

图 6–13　油泵的分解

（2）按照对称交叉的顺序依次松开油泵盖螺栓，打开油泵。

（3）用油漆在小齿轮和内齿轮上做一记号，取出小齿轮及内齿轮。

（4）拆下油泵前端盖上的油封。

注意事项：

在分解油泵时应注意，不要损伤铝合金的油泵前端盖，不可用冲子在油泵齿轮和油泵壳上做记号。

2. 油泵的组装

用干净的煤油或汽油清洗油泵的所有零件，在清洗后的零件上涂少许液压油，按下列步骤组装：

（1）在油泵前端盖上装入新的油封。

（2）更换所有的 O 形密封圈，并在新的 O 形密封圈上涂液压油。

（3）按分解时相反的顺序组装油泵各零件。

（4）按照对称交叉的顺序，依次拧紧油泵盖螺栓，拧紧力矩为 10N・m。

（5）在油泵后端轴颈上的密封环槽内涂上凡士林，安装新的密封环。

（6）检查油泵运转性能：将组装后的油泵插入变矩器中，转动油泵，油泵齿轮应转动平顺，无异响，如图 6–14 所示。

图 6–14　油泵性能的检查

五、离合器、制动器的分解与装配

1. 直接离合器（C_0）的分解

直接离合器（C_0）的分解如图 6–15 所示。

（1）从超速行星架和直接离合器组件上取下直接离合器。

（2）用起子拆除卡环，取出挡圈、摩擦片、钢片。

（3）使用专用工具将活塞回位弹簧座圈压下，用卡环钳或起子拆下卡环，取出弹簧座圈和回位弹簧。

（4）先将油泵装在变矩器上，再将直接离合器装在油泵上，从油道内吹入压缩空气，取出活塞。

（5）拆下活塞上的 O 形密封圈。

（6）安装时按照与拆卸相反的顺序进行，切勿漏装和错装。

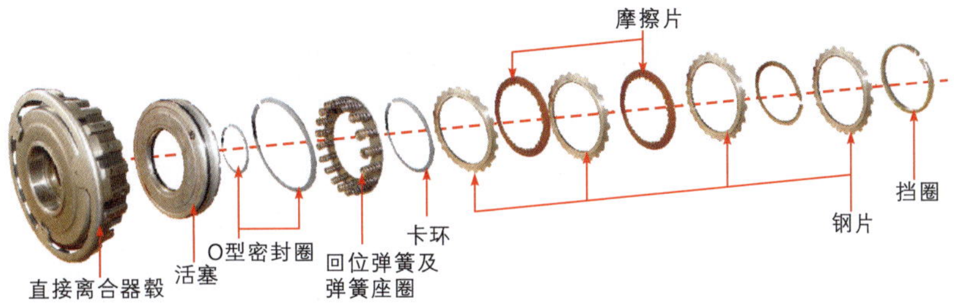

图 6–15　直接离合器（C_0）的分解

2. 超速制动器（B_0）的分解

超速制动器（B_0）的分解如图 6–16 所示。

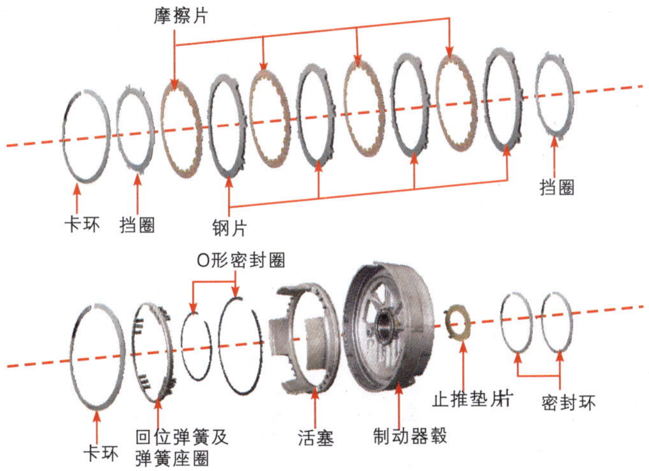

图 6–16　超速制动器（B_0）的分解

在分解自动变速器时，超速制动器的摩擦片和钢片已经拆出，这里只要进一步分解超速制动器毂。

（1）使用专用工具将活塞回位弹簧座圈压下，用起子拆下卡环，取出回位弹簧和弹簧座圈。

（2）将超速制动器毂装在倒挡及高挡离合器上，从油道内吹入压缩空气，取出活塞。

（3）拆下活塞内外圆上的 O 形密封圈及制动器毂后端轴颈上的密封环和止推垫片。

（4）安装时按照与拆卸相反的顺序进行，切勿漏装和错装。

3. 倒挡及高挡离合器（C_1）的分解

倒挡及高挡离合器（C_1）的分解如图 6–17 所示。

（1）用起子拆下卡环，取出倒挡及高挡离合器的挡圈、摩擦片、钢片【见图 6–18（a）】。

（2）使用专用工具将倒挡及高挡离合器活塞回位弹簧座圈压下，用卡环钳或起子拆下卡环，取出回位弹簧及弹簧座圈【见图 6–18（b）】。

（3）将倒挡及高挡离合器装在超速制动器毂上，按图 6–18（c）所示方向从油道内吹入压缩空气，取出活塞。

（4）取下活塞内外圆上的两个 O 形密封圈。

（5）安装时按照与拆卸相反的顺序进行，切勿漏装和错装。

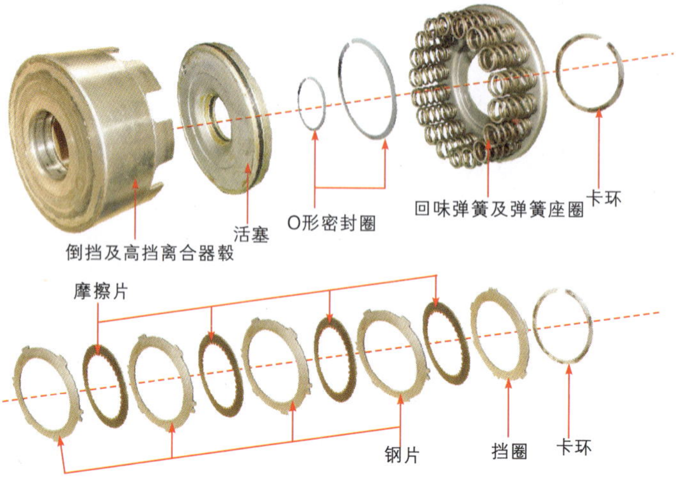

图 6–17　倒挡及高挡离合器（C_1）的分解

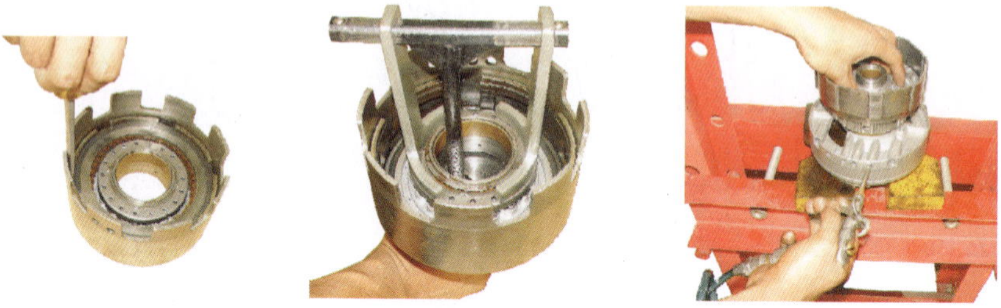

（a）　（b）　（c）

图 6–18　倒挡及高挡离合器（C_1）的分解方法

4. 前进离合器（C_2）的分解

前进离合器（C_2）的分解，如图 6–19 所示。

（1）用起子拆下卡环，取出前进离合器的挡圈、摩擦片、钢片。

（2）使用专用工具，将前进离合器活塞回位弹簧座圈压下，用卡环钳或起子拆下卡环，取出回位弹簧及弹簧座圈【见图 6–20（a）】。

（3）将前进离合器装在超速制动器毂上，按图 6–20（b）所示方法从油道内吹入压缩空气，取出前进离合器活塞。

（4）取下活塞内外圆上的两个 O 形密封圈及前进离合器毂前端轴颈上的密封环。

（5）安装时按照与拆卸相反的顺序进行，切勿漏装和错装。

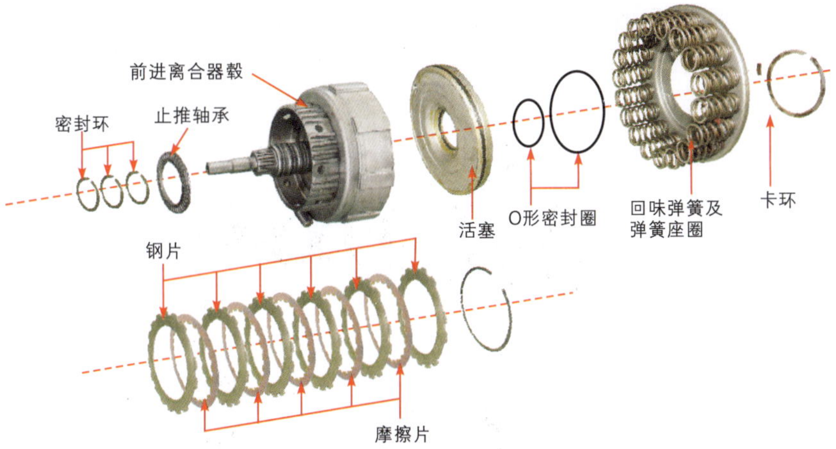

图 6-19　前进离合器（C_2）的分解

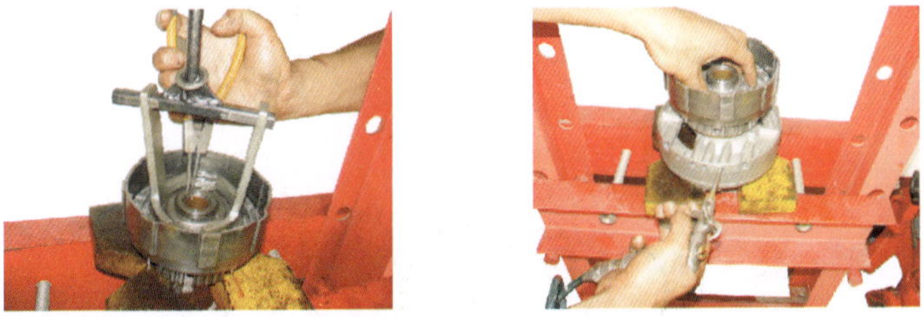

（a）　（b）

图 6-20　前进离合器（C_2）的分解方法

5.2 挡制动器（B_1）的分解

2 挡制动器（B_1）的分解如图 6-21 所示。

在分解自动变速器时 2 挡制动器的摩擦片和钢片已经拆出，这里只要进一步分解 2 挡制动器毂。

（1）使用专用工具，将 2 挡制动器活塞回位弹簧座圈压下，用起子或卡环钳拆下卡环，取出回位弹簧及弹簧座圈。

（2）从 2 挡制动器毂外圆上的油孔内吹入压缩空气，取出活塞。

（3）安装时按照与拆卸相反的顺序进行，切勿漏装和错装。

6. 低挡及倒挡制动器（B_2）的分解

低挡及倒挡制动器（B_2）的分解如图 6-22 所示。

（1）使用专用工具将自动变速器壳内的低挡及倒挡制动器活塞的回位弹簧座圈压下，

用起子或卡环钳拆下卡环，取出回位弹簧及弹簧座圈。

（2）从壳体上的低挡及倒挡制动器进油孔内吹入压缩空气，取出大活塞。

（3）用专用工具取出回位滑套和小活塞。

（4）安装时按照与拆卸相反的顺序进行，切勿漏装和错装。

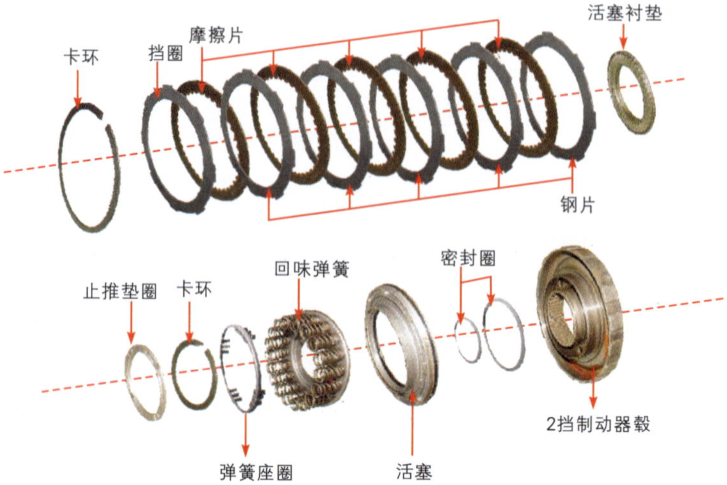

图 6-21　2 挡制动器（B_1）的分解

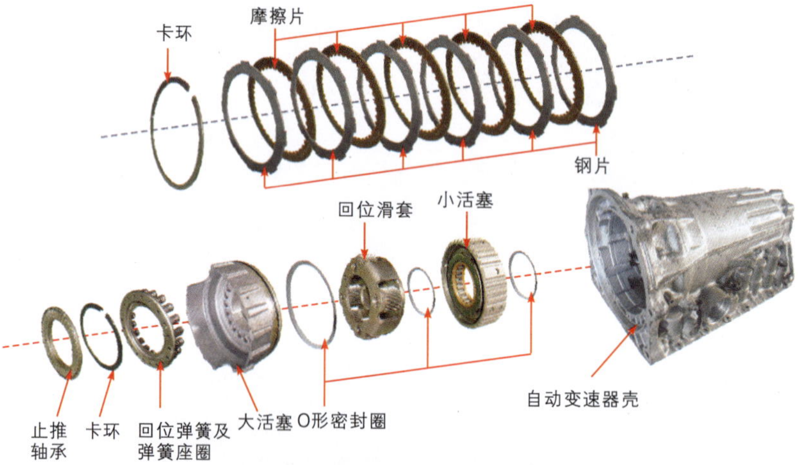

图 6-22　低挡及倒挡制动器（B_2）的分解

7. 离合器和制动器装配时的注意事项

在装配离合器、制动器之前，应将所有零件用清洁的煤油或工业汽油清洗干净，油道、单向阀孔等处要用压缩空气吹净，不能被脏物堵住。

在装配时应注意以下几点：

（1）装配前应在所有配合零件表面上涂少许液压油。

（2）更换摩擦片或制动带时，应将新的摩擦片或制动带放在干净的液压油中浸泡15min后安装。

（3）回位弹簧座圈的卡环要安装到位，应确认卡环已落在弹簧座圈上的凸爪内。

（4）摩擦片和钢片要按拆卸时的顺序交错排列。摩擦片和钢片原则上没有方向性，正反面都可安装。在安装挡圈时，有台阶的一面应朝上，让平整的一面与摩擦片接触。对于有碟形环的离合器或制动器应将碟形环放置在下面第一片的位置上，使之与活塞接触，并使碟形环的凹面向上。

（5）每个离合器或制动器装配后，都应检查活塞的工作是否正常。可按照分解时的方法，向油道内吹入压缩空气，检查活塞能否向上移动，将钢片和摩擦片压紧。若吹入压缩空气后活塞不能移动，应检查漏气的部位，分解修复后再重新安装。

（6）用厚薄规测量离合器和制动器的自由间隙，也可用千分表测量离合器和制动器的自由间隙。检修标准可参考表6–1（自动变速器型号不同，其间隙也不同，应根据所拆自动变速器的型号查找相关资料）。

表6–1 自动变速器的离合器和制动器的检修标准

离合器或制动器的名称	代号	弹簧自由长度（mm）	自由间隙（mm）
直接离合器	C_0	15.8	1.45~1.70
超速制动器	B_0	17.23	1.75~2.05
倒挡及高挡离合器	C_1	14.35	1.37~1.60
前进离合器	C_2	—	0.70~1.00
2挡制动器	B_1	19.64	0.63~1.98
低挡及倒挡制动器	B_2	12.9	0.70~1.22
2挡强制制动带	B_3	—	2.0~3.0

六、行星排、单向超越离合器的分解与装配

在分解行星排、单向超越离合器之前，应先认清各个单向超越离合器的锁止方向，其方法如下：用手握住与单向超越离合器内外圈连接的零件，分别朝不同方向转动，检查并记下内外圈的相对锁止方向。特别是在没有详细技术资料的情况下维修自动变速器时，一定要做好记录；否则，一旦分解后不能按原来的安装方向装复，将导致自动变速器不能正常工作，必须再次分解自动变速器进行检查。

1. 超速行星排、直接单向超越离合器的分解与装配

（1）按图6–23所示方法检查直接单向超越离合器的锁止方向，应使该单向超越离合器外圈（行星架）相对于内圈（直接离合器毂）在逆时针方向（由自动变速器前方看，下同）锁止，在顺时针方向可以自由转动。

（2）按图6–24分解超速行星排和直接单向超越离合器。

（3）安装时按照与拆卸相反的顺序进行，切勿漏装和错装。

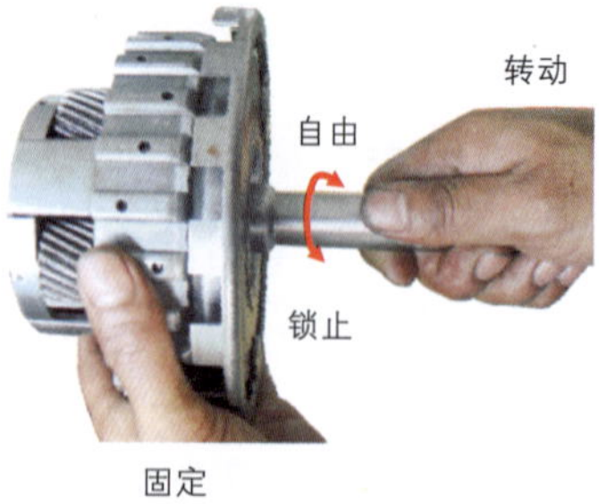

图 6–23 直接单向超越离合器锁止方向的检查`

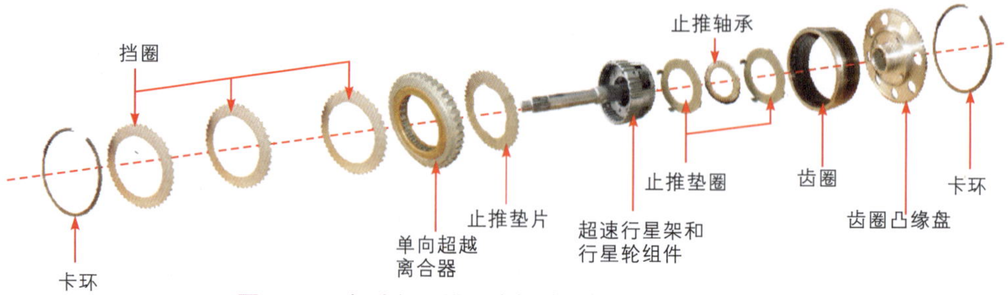

图 6–24 超速行星排、直接单向超越离合器的分解

2. 前行星排、2 挡单向超越离合器的分解与装配

（1）一只手握住太阳轮驱动毂，另一只手转动 2 挡单向超越离合器外圈，检查 2 挡单向超越离合器的锁止方向（见图 6–25），应使外圈相对于内圈在逆时针方向锁止，在顺时针方向能自由转动。

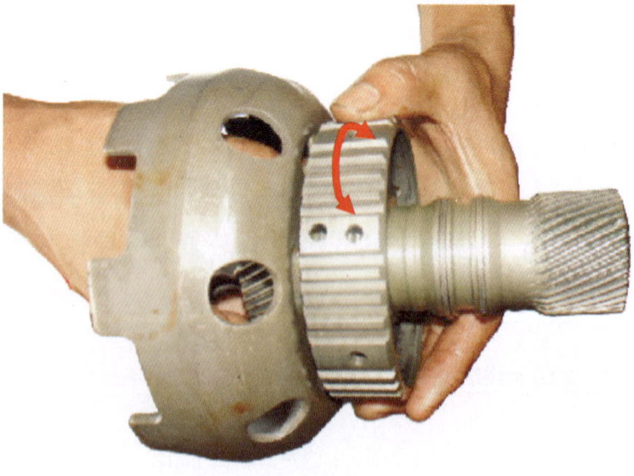

图 6–25 2 挡单向超越离合器锁止方向的检查

（2）按图 6–26 分解前行星排和 2 挡单向超越离合器。

（3）安装时按照与拆卸相反的顺序进行，切勿漏装和错装。

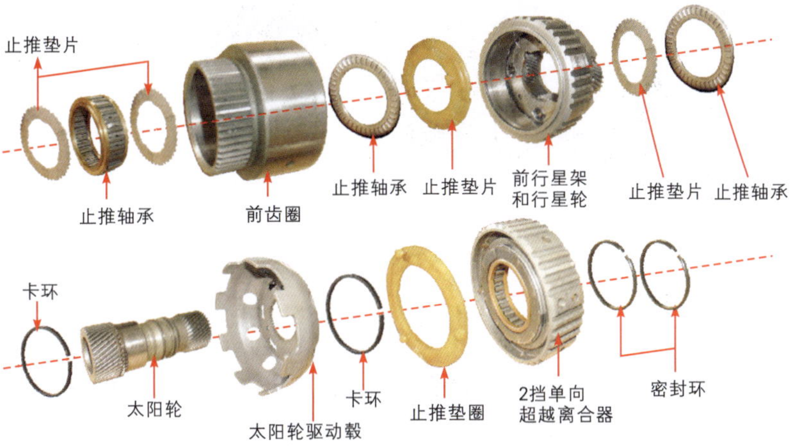

图 6–26　前行星排和 2 挡单向超越离合器的分解

3. 后行星排、低挡单向超越离合器的分解

（1）如图 6–27 所示，用左手握住后行星架，右手转动低挡单向超越离合器内圈，检查其锁止方向，应使内圈相对于外圈在顺时针方向锁止，在逆时针方向可以自由转动。

（2）按图 6–28 分解后行星排和低挡单向超越离合器。

图 6–27　低挡单向超越离合器锁止方向的检查

（3）安装时按照与拆卸相反的顺序进行，切勿漏装和错装。

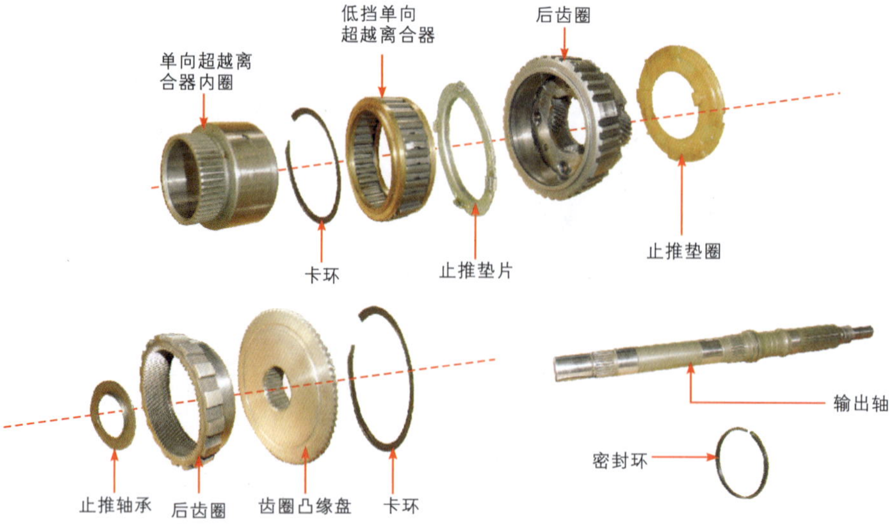

图 6–28　后行星排、低挡单向超越离合器的分解

七、阀板的分解与装配

1. 阀板的分解

（1）按图 6–29 拆下阀板上的手动阀及电磁阀等零件。

（2）松开上下阀板之间的固定螺栓，将上下阀板分开（见图 6–30）。在拿起上阀板时，为了防止上阀板有油道内的单向阀阀球掉落，应将上下阀板之间的隔板和上阀板一同拿起，并将上阀板油道一面朝上放置，再取下隔板。特别是在没有详细技术资料的情况下检修自动变速器时，更要注意。如果阀板油道内的某个阀球或其他小零件掉出，由于阀板油道的形状十分复杂，往往因找不到这些小零件原来的位置而不能正确安装，导致修理后的自动变速器工作异常。

（3）从上阀板一侧取下隔板，取出上阀板油道内的所有单向阀阀球。

（4）按图 6–31 拆出上阀板中所有的控制阀。在拆出每个控制阀时，应先取出锁销和栓塞，再让阀芯和弹簧从阀孔中自由落出。若阀芯卡在阀孔中，不能自由落出，可用木锤或橡胶锤敲击阀板，将阀芯振出；不要用铁丝或钳子伸入阀孔去取阀芯，以免损坏阀孔内表面或阀芯。

（5）按图 6–32 拆出下阀板中所有的控制阀。

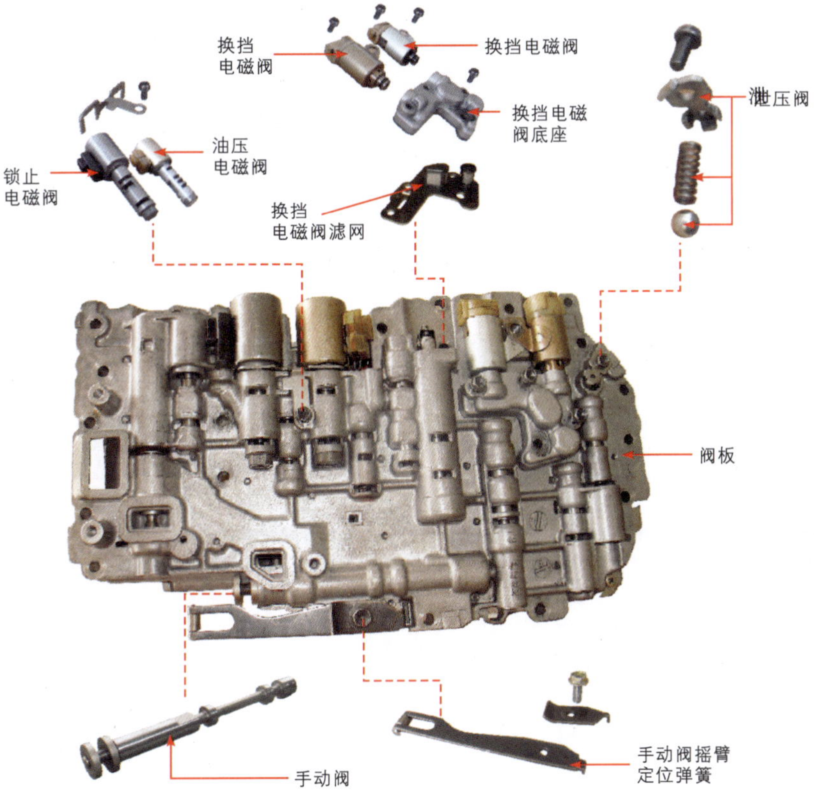

图 6-29　拆卸阀板上的手动阀和电磁阀

图 6-30　分开上下阀板

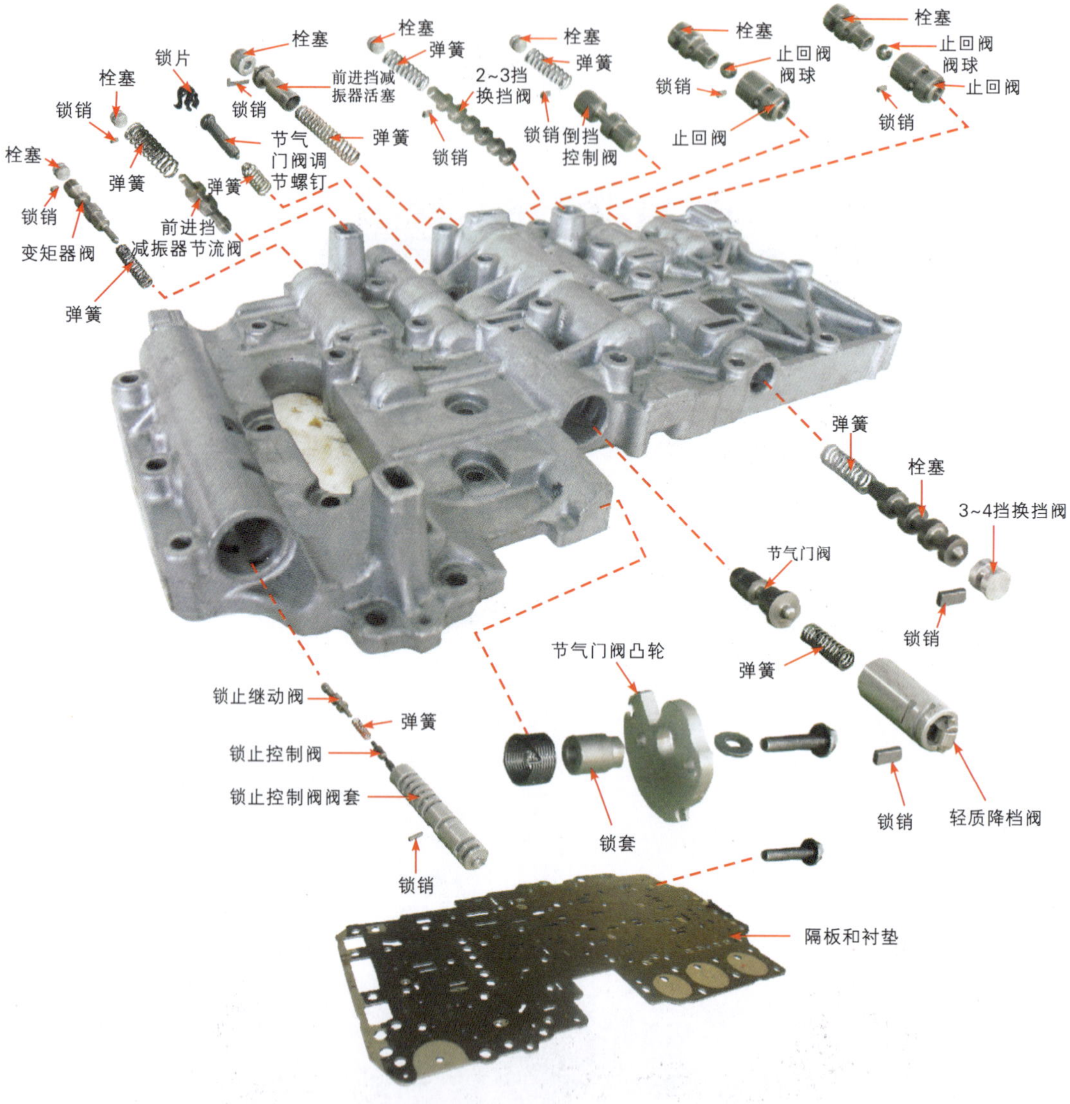

图 6-31　上阀板组件的分解

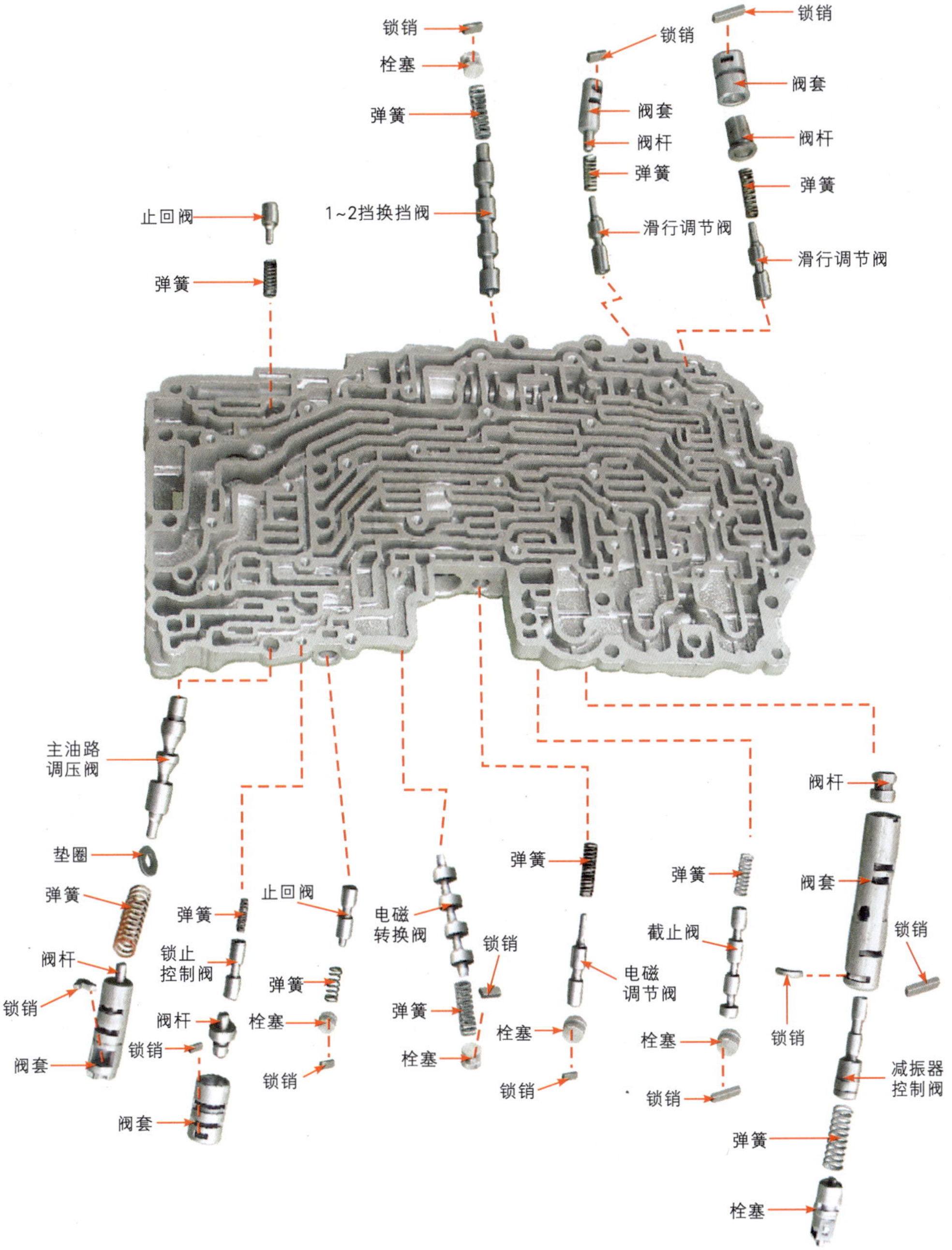

图 6-32　下阀板组件的分解

2. 阀板的安装

（1）将清洗后的上下阀板和所有控制阀零件放在干净的液压油中浸泡几分钟。

（2）按相反的顺序安装上下阀板中的控制阀，注意各控制阀弹簧的安装位置（见图6–33），切不可将各控制阀的弹簧装错。安装时可参考表6–2（自动变速器型号不同，其控制阀弹簧规格也存在一定差异，应根据所拆自动变速器的型号查找相关资料）。

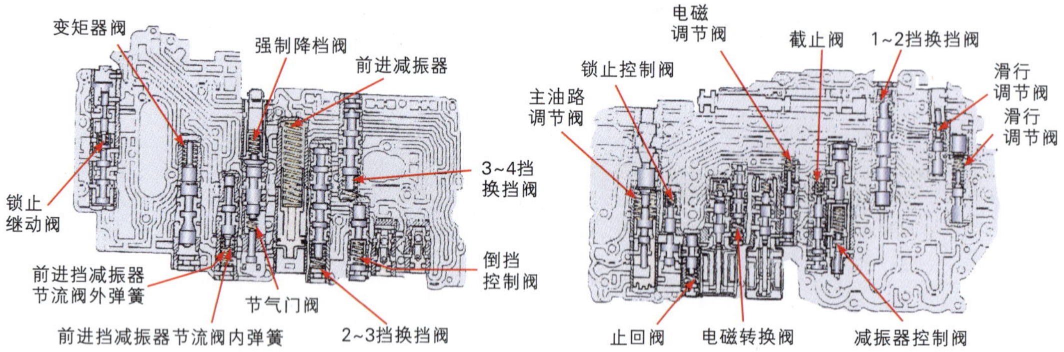

（a）上阀板　　（b）下阀板

图6–33　上下阀板中个零件的安装位置

表6–2　各控制阀弹簧规格参考表

序号	控制阀名称	自由长度（mm）	弹簧外径（mm）	总圈数
1	锁止继动阀	23.42	5.86	12
2	变矩器阀	36.78	9.22	13.5
3	前进挡减振器节流阀	37.13	11.14	11
4	前进挡减振器节流阀	21.50	7.76	11.5
5	强制降挡阀	75.25	8.73	12.5
6	节气门阀	30.50	7.20	10
7	前进挡减振器	30.26	15.02	17
8	2–3挡换挡阀	25.77	9.70	10.5
9	3–4挡换挡阀	40.77	9.70	10.5
10	倒挡控制阀	18.38	8.64	9
11	主油路调压阀	18.62	16.88	9.5
12	锁止控制阀	18.52	5.30	13
13	止回阀	30.80	7.48	7.5
14	电磁转换阀	20.80	7.48	7.5
15	电磁调节阀	34.63	7.99	15
16	截止阀	30.30	6.10	13
17	减振器控制阀	3.50	8.85	12.5
18	1–2挡换挡阀	30.77	9.70	10.5
19	滑行调节阀	19.73	8.04	9.8
20	滑行调节阀	26.11~27.41	8.04	11~12

（3）按图6–34所示位置，将上阀板油道内的阀球装入。

（4）用螺钉将隔板及隔板衬垫固定在上阀板上。

（5）将上下阀板合在一起，按图6–35所示方法将三种不同规格的紧固螺栓安装在不同的位置上，分2~3次将所有螺栓拧紧。

（6）按相反的顺序安装电磁阀、手动阀。

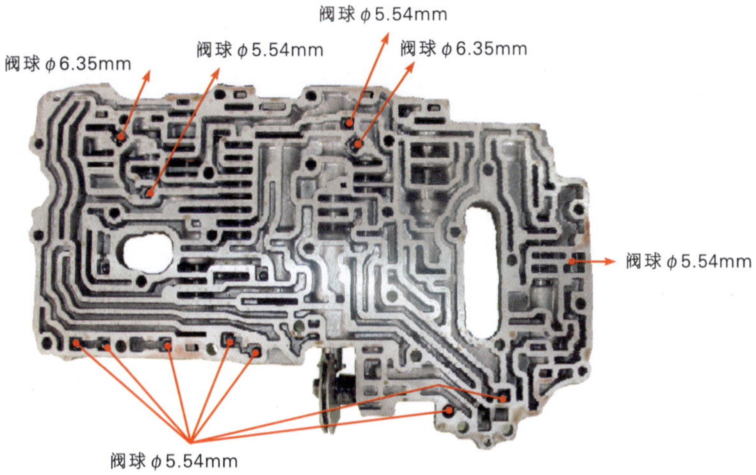

图 6–34　安装阀球

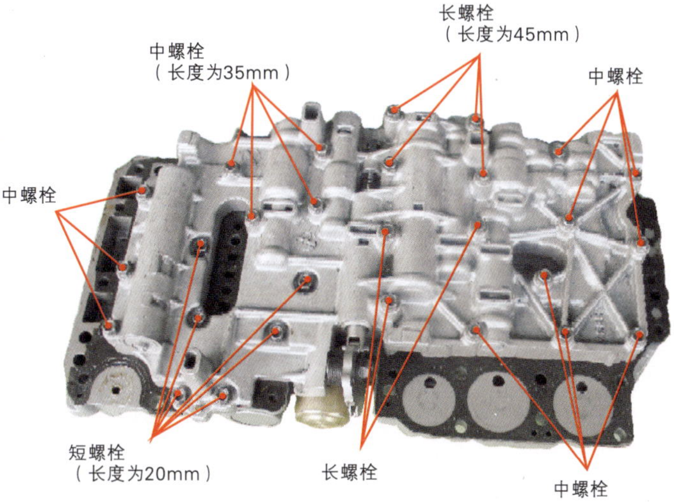

图 6–35　安装上下阀板紧固螺栓

任务二
自动变速器常见故障及诊断流程

任务目标

完成本学习任务后，你应当达到以下目标。

1. 知识目标

（1）掌握自动变速器常见故障诊断流程。

（2）掌握自动变速器常见故障诊断方法。

2. 能力目标

（1）会判断自动变速器故障产生的原因。

（2）能对自动变速器的故障进行诊断及排除。

任务引入

当汽车自动变速器出现故障时，将导致汽车无法正常行驶，甚至会出现严重的交通事故。自动变速器常见故障主要有：汽车不能行驶、自动变速器打滑、换挡冲击大、不能升挡、升挡过迟、无前进挡、无超速挡、无倒挡、频繁跳挡、挂挡后发动机怠速易熄火、无发动机制动、不能强制降挡、无锁止、液压油易变质等。本任务主要讲解自动变速器常见故障诊断及排除流程。

相关知识

一、汽车不能行驶

1. 故障现象

（1）无论操纵手柄位于倒挡、前进挡或前进低挡，汽车都不能行驶。

（2）冷车起动后汽车能行驶一小段路程，但稍一热车就不能行驶。

2. 故障原因

（1）自动变速器油底壳被撞坏，液压油全部漏光。

（2）操纵手柄和手动阀摇臂之间的连杆或拉索松脱，手动阀保持在空挡或停车挡位置。

（3）油泵进油滤网堵塞。

（4）主油路严重泄漏。

（5）油泵损坏。

3. 故障诊断与排除

（1）拔出自动变速器的油尺，检查自动变速器液压油的油面高度。若油尺上没有液压油，说明自动变速器内的液压油已全部漏光。对此，应检查油底壳、液压油散热器、油管等处有无破损而导致漏油。如有严重漏油处，应修复后重新加油。

（2）检查自动变速器操纵手柄与手动阀摇臂之间的连杆或拉索有无松脱。如有松脱，应予以装复，并重新调整好操纵手柄的位置。

（3）拆下主油路测压孔上的螺塞，起动发动机，将操纵手柄拨至前进挡或倒挡位置，检查测压孔内有无液压油流出。

（4）若主油路测压孔内没有液压油流出，应打开油底壳，检查手动阀摇臂轴与摇臂有无松脱，手动阀阀芯有无折断或脱钩。若手动阀工作正常，则说明油泵损坏。对此，应拆卸分解自动变速器，更换油泵。

（5）若主油路测压孔内只有少量液压油流出，油压很低或基本上没有油压，应打开油底壳，检查油泵进油滤网有无堵塞。如无堵塞，说明油泵损坏或主油路严重泄漏。对此，应拆卸分解自动变速器，予以修理。

（6）若冷车起动时主油路有一定的油压，但热车后油压明显下降，说明油泵磨损过度，应更换油泵。

（7）若测压孔内有大量液压油喷出，说明主油路油压正常，故障出在自动变速器中的输入轴、行星排或输出轴，应拆检自动变速器。

汽车不能行驶的故障诊断流程如图 6-36 所示。

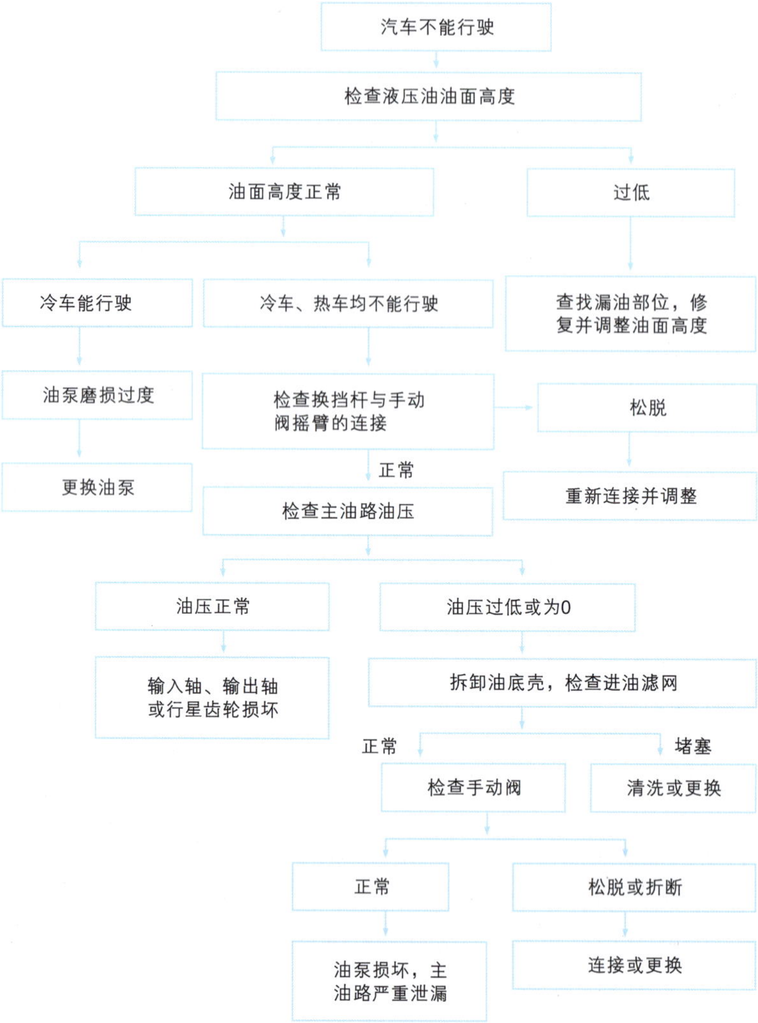

图 6-36　汽车不能行驶的故障诊断流程

二、自动变速器打滑

1. 故障现象

（1）起步时踩下油门踏板，发动机转速很快升高，但车速升高缓慢。

（2）行驶中踩下油门踏板加速时，发动机转速升高，但车速没有很快提高。

（3）平路行驶基本正常，但上坡无力，且发动机转速异常高。

2. 故障原因

（1）液压油油面太低。

（2）液压油油面太高，运转中被行星排剧烈搅动后产生大量气泡。

（3）离合器或制动器摩擦片、制动带磨损过度或烧焦。

（4）油泵磨损过度或主油路泄漏，造成油路油压过低。

（5）单向超越离合器打滑。

（6）离合器或制动器活塞密封圈损坏，导致漏油。

（7）减振器活塞密封圈损坏，导致漏油。

3. 故障诊断与排除

打滑是自动变速器最常见的故障之一。虽然自动变速器打滑往往都伴有离合器或制动器摩擦片严重磨损甚至烧焦等现象，但如果只是简单地更换磨损的摩擦片而没有找出打滑的真正原因，则会使修后的自动变速器使用一段时间后又出现打滑现象。因此，对于出现打滑的自动变速器，不要急于拆卸分解，应先做各种检查测试，以找出造成打滑的真正原因。

（1）对于出现打滑现象的自动变速器，应先检查其液压油的油面高度和品质。若油面过低或过高，应先调整至正常后再做检查。若油面调整正常后自动变速器不再打滑，可不必拆修自动变速器。

（2）检查液压油的品质。若液压油呈棕黑色或有烧焦味，说明离合器或制动器的摩擦片或制动带烧焦，应拆修自动变速器。

（3）做路试，以确定自动变速器是否打滑，并检查出现打滑的挡位和打滑的程度。将操纵手柄拨入不同的位置，让汽车行驶。若自动变速器升至某一挡位时发动机转速突然升高，但车速没有相应地提高，即说明该挡位打滑。打滑时发动机的转速越容易升高，说明打滑越严重。

根据出现打滑的规律，还可以判断产生打滑的是哪个换挡执行元件（以3行星排的辛普森式4挡行星齿轮变速器为例）。

①若自动变速器在所有前进挡都有打滑现象，则为前进离合器打滑。

②若自动变速器在操纵手柄位于D位时的1挡打滑，而在操纵手柄位于L位或1位时的1挡不打滑，则为前进单向超越离合器打滑。若不论操纵手柄位于D位、L位或1位，1挡都有打滑现象，则为低挡及倒挡制动器打滑。

③若自动变速器只在操纵手柄位于D位时的2挡打滑，而在操纵手柄位于S位或2位时的2挡不打滑，则为2挡单向超越离合器打滑。若不论操纵手柄位于D位、S位或2位，2挡都有打滑现象，则为2挡制动器打滑。

④若自动变速器只在3挡有打滑现象，则为倒挡及高挡离合器打滑。

⑤若自动变速器只在超速挡有打滑现象，则为超速制动器打滑。

⑥若自动变速器在倒挡和高挡都有打滑现象，则为倒挡及高挡离合器打滑。

⑦若自动变速器在倒挡和 1 挡都有打滑现象，则为低挡及倒挡制动器打滑。

（4）对于有打滑故障的自动变速器，在拆卸分解之前，应先检查自动变速器的主油路油压，以找出造成自动变速器打滑的原因。自动变速器在前进挡和倒挡均打滑，其原因往往是主油路油压过低。若主油路油压正常，则只要更换磨损或烧焦的摩擦元件即可。若主油路油压不正常，则在拆修自动变速器的过程中，应根据主油路油压，相应地对油泵或阀板进行检修（详见前面各章节），并更换自动变速器的所有密封圈和密封环。

自动变速器打滑的故障诊断流程如图 6–37 所示。

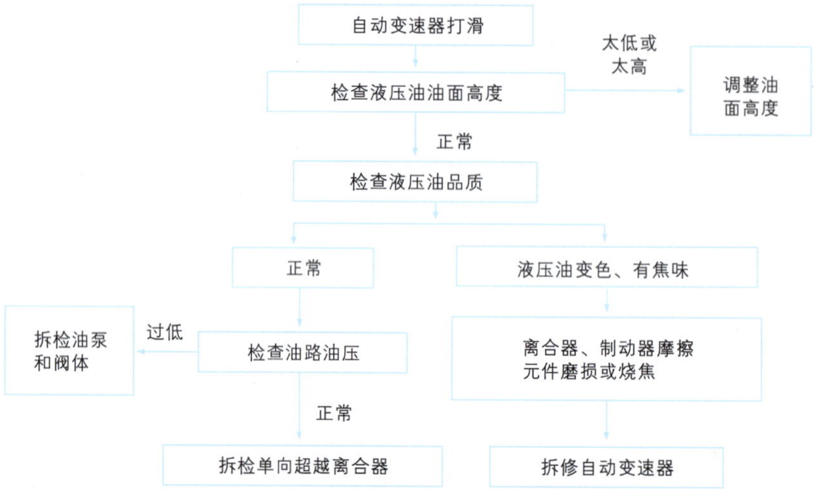

图 6–37 自动变速器打滑的故障诊断流程

三、换挡冲击大

1. 故障现象

（1）在起步时，由停车挡或空挡挂入倒挡或前进挡时，汽车振动较严重。

（2）行驶中，在自动变速器升挡的瞬间汽车有较明显的闯动。

2. 故障原因

（1）发动机怠速转速过高。

（2）节气门拉索或节气门位置传感器调整不当，使主油路油压过高。

（3）升挡过迟。

（4）真空式节气门阀的真空软管破裂或松脱。

（5）主油路调压阀有故障，使主油路油压过高。

（6）减振器活塞卡住，不能起减振作用。

（7）单向阀钢球漏装，换挡执行元件（离合器或制动器）接合过快。

（8）换挡执行元件打滑。

（9）油压电磁阀不工作。

（10）计算机有故障。

3. 故障诊断与排除

导致自动变速器换挡冲击大的原因很多，情况也比较复杂。故障原因可能是某些元件调整不当，对此，只要稍做调整即可排除；也可能是自动变速器内部的控制阀、减振器或换挡执行元件有故障，对此，必须分解自动变速器，予以修理；还可能是电子控制系统有故障，对此，必须对电子控制系统进行检测，才能找出具体原因。因此，在诊断故障的过程中，必须循序渐进，对自动变速器的各部分进行认真检查，一定要在全面检测的基础上，有针对性地进行分解修理，切不可盲目地拆修。

（1）检查发动机怠速转速。装用自动变速器的汽车的发动机怠速转速一般为 750r/min 左右。若怠速转速过高，应按标准予以调整。

（2）检查节气门拉索或节气门位置传感器的调整情况。如不符合标准，应重新予以调整。

（3）检查真空式节气门阀的真空软管。如有破裂，应更换；如有松脱，应接牢。

（4）做道路试验。如果有升挡过迟的现象，则说明换挡冲击大的故障是升挡过迟所致。如果在升挡之前发动机转速异常升高，导致在升挡的瞬间有较大的换挡冲击，则说明离合器或制动器打滑，应分解自动变速器，予以修理。

（5）检测主油路油压。如果怠速时的主油路油压过高，则说明主油路调压阀或节气门阀有故障，可能是调压弹簧的预紧力过大或阀芯卡滞所致；如果怠速时主油路油压正常，但起步进挡时有较大的冲击，则说明前进离合器或倒挡及高挡离合器的进油单向阀阀球损坏或漏装。对此，应拆卸阀板，予以修理。

（6）检测换挡时的主油路油压。在正常情况下，换挡时的主油路油压会有瞬时的下降。如果换挡时主油路油压没有下降，则说明减振器活塞卡滞。对此，应拆检阀板和减振器。

（7）电子控制自动变速器如果出现换挡冲击过大的故障，应检查油压电磁阀的线路及油压电磁阀工作是否正常、计算机是否在换挡的瞬间向油压电磁阀发出控制信号。如果线路有故障，应予以修复；如果电磁阀损坏，应更换电磁阀；如果计算机在换挡的瞬间没有向油压电磁阀发出控制信号，则说明计算机有故障，应更换计算机。

自动变速器换挡冲击大的故障诊断流程如图 6-38 所示。

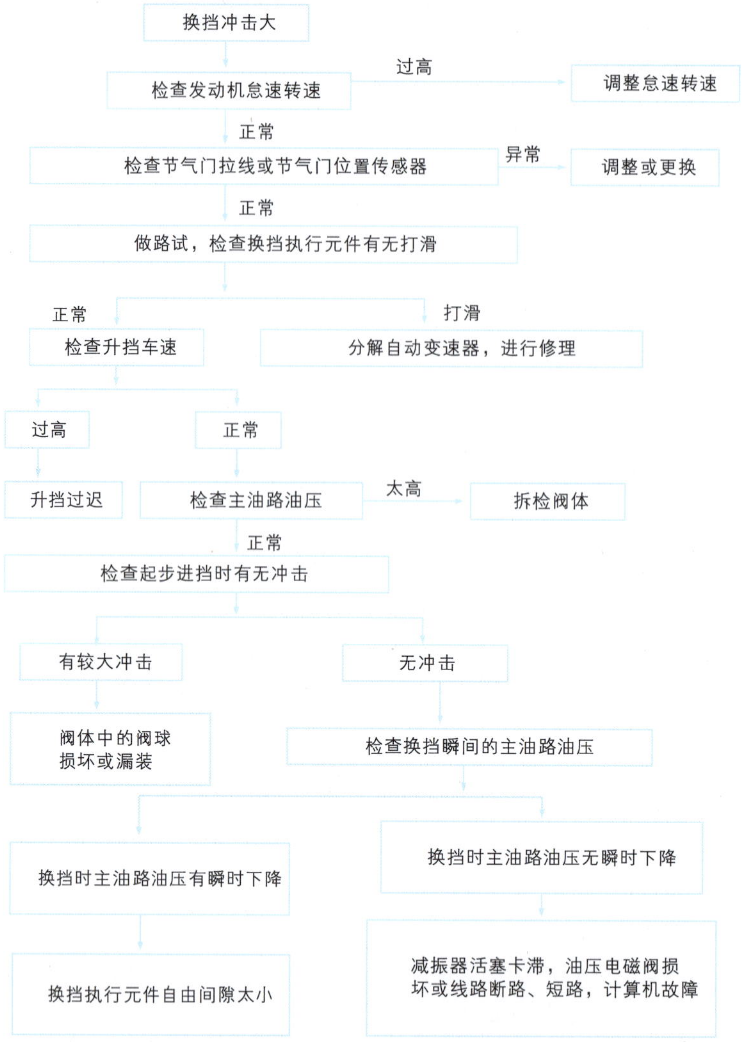

图 6-38　换挡冲击大的故障诊断流程

四、不能升挡

1. 故障现象

（1）汽车行驶中自动变速器始终保持在 1 挡，不能升入 2 挡及高速挡。

（2）行驶中自动变速器可以升入 2 挡，但不能升入 3 挡和超速挡。

2. 故障原因

（1）节气门拉索或节气门位置传感器调整不当。

（2）调速器有故障。

（3）调速器油路严重泄漏。

（4）车速传感器有故障。

（5）2 挡制动器或高挡离合器有故障。

（6）换挡阀卡滞。

（7）挡位开关有故障。

3. 故障诊断与排除

（1）对于电子控制自动变速器，应先进行故障自诊断。影响换挡控制的传感器有节气门位置传感器、车速传感器等。按所显示的故障码查找故障原因。

（2）按标准重新调整节气门拉索或节气门位置传感器。

（3）检查车速传感器。如有损坏，应予以更换。

（4）检查挡位开关的信号。如有异常，应予以调整或更换。

（5）测量调速器油压。若车速升高后调速器油压仍为 0 或很低，说明调速器有故障或调速器油路严重泄漏。对此，应拆检调速器。调速器阀芯如有卡滞，应分解清洗，并将阀芯和阀孔用金相砂纸抛光。若清洗抛光后仍有卡滞，应更换调速器。

（6）用压缩空气检查调速器油路有无泄漏。如有泄漏，应更换密封圈或密封环。

（7）若调速器油压正常，应拆卸阀板，检查各个换挡阀。换挡阀如有卡滞，可将阀芯取出，用金相砂纸抛光，清洗后装入。如不能修复，应更换阀板。

（8）若控制系统无故障，应分解自动变速器，检查各个换挡执行元件有无打滑，用压缩空气检查各个离合器、制动器油路或活塞有无泄漏。

自动变速器不能升挡的故障诊断流程如图 6–39 所示。

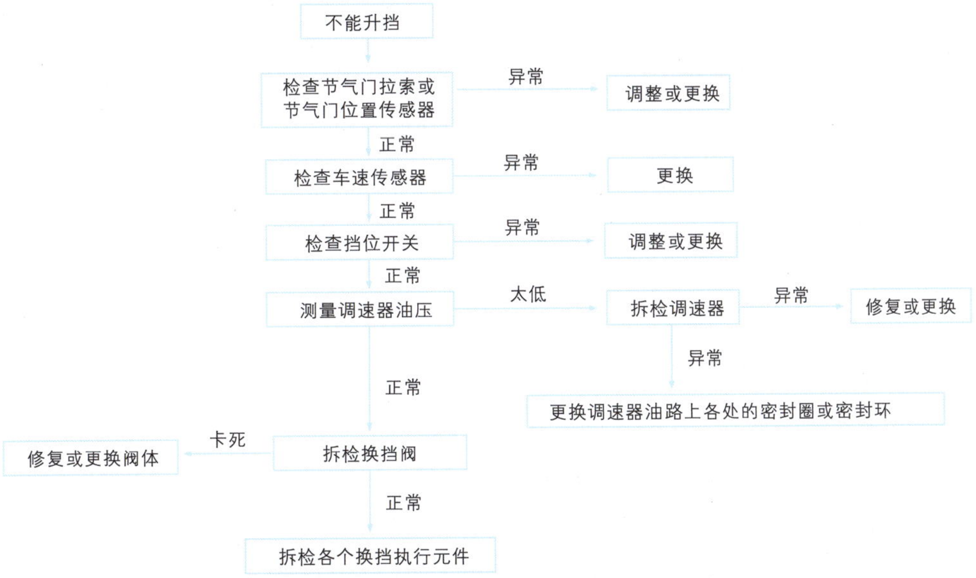

图 6–39　不能升挡的故障诊断流程

五、升挡过迟

1. 故障现象

（1）在汽车行驶过程中，升挡车速明显高于标准值，升挡前发动机转速偏高。

（2）必须采用松油门提前升挡的操作方法才能使自动变速器升入高挡或超速挡。

2. 故障原因

（1）节气门拉索或节气门位置传感器调整不当。

（2）节气门位置传感器损坏。

（3）调速器卡滞。

（4）调速器弹簧预紧力过大。

（5）调速器壳体螺栓松动或输出轴上的调速器进出油孔处的密封环磨损，导致调速器油路泄漏。

（6）真空式节气门阀推杆调整不当。

（7）真空式节气门阀的真空软管破裂或真空膜片室漏气。

（8）主油路油压或节气门油压太高。

（9）强制降挡开关短路。

（10）计算机或传感器有故障。

3. 故障诊断与排除

（1）对于电子控制自动变速器，应先进行故障自诊断。如有故障码，则按所显示的故障码查找故障原因。

（2）检查节气门拉索或节气门位置传感器的调整情况。如不符合标准，应重新予以调整。

（3）测量节气门位置传感器的电阻值。如不符合标准，应予以更换。

（4）对于采用真空式节气门阀的自动变速器，应拔下真空式节气门阀上的真空软管，检查在发动机运转过程中真空软管内有无吸力。如果没有吸力，说明真空软管破裂、松脱或堵塞；对此，应予以修复。

（5）检查强制降挡开关。如有短路，应予以修复或更换。

（6）测量怠速时的主油路油压，并与标准值进行比较。若油压太高，应通过节气门拉索或节气门位置传感器予以调整。对于采用真空式节气门阀的自动变速器，应采用缩短节气门阀推杆长度的方法予以调整。若调整无效，应拆检主油路调压阀或节气门阀。

（7）用举升器将汽车升起，让驱动轮悬空，然后起动发动机，挂上前进挡，让自动变速器运转，同时测量调速器油压。调速器油压应能随车速的升高而增大。将不同转速下测得的调速器油压与自动变速器维修手册上的标准值进行比较。若油压低于标准值，说明调速器有故障或调速器油路有泄漏。对此，应拆卸自动变速器，检查调速器固定螺栓有无松动、调速器油路上的密封圈或密封环有无磨损漏油、调速器阀芯有无卡滞或磨损过度、调速弹簧是否太硬。

（8）若调速器油压正常，则升挡过迟的故障原因为换挡阀工作不良。对此，应拆检或更换阀板。

自动变速器升挡过迟的故障诊断流程如图 6–40 所示。

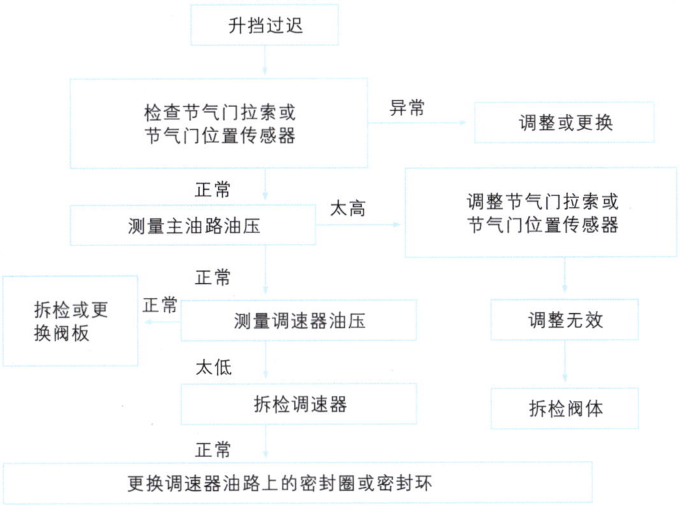

图 6–40　升挡过迟的故障诊断流程

六、无前进挡

1. 故障现象

（1）汽车倒挡行驶正常，在前进挡时不能行驶。

（2）操纵手柄在 D 位时不能起步，在 S 位、L 位（或 2 位、1 位）时可以起步。

2. 故障原因

（1）前进离合器严重打滑。

（2）前进单向超越离合器打滑或装反。

（3）前进离合器油路严重泄漏。

（4）操纵手柄调整不当。

3. 故障诊断与排除

（1）检查操纵手柄的调整情况。如有异常，应按规定程序重新调整。

（2）测量前进挡主油路油压。若油压过低，说明主油路严重泄漏，应拆检自动变速器，更换前进挡油路上各处的密封圈和密封环。

（3）若前进挡的主油路油压正常，应拆检前进离合器。如摩擦片表面粉末冶金层烧焦或磨损过度，应更换摩擦片。

（4）若主油路油压和前进离合器均正常，则应拆检前进单向超越离合器，按照自动变速器维修手册所述方法检查前进单向超越离合器的安装方向是否正确及有无打滑。如装反，应重新安装；如打滑，应更换新件。

自动变速器无前进挡的故障诊断流程如图 6-41 所示。

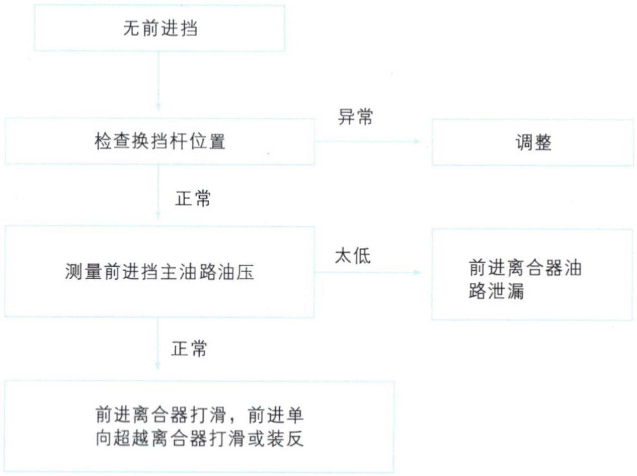

图 6-41　无前进挡的故障诊断流程

七、无超速挡

1. 故障现象

（1）在汽车行驶过程中，车速已升至超速挡工作范围，但自动变速器仍不能从 3 挡升入超速挡。

（2）在车速已升至超速挡工作范围后，采用提前升挡（即松开油门踏板几秒后再踩下）的方法也不能使自动变速器升入超速挡。

2. 故障原因

（1）超速挡开关有故障。

（2）超速电磁阀有故障。

（3）超速制动器打滑。

（4）超速行星排上的直接离合器或直接单向超越离合器卡死。

（5）挡位开关有故障。

（6）液压油温度传感器有故障。

（7）节气门位置传感器有故障。

（8）3–4 挡换挡阀卡滞。

3. 故障诊断与排除

（1）对于电子控制自动变速器，应先进行故障自诊断，检查有无故障码。液压油温度传感器、节气门位置传感器、超速电磁阀等部件的故障都会影响超速挡的换挡控制。应按显示的故障码查找故障原因。

（2）检查液压油温度传感器在不同温度下的电阻值，并与标准值进行比较。如有异常，应更换液压油温度传感器。

（3）检查挡位开关和节气门位置传感器的信号。挡位开关的信号应和操纵手柄的位置相符。节气门位置传感器的电阻值或输出电压应能随节气门开大而上升，并与标准相符。如有异常，应予以调整。若调整无效，应更换挡位开关或节气门位置传感器。

（4）检查超速挡开关。在“ON”位置时，超速挡开关的触点应断开，超速指示灯不亮；在“OFF”位置时，超速挡开关的触点应闭合，超速指示灯亮起。如有异常，应检查电路或更换超速挡开关。

（5）检查超速电磁阀的工作情况。打开点火开关，但不要起动发动机，在按下超速挡开关时，检查超速电磁阀有无工作的声音。如果超速电磁阀不工作，应检查控制线路或更换超速电磁阀。

（6）用举升器将汽车升起，让驱动轮悬空。运转发动机，让自动变速器以前进挡工作，检查在空载状态下自动变速器的升挡情况。如果在空载状态下自动变速器能升入超速挡，且升挡车速正常，则说明控制系统工作正常，不能升挡的原因为超速制动器打滑，在有负荷的状态下不能实现超速挡。如果能升入超速挡，但升挡后车速无法提高，发动机转速下降，说明超速行星排中的直接离合器或直接单向超越离合器卡死，使超速行星排在超速挡状态下出现运动干涉，增大了发动机运转阻力。如果在无负荷状态下仍不能升入超速挡，则说明控制系统有故障。对此，应拆卸阀板，检查 3–4 挡换挡阀。如有卡滞，可将阀芯拆下，予以清洗并抛光。如不能修复，应更换阀板总成。

自动变速器无超速挡的故障诊断流程如图 6–42 所示。

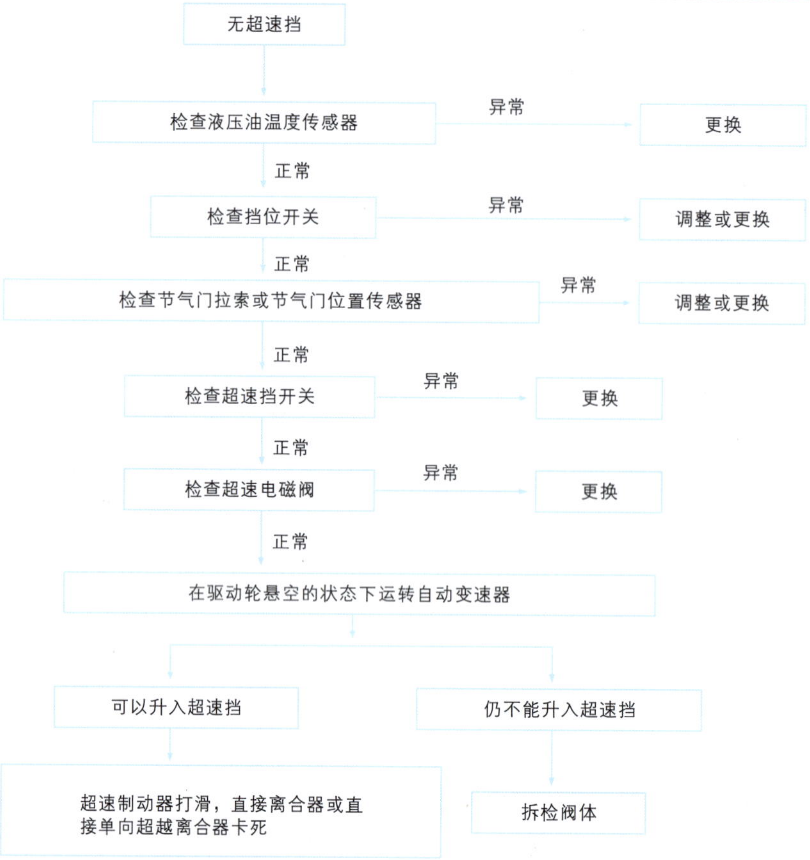

图 6–42　无超速挡的故障诊断流程

八、无倒挡

1. 故障现象

汽车挂前进挡能正常行驶，但挂倒挡时不能行驶。

2. 故障原因

（1）操纵手柄调整不当。

（2）倒挡油路泄漏。

（3）倒挡及高挡离合器或低挡及倒挡制动器打滑。

3. 故障诊断与排除

（1）检查操纵手柄的位置。如有异常，应按规定程序重新调整。

（2）检查倒挡油路油压。若油压过低，则说明倒挡油路泄漏。对此，应拆检自动变速器，予以修复。

（3）若倒挡油路油压正常，应拆检自动变速器，更换损坏的离合器片或制动器片（制动带）。

自动变速器无倒挡的故障诊断流程如图 6–43 所示。

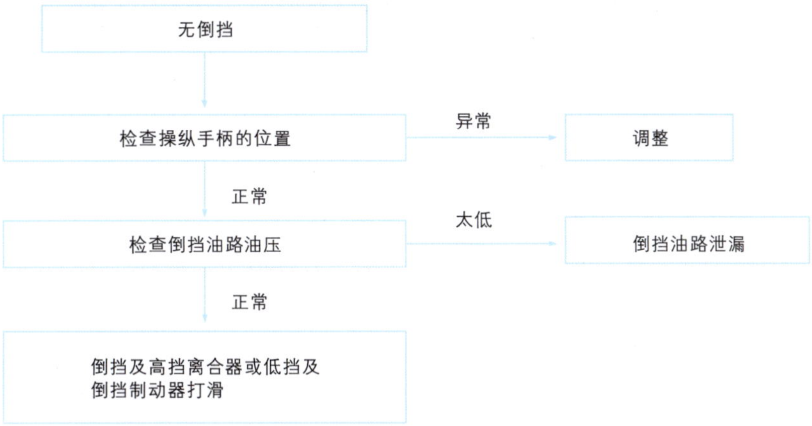

图 6–43 无倒挡的故障诊断流程

九、频繁跳挡

1. 故障现象

汽车以前进挡行驶时，即使油门踏板保持不动，自动变速器仍会经常出现突然降挡的现象，降挡后发动机转速异常升高，并产生换挡冲击。

2. 故障原因

（1）节气门位置传感器有故障。

（2）车速传感器有故障。

（3）控制系统电路接地不良。

（4）换挡电磁阀接触不良。

（5）计算机有故障。

3. 故障诊断与排除

（1）对于电子控制自动变速器，应先进行故障自诊断。如有故障码出现，应按所显示的故障码查找故障原因。

（2）测量节气门位置传感器。如有异常，应更换。

（3）测量车速传感器。如有异常，应更换。

（4）检查控制系统电路各条接地线的接地状态。如有接地不良现象，应予以修复。

（5）拆下自动变速器油底壳，检查各个换挡电磁阀线束接头的连接情况。如有松动，应予以修复。

（6）检查控制系统计算机各接脚的工作电压。如有异常，应予以修复或更换。

（7）换一个新的阀板或计算机试一下。如果故障消失，则说明原阀板或计算机损坏，应更换。

（8）更换控制系统所有线束。

自动变速器频繁跳挡的故障诊断流程如图 6–44 所示。

图 6–44　频繁跳挡的故障诊断流程

十、挂挡后发动机怠速易熄火

1. 故障现象

（1）发动机怠速运转时，将操纵手柄由 P 位或 N 位换入 R 位、D 位、S 位、L 位（或 2 位、1 位）发动机熄火。

（2）在前进挡或倒挡行驶过程中，踩下制动踏板停车时发动机熄火。

2. 故障原因

（1）发动机怠速转速过低。

（2）阀板中的锁止控制阀卡滞。

（3）挡位开关有故障。

（4）输入轴转速传感器有故障。

3. 故障诊断与排除

（1）在空挡或停车挡检查发动机怠速转速，正常的发动机怠速转速应为750r/min。若怠速转速过低，应重新调整。

（2）对于电子控制自动变速器，应先进行故障自诊断，按所显示的故障码查找故障原因。

（3）检查挡位开关的信号，应与操纵手柄的位置一致，否则应予以调整或更换。

（4）检查输入轴转速传感器。如有损坏，应更换。

（5）拆卸阀板，检查锁止控制阀。如有卡滞，应清洗抛光后装复。如仍不能排除故障，应更换阀板。若油底壳内有大量摩擦粉末，应彻底分解自动变速器，予以检修。

挂挡后发动机怠速易熄火的故障诊断流程如图 6–45 所示。

图 6–45　挂挡后发动机怠速易熄火的故障诊断流程

十一、无发动机制动

1. 故障现象

（1）在行驶过程中，当操纵手柄位于前进低挡（S、L 或 2、1）时，松开油门踏板，发动机转速降至怠速转速，但汽车没有明显减速。

（2）下坡时，操纵手柄位于前进低挡，但不能产生发动机制动作用。

2. 故障原因

（1）挡位开关调整不当。

（2）操纵手柄调整不当。

（3）2 挡强制制动器打滑或低挡及倒挡制动器打滑。

（4）控制发动机制动的电磁阀有故障。

（5）阀板有故障。

（6）自动变速器打滑。

（7）计算机有故障。

3. 故障诊断与排除

（1）对于电子控制自动变速器，应先进行故障自诊断，按所显示的故障码查找故障原因。

（2）做道路试验，检查加速时自动变速器有无打滑现象。如有打滑，应拆修自动变速器。

（3）如果操纵手柄位于 S 位时没有发动机制动作用，但操纵手柄位于 L 位时有发动机制动作用，则说明 2 挡强制制动器打滑，应拆修自动变速器。

（4）如果操纵手柄位于 L 位时没有发动机制动作用，但操纵手柄位于 S 位时有发动机制动作用，则说明低挡及倒挡制动器打滑，应拆修自动变速器。

（5）检查控制发动机制动的电磁阀线路有无短路或断路，电磁阀线圈电阻值是否正常，通电后有无工作声音。如有异常，应修复或更换。

（6）拆卸阀板总成，清洗所有控制阀。阀芯如有卡滞，可抛光后装复。如抛光后仍有卡滞，应更换阀板。

（7）检测计算机各引脚电压。要特别注意与节气门位置传感器、挡位开关连接的各引脚的电压。如有异常，应做进一步的检查。

（8）更换一台新的计算机试一下。如果故障消失，则说明原来的计算机损坏，应更换。

自动变速器无发动机制动的故障诊断流程如图 6-46 所示。

图 6-46　无发动机制动的故障诊断流程

十二、不能强制降挡

1. 故障现象

当汽车以 3 挡或超速挡行驶时，突然将油门踏板踩到底，自动变速器不能立即降低一个挡位，致使汽车加速无力。

2. 故障原因

（1）节气门拉索或节气门位置传感器调整不当。

（2）强制降挡开关损坏或安装不当。

（3）强制降挡电磁阀损坏或线路短路、断路。

（4）阀板中的强制降挡控制阀卡滞。

3. 故障诊断与排除

（1）检查节气门拉索或节气门位置传感器的调整情况。如有异常，应按标准重新调整。

（2）检查强制降挡开关。在油门踏板踩到底时，强制降挡开关的触点应闭合；松开油门踏板时，强制降挡开关的触点应断开。如果油门踏板踩到底时强制降挡开关触点没有闭合，可用手直接按动强制降挡开关。如果按下开关后触点能闭合，则说明开关安装不当，应重新调整；如果按下开关后触点仍不闭合，则说明开关损坏，应予以更换。

（3）对照电路图，在自动变速器线束插头处测量强制降挡电磁阀。如有异常，则故障原因可能是线路短路、断路或电磁阀损坏。对此，应检查线路或更换电磁阀。

（4）打开自动变速器油底壳，拆下强制降挡电磁阀，检查电磁阀的工作情况。如有异常，应予以更换。

（5）拆卸阀板总成，分解并清洗强制降挡控制阀，阀芯如有卡滞，可进行抛光。若无法修复，则应更换阀板总成。

自动变速器不能强制降挡的故障诊断流程如图 6–47 所示。

图 6–47 不能强制降挡的故障诊断流程

十三、无锁止

1. 故障现象

（1）汽车行驶过程中车速、挡位已满足锁止离合器起作用的条件，但锁止离合器仍没有产生锁止作用。

（2）汽车油耗较大。

2. 故障原因

（1）液压油温度传感器有故障。

（2）节气门位置传感器有故障。

（3）锁止电磁阀有故障或线路短路、断路。

（4）锁止控制阀有故障。

（5）变矩器中的锁止离合器损坏。

3. 故障诊断与排除

（1）对于电子控制自动变速器，应先做故障自诊断，检查有无故障码。如有故障码，则可按显示的故障代码查找相应的故障原因，与锁止控制有关的部件包括液压油温度传感器、节气门位置传感器、锁止电磁阀等。

（2）检查节气门位置传感器，如果在一定节气门开度下的节气门位置传感器输出电压过高或电位计电阻值过大，应予以调整。若调整无效，应更换节气门位置传感器。

（3）打开油底壳，拆下液压油温度传感器。检测液压油温度传感器，如不符合标准，应更换液压油温度传感器。

（4）检查锁止电磁阀线路是否短路或断路。

（5）拆下锁止电磁阀，检查锁止电磁阀，如有异常，应予以更换。

（6）拆下阀板，分解并清洗锁止控制阀。如有卡滞，应抛光后装复。如不能修复，应更换阀板。

（7）若控制系统无故障，则应更换变矩器。

自动变速器无锁止的故障诊断流程如图 6–48 所示。

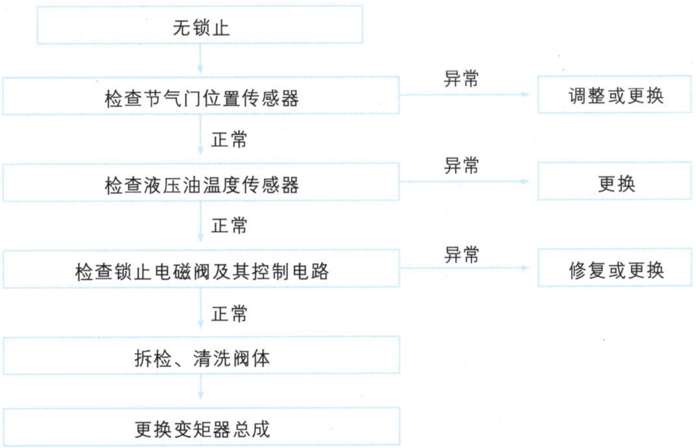

图 6–48 无锁止的故障诊断流程

十四、液压油易变质

1. 故障现象

（1）更换后的新液压油使用不久就变质。

（2）自动变速器温度太高，从加油口处向外冒烟。

2. 故障原因

（1）汽车使用不当，经常超负荷行驶，如经常用于拖车，或经常急加速、超速行驶等。

（2）液压油散热器管路堵塞。

（3）通往液压油散热器的限压阀卡滞。

（4）离合器或制动器自由间隙太小。

（5）主油路油压太低，离合器或制动器在工作中打滑。

3. 故障诊断与排除

（1）让汽车以中低速行驶 5~10min，待自动变速器达到正常工作温度后，在发动机运转过程中检查自动变速器液压油散热器的温度。在正常情况下，液压油散热器的温度在60℃左右。若液压油散热器的温度过低，则说明油管堵塞，或通往液压油散热器的限压阀卡滞。这样，液压油得不到及时冷却，油温过高，导致变质。

（2）若液压油散热器的温度太高，则说明离合器或制动器自由间隙太小。对此，应拆卸自动变速器，予以调整。

（3）若液压油温度正常，应测量主油路油压，若油压太低，应检查节气门拉索或节气门位置传感器的调整情况。若节气门拉索或节气门位置传感器安装正常，应拆卸自动变速器，检查油泵是否磨损过度、阀板内的主油路调压阀和节气门阀有无卡滞、主油路有无漏油处。

（4）若上述检查均正常，则故障可能是汽车经常超负荷行驶所致，或未按规定使用合适牌号的液压油所致。对此，可将液压油全部放出，加入规定牌号和质量的液压油。

液压油易变质的故障诊断流程如图 6-49 所示。

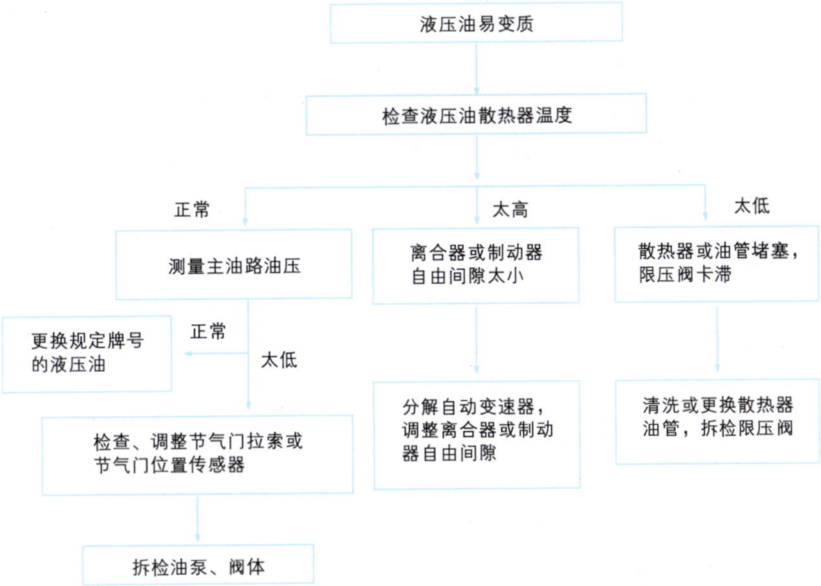

图 6–49　液压油易变质的故障诊断流程

任务实践

1. 实践名称

自动变速器的拆卸。

2. 实践准备

（1）自动变速器若干。
（2）专用工具及量具若干套。
（3）工具车、零件车若干。

3. 实践要求与注意事项

1）实践要求

每班分成若干个小组，每次同时进行三个小组的实训，其他小组在教室内复习实训的内容，分几次完成。实训时以教师讲解、演示，学生操作、考核为主，学生完成实训报告及考核，最后填写实训内容。

2）注意事项

（1）听从安排，不要随意走动。
（2）不要随意操作车上的各个系统。
（3）操作所学系统时必须在指导教师的指导下完成。
（4）注意保持教学场地卫生。
（5）不能蛮力操作所学系统。
（6）严格遵守拆装程序及操作规程。

4. 操作步骤及检修

1）自动变速器的拆卸步骤

____

____

____

____

____

____

2）自动变速器无倒挡的检修

检查手柄是否处在 R 挡______，检查油压是否过低或是否漏油______。根据检查结果给出解决方案________________。

5. 实践总结

____

____

____

____

____

____

____

____

任务练习

一、填空题

1. 自动变速器无超速挡的主要原因有__________、__________、__________等。
2. 自动变速器无前进挡的主要原因有__________、__________、__________等。

二、判断题

1. 当在 R 或 D 挡时，失速转速均低于规定值，可能是发动机功率不足。（　）
2. 自动变速器无锁止的原因肯定是锁止离合器损坏。（　）

三、选择题

1. 下面（　）不是自动变速器打滑的原因。

A. 液压油油位过低　　B. 离合器烧蚀

C. 制动器烧蚀　　D. 挡位开关有故障

2. 汽车不能行驶的原因不包括（　）。

A. 油泵损坏　　B. 单向超越离合器打滑

C. 主油路严重泄漏　　D. 油泵进油滤网堵塞

四、问答题

1. 在安装阀板时应注意哪些事项？

2. 离合器、制动器安装时应注意哪些事项？

附录 Appendix

参考答案

项目一 自动变速器概述

任务二

一、填空题

1. 液力式自动变速器、无级式自动变速器、机械式自动变速器

2. 行星齿轮机构、换挡执行机构

二、判断题（对的打“√”，错的打“×”）

× √

三、选择题

B D

四、问答题

（略）

项目二 液力耦合器和液力变矩器

任务一

一、填空题

1. 非刚性联轴器

2. 标准型、限矩型、调速型

3. 涡轮、泵轮、转动外壳、主动（输入）轴、从动（输出）轴

二、判断题（对的打“√”，错的打“×”）

√ × √

三、选择题

D C

四、问答题

（略）

任务二

一、填空题

1. 泵轮、涡轮、导轮
2. 从动元件、从动轴
3. 增矩
4. 导轮
二、判断题（对的打“√”，错的打“×”）
× √ √
三、选择题
B A
四、问答题
（略）

项目三 行星齿轮自动变速器

任务一

一、填空题
1. 太阳轮、行星齿轮、行星架、齿圈
2. 齿圈固定、太阳齿轮
二、判断题（对的打“√”，错的打“×”）
√ √
三、选择题
B B
四、问答题
（略）

任务二
一、填空题
1. 前排齿圈、前后太阳轮组件、后行星架、前行星架、后齿圈
2. 大太阳轮、小太阳轮、长行星轮、短行星轮、齿圈
3. 双行星排
二、判断题（对的打“√”，错的打“×”）
√ ×
三、选择题
D B
四、问答题
1. 答：辛普森式齿轮机构的结构特点：前后两个行星排的齿轮参数完全相同；前后两个太阳轮连成一体，即共用太阳轮；前行星架与后齿圈相连并作为输出轴，前齿圈和太阳轮

通常作为输入轴。

2. 答：拉维娜式行星齿轮机构的结构特点：两行星排共用行星架和齿圈，小太阳轮、短行星轮、长行星轮、行星架及齿圈组成双行星轮系行星排，大太阳轮、长行星轮、行星架及齿圈组成一个单行星轮系行星排，两套行星轮互相啮合。

任务三

一、填空题

1. 离合器、制动器、单向离合器

2. 离合器、离合器毂、离合器钢片、离合器摩擦片、离合器活塞、回位弹簧、花键毂

3. 内圈、外圈、弹簧

4. 离合器、制动器、单向离合器

二、判断题（对的打“√”，错的打“×”）

× √

三、选择题

C A

四、问答题

1.（略）

2. 答：单向离合器在行星齿轮变速器中的作用和离合器、制动器相同，也是用于固定或连接一些基本元件，让行星齿轮变速器实现自动换挡。而且它不需要控制机构，只根据相对运动情况而自动起作用，从而简化液压控制系统，保证换挡平顺无冲击。

项目四 液压控制自动变速器

任务一

一、填空题

1. 小齿轮、内齿轮、月牙形隔板、泵壳、泵盖

2. 定子、转子、叶片、壳体、泵盖

二、判断题（对的打“√”，错的打“×”）

√ √ ×

三、选择题

D A

四、问答题

（略）

任务二

一、填空题

1. O/D 行星齿轮、O/D 输入轴、0.7

2. 连接输入轴和中间轴

二、问答题

（略）

项目五 电子控制自动变速器

任务一

一、填空题

1. 传感器、开关

2. 节气门位置传感器、发动机转速传感器、车速传感器、输入轴转速传感器、油温传感器

3. 同步器

二、判断题（对的打“√”，错的打“×”）

× √ √

三、选择题

A C

四、问答题

（略）

任务二

一、填空题

1. 单向离合器

2. 倒挡选择器毂、副轴

二、问答题

（略）

项目六 自动变速器综合故障诊断

任务二

一、填空题

1. 超速挡开关损坏、超速电磁阀损坏、直接单向超越离合器损坏

2. 前进离合器打滑、前进离合器油路漏油、前进超越离合器打滑

二、判断题（对的打“√”，错的打“×”）

√ ×

三、选择题

D B

四、问答题

（略）